Ein interessantes
Lesevergnügen wünschen
Dir

Steffi u. Kurt

Weihnachten 94

Österreich NEU

PETER PELINKA / ARMIN THURNHER

Österreich NEU

Der Report an den Kanzler: 12 Provokationen zu Themen der Zeit

K&S

Umschlaggestaltung: Gerti F. Gnan
Lektorat: Barbara Köszegi Natter
Satz: Zehetner Ges. m. b. H., A-2105 Oberrohrbach
Druck und Bindung: Wiener Verlag, Himberg bei Wien
ISBN 3-218-00585-X

Gedruckt auf chlorfrei gebleichtem Papier

INHALT

VORWORT

Ziemlich genau ein Jahr vor Erscheinen dieses Buches wurde das Projekt „Themen der Zeit“ erstmals der Öffentlichkeit präsentiert. Bundeskanzler Franz Vranitzky, dessen Initiator, stellte bei dieser Gelegenheit klar: „Dieses Projekt ist an keine Institution gebunden, es ist niemandem verpflichtet, ich habe es persönlich ins Leben gerufen und werde mich auch persönlich mit meinen engsten Mitarbeitern darum kümmern.“

DAS PROJEKT „THEMEN DER ZEIT“

Politik habe, sagte Vranitzky weiter, „neben einer guten, ehrlichen und soliden Verwaltung des Gegenwärtigen“ die Aufgabe, „Zukunft zu formulieren“.

Das Projekt „Themen der Zeit“ stellte an seine Struktur ebenfalls den Anspruch der Zukunftstauglichkeit. Weder die Aufrechterhaltung von Arbeitskreisen als Beschäftigungstherapie noch die Produktion von Papierbergen zwecks Funktionärsberuhigung wurde angestrebt.

Für zwölf Themenkreise sollten Berichterstatter nach wissenschaftlichen Kriterien eine Übersicht über die jeweilige Problematik erarbeiten und Lösungsvorschläge präsentieren, aber nicht als Ergebnisse anonymisierter Arbeitszirkel, sondern aus ihrer – auch persönlich verantworteten – Sicht der Dinge. Die Auswahl der Berichterstatter erfolgte nicht nach Parteizugehörigkeit, sondern nach Kompetenz.

Hervorragende Denker des Landes sollten in einer unvoreingenommenen, quer zu Parteilinien liegenden Bestandsaufnahme die Aufgaben von Politik neu abstecken. Die Gutachten der Berichterstatter (pro Themenbereich schwankte ihre Zahl schließlich zwischen einem und drei) hatten wissenschaftlichen Ansprüchen zu genügen, aber auch als Provokation herkömmlichen politischen Denkens zu taugen.

Darüber hinaus wurden etwa 180 Persönlichkeiten eingeladen, ein Plenum zu bilden, das als Korrektiv zur Arbeit der Berichterstatter fungieren sollte. Mitglieder des Plenums konnten ebenfalls von den Berichterstattern zu Arbeitsdiskussionen oder zu Themenpanels herangezogen werden. Den Berichterstattern jeder Themengruppe

stand es nicht nur offen, es wurde ihnen vielmehr nahegelegt, sich international renommierter Experten als Auskunftspersonen zu bedienen, sei es, indem sie zu Referaten eingeladen, sei es, indem sie am Ort ihres Wirkens besucht wurden.
In mehreren Arbeitssitzungen referierten die versammelten Berichterstatter Zwischenergebnisse und diskutierten sie mit dem Bundeskanzler. Der Zeitplan sieht die Präsentation der Endergebnisse für Sommer 1994 vor; in einer gesonderten, später erscheinenden Publikation werden diese Ergebnisse vollinhaltlich dokumentiert. Gleichzeitig war eine journalistische Veröffentlichung für ein breiteres Publikum vorgesehen, die keinen integrierten Teil von „Themen der Zeit" bildet, sondern als unabhängiges Parallelvorhaben dieses Projekt mit Blick von außen zusammenfaßt und kommentiert.

DAS BUCH

Österreich neu ist – erraten – genau diese journalistische Publikation. Wir Autoren haben das Projekt als Beobachter von Anfang an begleitet und das Manuskript im Frühjahr 1994 aufgrund zahlreicher Gespräche mit den Berichterstattern, aber auch aufgrund der bereits zur Verfügung stehenden Arbeitspapiere sowie der im Rahmen des Projekts gehaltenen Vorträge internationaler Referenten erstellt.
Es schien uns von Interesse, darüber hinaus mit Experten Gespräche zu führen, um eine Ebene von Außensicht in das Buch zu bringen und die vorhandenen Themen sinnvoll zu ergänzen. Die im Buch enthaltenen Interviews mit dem Soziologen Bernd Marin und dem Politologen Iring Fetscher, aber auch zahlreiche andere Fachgespräche zu einzelnen Themenkreisen sind so zu verstehen. Sie machen deutlich, daß dieses Buch nicht bloß eine Dokumentation des Projekts darstellt, sondern ein – zumindest streckenweise – persönliches Statement der Autoren, die allerdings dennoch versucht haben, die vielschichtigen Ergebnisse und Anregungen der Berichterstatter in möglichst komprimierter, ja in zugespitzter Form darzustellen.
Ein Interview mit dem Initiator und Adressaten des Projekts, Bundeskanzler Franz Vranitzky, bringt bereits ein erstes Feedback auf Problemstellungen und Lösungsvorschläge der Berichterstatter und thematisiert noch einmal das Problem, gutes Regieren mit dem Formulieren von Perspektiven zu verbinden.

Weder lag es im Interesse des Auftraggebers noch in dem der Berichterstatter und schon gar nicht in dem der Autoren, diesen Widerspruch durch pflegeleichte Befunde oder Allerweltsanregungen zu entschärfen. Im Gegenteil, den Diagnosen und Vorschlägen der Berichterstatter fehlt es weder an Originalität noch an Brisanz.

NEUE WELT

Die Rede von der Zeitenwende ist längst zur historischen Phrase geworden, statt Euphorie machen sich Ernüchterung und krisenhafte Erscheinungen breit. Während die großen neuen Trends der Gegenwart sich mit erstaunlicher Geschwindigkeit durchsetzen und längst unsere Wirklichkeit bestimmen, hat Politik Schwierigkeiten, mit dieser Geschwindigkeit mitzuhalten, ist sie doch, während sie vom übergreifenden System zu einem Subsystem unter mehreren anderen abrutscht, hinreichend mit Verwalten beschäftigt.
Jetzt aber geht es, will sie nicht vollends selbst umgestaltet werden, ums Gestalten. Dazu ist zuerst eine scharfe Sicht der neugestalteten Wirklichkeit notwendig, der berühmte „neue Blick auf die alten Probleme". *Österreich neu* faßt aktuelle Trends und Problemstellungen mit diesem Blick zusammen:

- □ Die Globalisierung und Vernetzung aller Probleme ereignet sich – nur scheinbar im Widerspruch dazu – bei gleichzeitiger gesellschaftlicher Segmentierung, Fragmentierung und Dezentralisierung.
- □ Weltweit entwickelt sich die Kommunikations- und Informationsgesellschaft, entstehen Kommunikationsnetze unter neuen Hierarchien.
- □ Die Welt ohne die Balance der großen Blöcke ist unsicherer denn je. Migration, Fundamentalismus, Nationalismus und internationale Verteilungskämpfe tragen zu dieser Unsicherheit bei; neue, stabilisierende, transnationale Machtstrukturen bilden sich nur langsam.
- □ Weltweit wächst Verteilungsungerechtigkeit exponentiell; die 20 Prozent Bewohner der Industrienationen nehmen 80 Prozent der Ressourcen und 80 Prozent des Welteinkommens für sich in Anspruch.
- □ Ökologische Katastrophen scheinen, wenn sich nicht im globalen Wirtschaftssystem Entscheidendes ändert, unvermeidbar.
- □ Die alten weltanschaulichen Konfrontationen haben ihren Sinn verloren und werden durch differenzierte, neue, quer dazu lie-

gende abgelöst: Statt links versus rechts kann man nicht einfach Kommunitarismus versus Liberalismus setzen.

ÖSTERREICH NEU

Diese global zutreffenden Befunde sind nur einige der wichtigsten im Buch dargestellten. Sie alle betreffen – mehr oder weniger – auch Österreich. Österreich hat, will es neu werden, einiges nachzuholen. Alte Konzepte sind im Licht der veränderten Lage neu zu überdenken. Das Konzept der Gleichheit beispielsweise muß ergänzt und differenziert werden (Gleichheit für Ungleiche ist Ungleichheit). Möglichen Mißverständnissen bei der Modernisierung Österreichs ist jedoch zuvorzukommen:

- Individualisierung läuft bei österreichischer Untertanentradition und wenig ausgebildetem bürgerlichem Bewußtsein Gefahr, als Aufforderung zu bloßem Egoismus mißverstanden zu werden. Gemeint sind jedoch Individuen, die sich in der Lage sehen, ihre Interessen zu vertreten, aber nicht auf Kosten anderer.
- Verwestlichung meint nicht Imitation US-amerikanischer Vorbilder eines entgrenzten Wettbewerbs, sondern im Gegenteil eine Bändigung der Märkte durch Schaffung vernünftiger Rahmenbedingungen, und zwar durch den Staat; andererseits kann sich der Vorsorgestaat nur dann zurücknehmen, wenn Bürger den Staat als *ihren* Staat begreifen.
- Die Grenzen des sorgenden Staates, die nicht nur bei der Finanzierbarkeit des Gesundheitsbereichs längst in Sicht sind, führen nicht zur Abschaffung des Sozialsystems, sondern schaffen die Notwendigkeit, die Folgen von Reformen zu prüfen und im Licht dieser Prüfung Fragen nach sozialer Gerechtigkeit gesellschaftlich neu zu stellen: Ist eine Hochschulreform geglückt, wenn jetzt 100 Prozent aller Akademikerkinder studieren, aber verhältnismäßig kaum mehr Unterprivilegierte als zuvor?
- Flexibilisierung der Arbeit hat nicht die Aufgabe von sozialen Rechten und die beliebige Freisetzbarkeit von Arbeitskräften im Auge, sondern die Neuverteilung von Arbeitszeit (und Arbeitseinkommen) in der Lebenszeit.

POLITIK NEU

All das verlangt nach einer neuen Rolle von (Partei-)Politik: Gefragt sind nicht mehr große Weltanschauungsgebäude, sondern konkrete Lösungsvorschläge. Was nicht heißt, daß Theorie keine Auf-

gabe hat. Im Gegenteil: In kleineren Bereichen sind ihre Vorgaben immer wieder neu zu überprüfen. Und: Ohne gesellschaftlichen Diskurs kann nicht festgelegt werden, was gerecht ist.
Weniger „große“ Politik, viele „kleine“ Vorschläge, das verlangt auch eine neue Auffassung von politischer Kreativität. Politik hat weniger als früher die Möglichkeit, mit Normen und staatlichen Sanktionen ihre Ziele durchzusetzen, sie muß ihre Aufgabe darin sehen, Gelegenheiten für die Entfaltung gesellschaftlicher Alternativen zu schaffen.
Sie muß bei der Durchsetzung von ihr als sinnvoll erachteter Projekte Kreativität zeigen. Sie darf sich in unserem medialisierten Zeitalter nicht auf das Wissen beschränken, wie sie in die Schlagzeilen und Nachrichten gelangt. Sie muß ihre professionellen Ressourcen auf die Entdeckung, Entwicklung und Vermittlung solcher Projekte legen, die es den Bürgern ermöglichen, ihre Souveränität zurückzugewinnen. Wir Autoren verstehen „Themen der Zeit“ als in diesem Sinn intendiertes Projekt.

Die Fertigstellung eines Buches mit so vielen Beteiligten ist ein kompliziertes Unterfangen; durch Zeitdruck wird es nicht leichter. Unser Dank gilt allen, die es trotzdem möglich gemacht haben: sämtlichen Berichterstattern für Geduld im Erklären komplexer Sachverhalte und Hilfe bei Durchsicht der Manuskripte. Den zwölf Publizisten für ihre Kommentare, die dem Buch zusätzliches Gewicht verliehen haben. Barbara Köszegi Natter, der Lektorin, für aufmunternde und anspornende Betreuung. Andreas Mailath-Pokorny (Bundeskanzleramt) und Karl Duffek (Renner-Institut), den Koordinatoren des Projekts, für hilfreiche Unterstützung. Last, not least Andrea Bochdansky und Lisa Kiss für die unentbehrlichen Gesprächstranskriptionen.

Peter Pelinka *Armin Thurnher*
Wien, im März 1994

WEGE ZU EINER STABILEREN WELTORDNUNG

DIE ZUNEHMENDE INSTABILITÄT DER WELT SEIT 1989

So notwendig im historischen Sinn, so zwangsläufig im ökonomischen Sinn, so erfreulich im demokratischen Sinn ab 1989 das Ende des Kommunismus und der darauf basierenden machtpolitischen Bipolarität der Welt auch war – stabiler ist die Welt dadurch nicht geworden. Konträr zu den Hoffnungen, die es 1989, zu Beginn der größten Weltveränderung seit 1945, gegeben hatte, wurden nicht einmal kurzfristig und nicht einmal militärisch Fortschritte erzielt, ganz im Gegenteil: Seit 1945 gab es zu keinem Zeitpunkt so viele Kriege wie jetzt. Eine Studie des amerikanischen IWP-Instituts rechnet vor: Derzeit werden weltweit 29 Konflikte „kriegerisch ausgetragen", wobei die Qualifikationslatte dafür ohnehin beachtlich hoch liegt. Mindestens tausend Menschen müssen ihr Leben verloren haben, ehe ein solcher „Konflikt" Eingang in die IWP-Liste findet. Seit 1990 eskalieren die blutig ausgetragenen Spannungen wieder, nachdem sie in der Ära Gorbatschow zurückgegangen waren. Daß die Militärausgaben derzeit reduziert werden, tröstet wenig: Erstens einmal sind sie mit weltweit 7.000 Milliarden Schilling noch immer obszön hoch – und zweitens spielt es zumindest individuell wenig Rolle, ob jemand mit Pfeil und Bogen umgebracht wird oder mit einer „modernen" Rakete. „Billigere" Bewaffnung für mehr Zusammenstöße – damit ist auch die Art der Zusammenstöße charakterisiert. Der direkte Wettlauf zwischen den Supermächten und deren Stellvertretern ist zu Ende, die heutigen Schlachten und Kriege werden „nur" regional ausgefochten.
Der Fortschritt ist also höchst relativ.
Der von der Friedensbewegung der achtziger Jahre befürchteten

---

Dieses Kapitel basiert unter anderem auf Gesprächen mit den drei Berichterstattern des „Themen der Zeit"-Projektes Oberst Werner Brandner (Sicherheitsexperte im SPÖ-Parlamentsklub), dem Politikwissenschaftler Gastprof. Otmar Höll (Universität Wien) und Univ.-Prof. Rainer Münz (Bevölkerungswissenschaftler an der Humboldt-Universität, Berlin) sowie auf einem Gespräch mit Dr. Manfred Matzka (Bundesministerium für Inneres).

Eskalation des kalten Kriegs zu einem realen Atomkrieg mit möglichen Endzeitfolgen wurde zwar der Boden entzogen, gleichzeitig fehlt mit dem „Gleichgewicht des Schreckens" aber die relative Stabilität einer – wenn auch stets brüchigen – Weltordnung.
Die meist zynisch betriebene „Hinterhofpolitik" der beiden Supermächte – es geht niemanden etwas an, was ich in meinem unmittelbaren Einfluß- und Sicherheitsbereich betreibe oder zulasse – ist heute, da militärisch nur mehr eine Supermacht übergeblieben ist, zwar nicht mehr möglich, dennoch oder gerade deswegen kommt es zu einer quantitativen Ausweitung der Konflikte. Das läßt sich erstens darauf zurückführen, daß das Ende der Sowjetunion und des Warschauer Paktes gleichsam den Deckel geöffnet hat, unter dem ein jahrzehntelang gewaltsam unterdrücktes Gebräu von Nationalismen, Kultur- und Religionskonflikten brodelte; zweitens scheinen die USA als Weltpolizisten subjektiv unwillig und objektiv überfordert; und drittens existieren noch keine Instrumente zur allgemein anerkannten Definition, geschweige denn zur glaubwürdigen Durchsetzung der unmittelbar nach 1989 euphorisch beschworenen „neuen Weltordnung". Im Gegenteil: Die UNO gerät in Gefahr, unter der Last dieses auch mit militärischen Konsequenzen verbundenen Anspruchs ruiniert zu werden.
Selbst in Europa, einem nach 1945 besonders sicheren und ruhigen Kontinent, wütet seit 1992 ein blutig ausgetragener Bürger-, ja Völkerkrieg. Und es drohen auf den Gebieten der ehemaligen Sowjetunion weitere Konflikte, die die Katastrophe von Ex-Jugoslawien noch relativ gefahrlos, weil eingrenzbar, erscheinen lassen.

Das Ende der Bipolarität hat die Gefahr des Ausbruchs deregulierter Konflikte dramatisch erhöht. „Heutige Bürgerkriege entzünden sich spontan, von innen her. Sie brauchen keine auswärtigen Mächte mehr, um zu eskalieren. Bis vor kurzem trugen sie noch die Larven des nationalen Befreiungskampfes oder des revolutionären Aufstandes. Erst seitdem der kalte Krieg vorbei ist, zeigen sie ihr wahres Gesicht" (Hans Magnus Enzensberger*).
Auch „Bürgerkriege" anderer Art sind längst nicht mehr auf alte Muster oder auch nur auf ärmere Weltgegenden eingrenzbar. „In Wirklichkeit hat der Bürgerkrieg längst in den Metropolen Einzug gehalten. Seine Metastasen gehören zum Alltag der großen Städte,

* Quellenhinweise am Ende des Kapitels

nicht nur in Lima oder Johannesburg, in Bombay und Rio, sondern auch in Paris und Berlin, in Detroit und Birmingham, in Mailand und Hamburg. Geführt wird er nicht nur von Terroristen und Geheimdiensten, sondern auch von unauffälligen Bürgern, die sich über Nacht in Hooligans, Brandstifter, Amokläufer und Serienkiller verwandeln . . . Der Bürgerkrieg kommt nicht von außen, er ist kein eingeschleppter Virus, sondern ein endogener Prozeß" (Hans Magnus Enzensberger). Die Rahmenbedingungen, unter denen dieser Virus ausbricht, sind am deutlichsten in der modernsten Metropole der Welt zu beobachten: Einige hundert Meter von den Palästen der Fifth Avenue entfernt, nur durch einen Park getrennt, haben Menschen in Harlem mit 46 Jahren eine niedrigere durchschnittliche Lebenserwartung als in Bangla Desh, einige Kilometer davon entfernt, in der South-Bronx, regiert überhaupt die kriminelle Anarchie. Die Metastasen der gesellschaftlichen Verseuchung, organisierte Kriminalität, soziale Verwahrlosung, Brutalisierung und Apathie, breiten sich längst auch in den reicheren Gesellschaften aus.
Vor allem aber: Die für die globalen Sicherheitsgefährdungen letztlich verantwortlichen Probleme wurden nicht nur nicht gelöst, sondern vergrößert. Die Welt ist noch „ungleicher" geworden, die Schere zwischen reich und arm, zwischen „Nord" und „Süd", zwischen Bevölkerungsexplosion und Energieverbrauch wurde noch größer, ebenso steigen die auch damit zusammenhängenden ökologischen Gefahren für den gesamten Planeten. So verständlich auch die Versuche sein mögen, durch Abschottung der reicheren Gebiete – etwa einer „Festung Europa" – wenigstens diese relativ krisenfrei zu halten, so kurzsichtig und hilflos erscheinen sie angesichts der zunehmenden Vernetzung der Erde.

ZIELSETZUNGEN

Um so dringlicher erscheint also die Suche nach einer neuen, stabileren und langfristig wirksamen „neuen Weltordnung". Sie muß in jeder Hinsicht kompletter werden. Der Sicherheitsbegriff muß weit über den militärischen, diplomatischen und politischen Rahmen hinausgehen, muß eine ökonomische und ökologische, eine demokratische und soziale Dimension entwickeln. Und er muß universell wirksam werden können, auch wenn zumindest für die nächsten Jahre noch eine regionale Diversifizierung unumgänglich sein wird. Wobei „regional" gerade auch für Österreich nicht „national" bedeuten kann: Eine österreichische Sicherheitspolitik kann nur im europäischen Kontext wirksam werden, das gilt für den militärischen Bereich ebenso wie für den ökologischen und migrationspolitischen.

DAS NORD-SÜD-GEFÄLLE ALS STABILITÄTSBEDROHUNG

Der unter Federführung der norwegischen Ministerpräsidentin im Auftrag der UNO herausgegebene „Brundtland-Bericht" „Our common future" hat einen präzisen Gesamtkommentar zum Entwicklungsstand unseres Planeten abgegeben: „The earth is one, the world is not." Das heißt: Transnational wirkenden – negativen wie positiven – Tendenzen stehen ausschließlich negativ zu bewertende „nationale" Staatstendenzen gegenüber: geistig-politische wie finanziell-protektionistische Abschottung, chauvinistischer Haß, ethnische „Bereinigung", unsolidarische Gleichgültigkeit gegenüber dem wachsenden Elend einer Mehrheit von Menschen, auf dem – auch – der Wohlstand einer Minderheit beruht. Gegenüber einem gigantischen Prozeß der Transnationalisierung (ökonomische Interdependenz, Diffusion neuer Technologien über alle Grenzen hinweg, Verkleinerung der Welt zum globalen Dorf durch die Kommunikations-, Werbe- und Konsumindustrie) fällt die politische Ebene immer mehr zurück, ja sie entwickelt sich teilweise sogar konträr dazu: „Die größte Schwierigkeit unserer Generation besteht darin, daß unsere Erfolge auf der wirtschaftlichen Ebene den Fortschritt auf politischer Ebene dermaßen übertreffen, daß Wirtschaft und Politik nicht mehr miteinander Schritt halten können. Wirtschaftlich ist die Welt eine einzige, allumfassende Handlungseinheit. Politisch ist die Welt nicht nur zerstückelt geblieben in 60 und 70 souveräne Nationalstaaten, sondern die nationalen Einheiten werden zunehmend kleiner, zahlreicher, und das Nationalbewußtsein steigt. Die Spannungen zwischen den beiden gegensätzlichen Entwicklungen haben reihenweise Schocks, Erschütterungen und Zusammenbrüche im gesellschaftlichen Leben ausgelöst" (Paul Kennedy, den „Economist" aus dem Jahre 1930 – ! – zitierend).
Wobei dieser Befund nicht bedeutet, daß die transnationalen Entwicklungen der Weltökonomie spannungsfrei verlaufen – siehe die Handelskriege zwischen den USA, Europa und Japan. Und schon gar nicht, daß sie nur segensreiche Auswirkungen haben: Die internationale Finanz-, Handels- und Kapitalpolitik hat wesentlich dazu

beigetragen, daß mehr als die Hälfte der Menschheit keine Chance hat, das ihr 1986 von der UN-Generalversammlung zugestandene „Recht auf Entwicklung als unveräußerliches Menschenrecht ..." auch wahrzunehmen, „kraft dessen alle Menschen und Völker Anspruch darauf haben, an einer wirtschaftlichen, sozialen, kulturellen und politischen Entwicklung, in der alle Menschenrechte und Grundfreiheiten voll verwirklicht werden können, teilzuhaben, dazu beizutragen und daraus Nutzen zu ziehen".

Aber es bliebe zynisch bis verlogen, kurzsichtig bis blind, die Zuerkennung von Menschenrechten nicht auch auf die Zuerkennung existentieller Güter anzuwenden, deren Genuß immer mehr Menschen verwehrt bleibt. Die Auswirkungen weltweiter Ungleichheit sind noch vielfältiger geworden als in den Zeiten klassischer, imperialistischer Ausbeutungsverhältnisse.

UNTERENTWICKLUNG

Seit 1960 hat sich die Wohlstandskluft zwischen dem reichen Norden und dem armen Süden – auch wegen des dortigen Bevölkerungswachstums – nahezu verdoppelt: Laut Entwicklungsprogramm der UNO aus dem Jahr 1992 hat sich das Pro-Kopf-Einkommen der ärmsten 20 Prozent der Länder und der reichsten 20 Prozent von 1 : 30 im Jahr 1960 auf 1 : 59 im Jahr 1992 vergrößert. Das durchschnittliche reale Bruttoinlandsprodukt pro Kopf aller Entwicklungsländer stagniert seit 1970, allein in Afrika sind derzeit über 100 Millionen Menschen von unmittelbar lebensgefährlichen Hungerkatastrophen betroffen, die Zahl unterentwickelter Länder wächst: „Während der achtziger Jahre hat sich der Prozeß der wirtschaftlichen Differenzierung und sozialen Ungleichheit weltweit fortgesetzt und beschleunigt. Während eine noch unbestimmte Zahl von osteuropäischen Staaten auf das Wohlstandsniveau von Entwicklungsländern zurückfallen könnte, ist es nur wenigen Staaten des Südens, den sogenannten Schwellenländern, gelungen, ihre wirtschaftlichen Strukturen an jene der OECD-Staaten anzunähern" (Otmar Höll).

BEVÖLKERUNGSEXPLOSION

Gerade in den ärmsten Regionen der Welt sind aber die Wachstumsraten der Bevölkerung besonders hoch: in Schwarzafrika 3,3 Prozent, in Südasien 2,2 Prozent. Jährlich wächst die Erdbevölkerung von derzeit 5,7 Milliarden Menschen um 100 Millionen, das entspricht einem durchschnittlichen Zuwachs von knapp drei Millionen pro Tag. Ein Faktum, das in direktem Zusammenhang mit mangelnder Bildung, mangelnden gesundheitlichen und sozialen Standards und der besonders benachteiligten Position von Frauen in diesen Gesellschaften steht. „Die Armut verewigt das Bevölkerungswachstum, denn sie zwingt die Menschen unter Lebensbedingungen, in denen es keine Ausbildung, keine Gesundheitsfürsorge, keine Familienplanung und keinerlei Aussicht gibt, voranzukommen – außer der, eben eine große Familie zu haben und zu hoffen, daß viele Kinder etwas zum Einkommen beitragen“ (Donella und Dennis Meadows).

UMWELTZERSTÖRUNG

Die „dritte Welt“ und der frühere „Ostblock“ sind zur Lagerstätte für den Giftmüll der ersten Welt geworden, sind von der „Zivilisationskrankheit“ AIDS durchseucht, werden vom globalen Ressourcen- und Ökoraubbau – jährlich sterben Tausende Pflanzen- und Tierarten aus – besonders betroffen: „Zwischen 1950 und 1985 haben die westlichen und östlichen Industriestaaten 82 Prozent der weltweiten CO_2-Emissionen verursacht, 90 Prozent des ozonschädigenden FCKW. Ohne daß die Industrieländer einen Großteil ihrer historisch angeeigneten Verschmutzungsrechte der Ökosphäre an die Entwicklungsländer abtreten, also die absoluten Werte ihres Verschmutzungsbeitrages drastisch reduzieren, werden auch in Zukunft die Umweltlasten vor allem von der Bevölkerung der dritten Welt zu tragen sein. Darüber hinaus sollte nicht vergessen werden, daß die armuts- und unterentwicklungsbedingte Umweltzerstörung im Süden in einem rascheren Tempo zunimmt als die industriell bedingte Zerstörung im Norden“ (Otmar Höll).
Ein fataler Zusammenhang: Gesteht man – nicht zuletzt, um ihre verarmten Massen von den Wohlstandsburgen fernzuhalten – den Entwicklungsländern das Recht, ja die Notwendigkeit auf eine forcierte Industrialisierung ihrer Gesellschaften zu, verbunden mit der Forderung nach einer Modernisierung, das heißt Demokratisierung ihrer Institutionen, droht das gesamte Ökosystem zu kollabieren. Beispiele dafür: die Auswirkungen einer Vollmotorisierung Chinas nach europäischem Vorbild auf den Treibhauseffekt, die Erwärmung des Weltklimas, die Zerstörung der Ozonschicht; oder die Angleichung des jährlichen Pro-Kopf-Energieverbrauchs etwa Indiens (derzeit 250 Kilogramm Öl bei 850 Millionen Einwohnern,

Prognose für 2025: 1.445 Millionen) an den der USA (7.700 Kilogramm bei 250 Millionen, Prognose für 2025: 300 Millionen).
Dieser Zusammenhang birgt ein einziges „hoffnungsvolles“ Element: Die Größe der Gefahren für die globale Umwelt und ihre Verknüpfung mit den globalen Unterentwicklungs- und Ungleichheitsphänomenen setzt die Notwendigkeit globaler und radikaler Lösungen auf die Tagesordnung – und zwar für alle nur einigermaßen über ihren Tellerrand hinaus blickenden Entscheidungsträger aller Systeme: „Voraussetzung für das globale Überleben ist ein praktizierter Paradigmenwechsel der politischen und wirtschaftlichen Strategien, also eine grundlegende Verschiebung der Maßstäbe, nach denen gehandelt wird; eine politische Revolution neuer Art und Qualität, für die es bisher allerdings kein Beispiel gibt. Aber historisch beispiellos ist auch die zu überwindende Gefahr“ (Hermann Scheer).

ZIELSETZUNGEN

Der Größe der historischen Aufgabe wegen fehlen jegliche Patentrezepte, sie sind aufgrund nationaler, regionaler und kultureller Besonderheiten auch gar nicht denkbar. Wohl aber können einzelne Grundprinzipien entwickelt und praktiziert werden:

- □ Drosselung des Lebensstils der wohlhabenden Länder, insbesondere des Verbrauchs an Energie und anderer Ressourcen: „Die Nutzung vieler natürlicher Ressourcen und die Freisetzung schlecht abbaubarer Schadstoffe haben bereits die Grenzen des physisch auf längere Zeit Möglichen überschritten. Wenn der Einsatz der Materialien und der Energieflüsse nicht entscheidend gesenkt wird, kommt es in den nächsten Jahrzehnten zu einem nicht mehr kontrollierbaren Rückgang der Nahrungsmittelerzeugung, der Energieverfügbarkeit und der Industrieproduktion“ (Donella und Dennis Meadows).
- □ Forcierte Suche nach neuen Energiequellen (Sonnenenergie!).
- □ Erhöhung der direkten Finanzhilfe an Entwicklungsländer und der Einzahlungen an den „Global Environmental Fund“.
- □ Nicht bloßer Technologietransfer, sondern auch technologische „Hilfe zur Selbsthilfe“ für die Entwicklungsländer.
- □ Bekämpfung des Protektionismus im Welthandel: Die OECD-Staaten zahlen rund 50 Milliarden Dollar Entwicklungshilfe, aber 1.200 Milliarden für Agrarsubventionen.
- □ Bindung von Kredit- und Investitionshilfen an Kriterien des Umweltschutzes und der Entwicklungsverträglichkeit.

ÖSTERREICH

Österreich, das selbst in der Kreisky-Ära, in Hochphasen der Konjunktur und einer aktiv betriebenen Außenpolitik, zu den Schlußlichtern im Bereich der Entwicklungshilfe gehörte, erreichte nie das international angestrebte Limit, 0,7 Prozent des Bruttonationalprodukts für Entwicklungshilfe aufzuwenden. Heute ist Österreich auf diesem Gebiet noch weiter zurückgefallen: 1992 machten die offiziell ausgewiesenen Zahlungen nur mehr 0,29 Prozent des BIP aus, eine Summe, die geringer ist als etwa die der reinen Baukosten für den heftig diskutierten Semmering-Basistunnel. Wobei – an sich begrüßenswert – der Anteil der direkten bilateralen Zuschüsse auf 3,67 Milliarden Schilling gestiegen ist und damit vor allem gegenüber Exportfinanzierungskrediten (diese sanken zwischen 1991 und 1992 von 1,8 Milliarden Schilling auf 662 Millionen) stark zugenommen hat. Freilich kommt aber nur ein kleiner Teil dessen direkt der dritten Welt zugute: Ein Drittel der Summe machen Aufwendungen für Asylwerber und Flüchtlinge aus, zwei Drittel davon aber allein die Unterstützungen für Menschen aus Ex-Jugoslawien – ein weiteres Beispiel für die Zusammenhänge zwischen Entwicklungs-, Migrations- und Sicherheitspolitik.
Österreich wird künftig seinen entsprechenden politischen wie finanziellen Beitrag vor allem im Rahmen internationaler Organisationen zu leisten haben, insbesondere auch im Rahmen der EU. Mit einem speziellen Zusatzinteresse: Gelingt es der EU nicht rasch, das innereuropäische Wohlstandsgefälle zu verringern, wird die Schere zwischen arm und reich auch auf diesem Kontinent größer. Im dann neuerlich gespaltenen Europa würde Österreich aufs neue an einer prekären Grenze liegen. Aber wohl nicht mehr als neutrale Brücke, sondern als östlichster Teil der Wohlstandsfestung Westeuropa – mit all den damit verbundenen Sicherheitsgefahren.

WANDERUNGSBEWEGUNGEN ALS STABILITÄTSBEDROHUNG

Die ungleiche Entwicklung in den verschiedenen Regionen der Welt, die politischen und sozialen Spannungen sind die Ursachen für die verschiedenen Formen von Wanderungsbewegungen:
Politische Unterdrückung und die Mißachtung der individuellen Freiheits- und Menschenrechte führen dazu, daß Menschen in anderen Ländern um Asyl ansuchen (Asylsuchende).

Kriege zwischen einzelnen Ländern sowie Bürgerkriege zwingen Menschen zum Verlassen dieser Kriegsgebiete (Kriegsflüchtlinge). Wirtschaftliche und soziale Ungleichheit bewirken, daß Menschen in anderen Regionen Arbeit und Brot suchen (Wirtschaftsmigranten). Unternehmen in meist wohlhabenden Ländern werben Arbeitskräfte aus meist ärmeren Ländern an (Gastarbeiter).

All diese unterschiedlichen Formen von Wanderungsbewegungen werden in der öffentlichen Auseinandersetzung meist oberflächlich unter dem Titel „Ausländerfrage" diskutiert. Wanderungsbewegungen generell wird man in keiner Gesellschaft, auch auf keinem Kontinent, vollständig unterbinden können, schon gar nicht in offenen, demokratischen Gesellschaften. Zu debattieren bleibt einerseits, wie man die Zahl der Asylsuchenden und Kriegsflüchtlinge im Idealfall bis Null senken kann, indem man die Ursachen der Flucht beseitigt, und andererseits, wie einzelne Länder die Integration von anderen Zuwanderern in sozial wie ökonomisch optimaler Form bewerkstelligen können. Beide Aufgaben sind nur in internationaler Abstimmung lösbar. „Dies darf allerdings nicht als Ausrede dafür dienen, daß wir unsere Hausaufgaben nicht machen. Österreich hat auch in einem vereinten (West-)Europa bei der Migrationspolitik und bei der bisher vernachlässigten Integration von Ausländern einen Handlungsspielraum. Den sollte es auch nützen" (Rainer Münz).

Wanderungsbewegungen sind kein neues Phänomen. Allein rund um die Jahrhundertwende wanderten etwa 20 Millionen Europäer nach Amerika aus, gleichzeitig wanderten Millionen innereuropäisch, darunter Hunderttausende Osteuropäer nach Wien. Nach 1945 flohen etwa 12 Millionen „Volksdeutsche" vor der Roten Armee, drei Millionen Deutsche wanderten bis zum Bau der Berliner Mauer von Osten nach Westen. Mehrere Millionen Menschen waren nach der Befreiung der Kolonialgebiete in den fünfziger und sechziger Jahren in den „Mutterländern" Großbritannien, Frankreich und Portugal zu integrieren. In diesen Jahren begann auch die gezielte Anwerbung von Gastarbeitern. 1973 gab es in Österreich mit 8,3 Prozent der Beschäftigten den höchsten Stand. Heute leben 18 Millionen Gastarbeiter in den EU- und EFTA-Staaten: 6,8 Millionen davon in Deutschland (darunter 1,8 Millionen Türken), 3,8 in Frankreich, 1,8 Millionen in Großbritannien, 1,2 Millionen in der Schweiz, 1,6 Millionen in den Beneluxländern, 1,5 Millionen in Italien. Schließlich kam es auch im Europa des kalten Kriegs zu

politisch motivierten „Wanderungen“: 1956 aus Ungarn (180.000), 1968 aus der Tschechoslowakei (170.000), 1981 aus Polen (250.000), 1989 aus Bulgarien (200.000 in die Türkei).
Diese Wanderungsbewegungen trugen dazu bei, daß Europa zum größten Migrationskontinent und multi-ethnischen Schmelztiegel der ersten Welt wurde und in dieser Rolle die USA und Kanada ablöste: Seit 1960 ist die europäische Bevölkerung um 175 Millionen gewachsen, der traditionelle Einwanderungskontinent Nordamerika nur um 75 Millionen. In Europa wohnen prozentuell mehr Ausländer als in Nordamerika, die Zahl der eingebürgerten, im Ausland geborenen Bürger ist höher als in den USA. Während aber in Nordamerika aus historischen Gründen die Multikulturalität als Stärke empfunden wird, war und ist Europa auf die damit zusammenhängenden sozialen und kulturellen Veränderungen schlecht vorbereitet. Der Anteil derer, die in den reichsten Kontinent gelangen, ist mit fünf Prozent an der Gesamtzahl aller Flüchtlinge auf der Welt aber noch immer sehr gering – die armen afrikanischen Länder müssen mehr Bürgerkriegsflüchtlinge aufnehmen als die reichen Länder der EU. Dennoch wachsen auch die sozialen, nationalen, politischen und ökonomischen Spannungen auf unserem Kontinent.
Das Ende der politischen Spaltung Europas stellte nun den Beginn einer neuen „Völkerwanderung“ dar. Zwischen 1989 und 1992 verließen fast vier Millionen Europäer ihre Heimat von Ost nach West. Fünf Millionen verloren sie durch Krieg oder ethnische Säuberungen in Ex-Jugoslawien. Von ihnen gelangten aber nur knapp 700.000 nach Westeuropa, etwa 350.000 nach Deutschland, jeweils etwa 70.000 in die Schweiz, nach Schweden und Österreich.
Derzeit sind folgende Entwicklungen in Europa zu beobachten:
In ganz Europa stellt die „Ausländerfrage“ einen oft geschürten, zentralen innenpolitischen Streitpunkt dar. Arbeitslosigkeit und „hausgemachte“ soziale Spannungen verstärken den Trend zu Ausländerfeindlichkeit, Terrorismus und Rechtsradikalismus.
Der Anteil der Gastarbeiter stagniert, wird durch Quoten oder Rückkehrprämien kleiner, durch – oft behinderten – Familiennachzug größer.
Die zweite Gastarbeitergeneration, die Kinder und Jugendlichen, die bereits im neuen Heimatland geboren wurden, ist etabliert.
Das „Asylloch“ wurde geschlossen, das lange Zeit – vor allem in Deutschland – die einzige Chance bot, ohne Visum legal nach West-

europa einzureisen. Nun wird generell die Asylpraxis illiberaler, weniger großzügig gehandhabt, auch bei Asylwerbern aus politisch eindeutig repressiv-undemokratischen Ländern.
Wirtschaftsmigranten haben in Westeuropa keine Chance mehr auf legale Einwanderung, suchen deshalb Schlupflöcher als Touristen, Schwarzarbeiter und -händler.
Einige Länder, darunter auch Österreich, lassen ihre Grenzen von Sicherheitskräften gegen illegale Zuwanderung schützen, Grenztruppen errichten einen neuen „Eisernen Vorhang".
Diese und andere nationale Abschottungsmaßnahmen verlagern meist aber nur die Probleme innerhalb Europas, leiten Zuwanderungsströme nur um und vergrößern den Markt für die international organisierten Schlepperbanden.
Der vielfach als Schreckensszenario an die Wand gemalte große Zuwanderungsstrom aus Rußland und anderen Ländern der Ex-Sowjetunion hat bislang nicht eingesetzt. Der Migrationsdruck aus dem Süden, vor allem aus Nordafrika, wird hingegen stärker.

ZIELSETZUNGEN IM RAHMEN EINER GESAMTEUROPÄISCHEN POLITIK

„Der Blick auf die Landkarte und in unsere Geschichtsbücher sollte uns klarmachen, daß bewaffnete Grenztruppen nicht die einzige und letzte Antwort auf den Migrationsdruck in Richtung Westeuropa sein können. Denn die migrationsauslösende Kluft zwischen den reichen Industriestaaten Westeuropas und dem Rest der Welt wird sich in den nächsten zwanzig Jahren ebensowenig verringern wie die migrationsauslösenden Krisen und Konflikte rund um Westeuropa" (Rainer Münz). Ebenso unbestritten ist, daß keine Gesellschaft unbeschränkte Zuwanderung aushält, schon gar nicht in isoliertem, nationalem Rahmen. Deshalb geht es um die Ausarbeitung einer gesamteuropäischen Politik, die mehrere Dinge parallel leisten müßte:

- □ Steuerung und Aufteilung der inner- und außereuropäischen Wanderungsbewegungen – unter anderem mittels Quoten.
- □ Integrationsförderungen für die bereits ansässigen „Ausländer" – unter anderem mittels schnellerer Einbürgerung, kommunalem Ausländerwahlrecht und der Aufhebung sozialrechtlicher Diskriminierungen.
- □ Maßnahmen, um das innereuropäische und weltweite Wohlstandsgefälle zu verringern – und damit die hauptsächlichen Gründe für Wanderungsbewegungen zu beseitigen.

ÖSTERREICH

Österreich galt jahrelang als international beispielhaftes Asylland, auch als Einwanderungsland, zumindest als Durchgangsland für die größten europäischen Migrationsströme nach 1945. 1956 suchten 180.000 Ungarn hier vorübergehend Schutz. 1968 160.000 Tschechen und Slowaken, 1981 und danach etwa 150.000 Polen. Die Öffnung Osteuropas, die gute Konjunktur der Jahre 1990/91 sowie die Kriege und ethnischen Säuberungen in Kroatien, Serbien und Bosnien-Herzegowina waren dann die wesentlichen Gründe dafür, daß zu Beginn der neunziger Jahre um 78 Prozent mehr Ausländer in Österreich wohnten als zehn Jahre zuvor: Laut Volkszählung waren es 1991 518.000, also 6,6 Prozent der Wohnbevölkerung. Österreich liegt damit im europäischen Mittelfeld, hinter der Schweiz (17,7 Prozent), Belgien (9), Deutschland (8,2), aber vor Frankreich (6,3), Schweden (5,7) oder den Niederlanden (4,6). Den höchsten Ausländeranteil in Österreich hat Vorarlberg (13,3 Prozent), knapp gefolgt von Wien (12,8), den geringsten die Steiermark (2,6). Die Einbürgerungsquote ist mit zwei Prozent niedriger als in Skandinavien, aber höher als in der Schweiz. Allerdings zählen in Österreich auch Kinder und Enkel von Zuwanderern – selbst wenn sie ihr Leben lang nur hier gelebt haben – der Staatsbürgerschaft nach als Ausländer.

Die Kriegsflüchtlinge aus Ex-Jugoslawien, vor allem die 40.000 aus Bosnien – mit den nicht offiziell gemeldeten sind es etwa 70.000 – , stellen jetzt aber die größte Integrationsherausforderung dar, werden sie doch fast alle im Lande bleiben. Die Flüchtlinge und die Entwicklung auf dem Arbeitsmarkt – unter anderem ist durch den Zustrom neuer ausländischer Arbeitskräfte die Arbeitslosenrate unter bereits „etablierten" Gastarbeitern gestiegen –, zu all dem auch noch der innenpolitische und öffentliche Druck, führten zu viel restriktiveren Gesetzen und somit zu einem Rückgang der Asylwerberzahlen von 1991 auf 1993 von 27.000 auf 5.000. Diese Asylanten kommen zu etwa zwei Drittel aus Osteuropa, zu einem Drittel aus der dritten Welt. Die Anerkennungsquote liegt bei knapp zehn Prozent.

Die offizielle „Ausländerpolitik" versteht sich als Gratwanderung „zwischen dem ökonomisch und sozialpolitisch negativen FPÖ-Modell des Einreisestopps auf der einen Seite und dem von Daniel Cohn-Bendit als gemeingefährlichen Unsinn bezeichneten grünen Vorschlag einer ungeregelten Einwanderungsfreiheit" (Franz

Löschnak). Kritiker weisen auf inhumane Vorfälle, insbesondere bei der Vollziehung der neuen „Ausländergesetze“ hin. Alle Kräfte stimmen zumindest darin überein, daß Asylsuchende nach den Kriterien der Genfer Flüchtlingskonvention in Österreich weiter Platz finden müssen, ebenso Kriegsflüchtlinge. „Wir bemühen uns allerdings darum, daß Flüchtlinge ihre Asylanträge nach Möglichkeit schon in einem unserer Nachbarländer stellen“ (Rainer Münz).
Der zusätzliche Zuzug, vor allem von Wirtschaftsmigranten, ist aber umstritten: Die FPÖ lehnt ihn gänzlich ab, die Regierungsparteien und Sozialpartner wollen ihn durch Quotierungen in arbeitsmarktkonforme Bahnen lenken, die Grünen stehen solchen Einschränkungen skeptisch gegenüber und fordern eine Amnestie für illegal zugewanderte Ausländer, um sie aus dem Teufelskreis von Angst, Kriminalität, Ausbeutung und Schwarzarbeit zu holen. Auch diesbezüglich wirkt die Spaltung zwischen „unten“ und „oben“: Sozial schwache Schichten treten für restriktivere Ausländergesetze ein, weil sie die Konkurrenz am Wohnungs- und Arbeitsmarkt fürchten und – entgegen allen statistischen Daten – Ausländer für „Kriminelle“ und für „Sozialschmarotzer“ halten. In Wirklichkeit liegt die Kriminalitätsrate bei in Österreich ansässigen Ausländern unter jener der Inländer, ausländische Arbeitskräfte zahlen mehr in den österreichischen „Sozialtopf“ ein, als sie daraus erhalten.

ZIELSETZUNGEN FÜR ÖSTERREICH

Zusätzlich zu den Aufgaben auf europäischer Ebene – „die EU beschränkt sich in ihrem Vertrag von Schengen ausschließlich auf die juristische und sicherheitspolitische Absicherung ihrer Grenzen, das ist zuwenig“ (Manfred Matzka) – muß auch Österreichs spezifische „Ausländerpolitik“ weiterentwickelt werden:

- Die schwierigste Aufgabe der nächsten fünf Jahre wird die Integration von etwa 70.000 Bosniern darstellen, vor allem am Wohnungsmarkt. Hier ist der Bau neuer Wohnungen insgesamt zu forcieren, ohne neue spezifische „Ausländerghettos“ zu schaffen.
- Transparenz und Tempo der Asylverfahren gehören weiter gesteigert.
- Für die Integration am Arbeitsmarkt werden weiter Quotierungen erforderlich sein, wobei das Prinzip gilt: Je mehr das Ausbildungsprofil der Zuwanderer dem des österreichischen Arbeitsmarktes entspricht, desto einfacher ist die Integration. Eine ge-

steuerte Zuwanderung ist auch ein zusätzliches Instrument gegen das Sinken der Bevölkerungszahl und die damit zusammenhängenden Probleme bei der Finanzierung unseres Sozialversicherungssystems, vor allem der Aufrechterhaltung des Pensionssystems.

- Jetzige Grauzonen am Arbeitsmarkt, vor allem am Ausländer-Arbeitsmarkt, dem Markt der Putzfrauen und Kindermädchen, müssen sozialrechtlich geregelt werden, etwa durch kommunale Vermittlungsagenturen.
- Die Integration anerkannter Flüchtlinge und schon länger in Österreich lebender Gastarbeiter muß verstärkt werden: etwa durch die Vereinheitlichung der Einbürgerungsfristen auf die derzeitige Mindestfrist von fünf Jahren.

INSTRUMENTE ZUR STABILITÄTSSICHERUNG

Der große „Clash“ im Sinne eines dritten Weltkriegs zwischen zwei annähernd gleich starken Systemen ist derzeit nicht zu erwarten. Wohl aber ist die Verstärkung nationaler, regionaler, lokaler Konflikte zu befürchten, die auch militärisch ausgetragen werden, selbst auf relativ stabilen Kontinenten wie Europa, und noch dazu mit einem besonders bedrohlichen Erbe des „kalten Kriegs“, dem Potential an Massenvernichtungs- und speziell Atomwaffen. Der Traum von einer atomwaffenfreien Welt wird sich so rasch nicht erfüllen. Das liegt an den Schwierigkeiten, die die Abrüstung selbst bei gutem Willen bereitet – aber auch an der Vorsicht, die die beiden großen Atommächte USA und Rußland an den Tag legen, solange die Atommächte Großbritannien, Frankreich und China eifersüchtig über ihre Arsenale wachen und in der dritten Welt eine Reihe von Atom-Ehrgeizlingen bloß darauf wartet, die Eintrittskarte in den nuklearen Klub zu lösen. „Auf dem Weg zum weltweiten Verzicht auf Atomwaffen liegt es dennoch bei den USA, die Schrittmacher zu sein. Ein so anspruchsvolles Programm entspräche ihrem moralischen Anspruch. In einem festen Zeitplan müssen Atomwaffen vernichtet, weitere Produktionen verboten, ein globales Überwachungssystem finanziert und aufgebaut sowie Sanktionen gegen Verstöße festgelegt werden. Die Verantwortung für dieses Programm sollte Zug um Zug auf die Vereinten Nationen übergehen. Es gibt keinen Mittelweg zwischen einer Welt, die von Atomwaffen starrt, und einer anderen, die atomwaffenfrei ist. Es hilft nichts, wenn große und mittlere Atomwaffenstaaten auf ein niedrigeres Niveau zurückrüsten. Im Gegenteil, dadurch könnten ‚Atomzwerge' nur angeregt werden, sich auf das vorgegebene Niveau hochzurüsten. Die Motivation zum Besitz von Atomwaffen kann nur durch die kontrollierte Beseitigung dieser Waffenkategorie erreicht werden" (Werner Brandner).

Neben den entscheidenden sozialen, politischen, ökonomischen und ökologischen Maßnahmen muß eine halbwegs stabile „neue Weltordnung" auch über militärische Mittel verfügen, um Mindeststandards des Völkerrechts, der Menschenrechte und der Demokratie „national" durchsetzen zu können, wenn aus der Mißachtung dieser Prinzipien transnationale Gefahren erwachsen. „Es muß gelingen, die gesteigerte Bewegungsfreiheit der regionalisierten Welt mit der Erzeugung von jenem Grad positiver Ordnung zu verknüpfen, der die Voraussetzung für die gewaltfreie Konfliktverarbeitung in der internationalen Politik bildet" (Werner Brandner). Aber: „Selbst die Anwendung militärischer Gewalt als allerletztes Mittel und nach Ausschöpfung aller Möglichkeiten, um einen Störenfried der Völkergemeinschaft zur Vernunft zu bringen, birgt noch das Risiko der Eskalation der Gewalt in sich. Militärische Zwangsmaßnahmen müssen weiterhin am äußersten Ende jener Skala stehen, auf der Aktivitäten der präventiven Diplomatie, fact-finding und Schiedssprüche, politische und wirtschaftliche Sanktionen einen breiten Raum einnehmen" (Werner Brandner). Gesucht ist also eine von breitem politischem Konsens gesteuerte, auch in sozialen, ökologischen und kulturell-religiösen Dimensionen bewanderte Weltpolizei, die vorrangig Konfliktvermeidung, jedenfalls Konfliktlösung betreiben könnte, aber auch als militärische Einsatztruppe für den Notfall bereit stehen könnte, ohne der Illusion zu verfallen, mittels militärischer „Paukenschläge" politische Lösungen herbeiführen zu können.

Die bisherigen internationalen Strukturen sind dafür nur beschränkt tauglich:

UNO

Sie bleibt als einziges weltumspannendes Forum unverzichtbar, auch wenn ihre Strukturen reformbedürftig erscheinen, weil sie aus der Zeit des kalten Kriegs stammen. Ihre militärischen Strukturen sind ausschließlich auf „peace-keeping", nicht auf „peace-making" ausgerichtet. In der neuen Periode der Weltgeschichte seit 1989 agierte die UNO bei ihren Einsätzen mehr (Kampuchea, Moçambique) oder weniger (Somalia) erfolgreich, die politische Legitimation für den militärisch großteils von den USA geführten Schlag gegen den Golfkriegs-Aggressor Irak blieb in jenem Maß fragwürdig, in dem der erzielte politische Erfolg heute fragwürdig erscheinen muß. Die Stärke der UNO liegt im politischen Bereich, nicht im militärischen.

KSZE

Gleiches gilt auf der europäischen Ebene für die KSZE (Konferenz für Sicherheit und Zusammenarbeit in Europa). Immerhin schließt sie mit dem Gedanken an gemeinsame Truppeneinsätze in Krisengebieten eine militärische Option nicht mehr aus. Ihre Perspektive liegt aber eher darin, sich zur regionalen Sicherheitsorganisation der UNO zu entwickeln.

NATO

Vom militärischen Standpunkt aus ist die Struktur der NATO (Nordatlantischer Verteidigungspakt) am besten für die Funktion als Weltpolizist geeignet. Politisch spricht ihre Geschichte als Instrument des kalten Kriegs (insbesondere der USA) dagegen. Außerdem ist sie als Bündnis zur kollektiven Verteidigung gegen äußere Bedrohung konzipiert und hat derzeit explizit kein Interesse an den gewünschten Neubeitritten aus dem osteuropäischen Raum.

WEU

Für den europäischen Bereich stellt die Westeuropäische Union, der bislang kaum entwickelte militärische Arm der EU, eine ausbaufähige Option dar. „Es erscheint sinnvoll, bei der europäischen Integration von getrennten Pfeilern für Wirtschaft und Verteidigung auszugehen und durch Stärkung der WEU eine europäische Verteidigungszusammenarbeit einzuleiten, die sich der bestehenden Strukturen der NATO bedient" (Werner Brandner).

Österreichs Neutralität

Diese könnte spätestens dann ihren Sinn verlieren, wenn die Konturen einer gemeinsamen europäischen Sicherheits- und Verteidigungspolitik klarer werden. „Das im Vertrag von Maastricht vorgegebene Fernziel einer gemeinsamen Verteidigung, was in letzter

Konsequenz auch die Aufstellung von gemeinsamen europäischen Streitkräften bedeutet, ist zum heutigen Zeitpunkt eine schemenhafte Skizze auf geduldigem Vertragspapier. Ein neuer Weg könnte die Schaffung von EU-Streitkräften sein, die unabhängig von den nationalen Rechts- und Vertragsgrundlagen, aber auch von der politischen Position der Mitgliedstaaten sind" (Werner Brandner).

LITERATUR

Ulrich Beck: Die Risikogesellschaft. Suhrkamp 1986
Hans Magnus Enzensberger: Aussichten auf den Bürgerkrieg. Suhrkamp 1993
Joschka Fischer: Der Umbau der Industriegesellschaft. Eichborn 1992
Heinz Faßmann/Rainer Münz: Einwanderungsland Österreich? Studie im Auftrag der Akademie der Wissenschaften, Wien 1992
Paul Kennedy: In Vorbereitung auf das 21. Jahrhundert. Fischer 1992.
Franz Löschnak: Menschen aus der Fremde. Holzhausen 1993
Donella und Dennis Meadows: Die neuen Grenzen des Wachstums. DVA 1992
Thomas Prader (Hrsg.): Moderne Sklaven. Promedia 1992
Hermann Scheer: Sonnenstrategie. Piper 1993
Zeit-Schriften 1/1992: Ein Gipfel für die Erde. Zeit-Verlag, Hamburg 1992

WOHIN ENTWICKELT SICH DAS POLITISCHE SYSTEM?

DER BEDEUTUNGSVERLUST TRADITIONELLER POLITIK

Politik kann in modernen Gesellschaften nicht in Anspruch nehmen, alleiniges zentrales Steuerungsinstrument der Gesellschaft zu sein. Das politische System ist heute ein Funktionssystem neben anderen, neben Wirtschaft, Medien, Kultur, Religion. Es verliert immer mehr an Bedeutung. Das politische System ist heute nicht mehr das oberste System, das Subsysteme steuert, sondern selbst ein Subsystem einer immer komplexeren, fragmentierteren, differenzierteren, schwieriger zu steuernden Gesellschaft.
Der Bedeutungsverlust der traditionell „betriebenen“ Politik wird immer deutlicher:
Die Medien sind längst weit über ihre ursprüngliche Funktion der Berichterstattung hinaus selbst ein aktiv – auch politisch – gestaltendes Subsystem geworden. Sie betreiben „agenda setting“, bestimmen Themen und Diskurse, steuern (oder verstärken zumindest) politische und gesellschaftliche Entwicklungen mittels extremer Personalisierung und Kampagnisierung.
Die Wirtschaft, das Auf und Ab von Konjunktur und Rezession, die internationale ökonomische Verflechtung und die Wirtschaftslobbies machen die Handlungsspielräume für politisches Gestalten, insbesondere im nationalen Rahmen, immer enger.
Die Kultur, insbesondere auch die elektronische Massenkultur, prägt Weltbilder, produziert „Stars“ und formt Lebensstile nach dem Motto „Idole statt Ideale“.
Nur gegenüber anderen „sinnstiftenden“ Institutionen – etwa Kir-

---

Dieses Kapitel beruht unter anderem auf einem Gespräch mit einem der beiden Berichterstatter des entsprechenden „Themen der Zeit“-Abschnitts, dem Sozialwissenschaftler Dr. Christian Haerpfer (Paul-Lazarsfeld-Gesellschaft). Daß der andere Berichterstatter, Dr. Rainer Nick (Institut für Politikwissenschaft an der Universität Innsbruck), wegen aktueller Wahlkampfberatung für die beiden Landeshauptleute Wendelin Weingartner und Christoph Zernatto nur schriftliche Unterlagen beisteuern konnte, scheint uns symptomatisch für die wachsende Bedeutung wissenschaftlicher Politikberatung.

chen – erleidet Politik keinen Bedeutungsverlust, dafür aber vergleichbare Defizite. Die Krise von Ideologien ist allseitig, erfaßt metaphysische ebenso wie diesseitige.

Dieser Prozeß beruht auf entsprechenden gesellschaftlichen Entwicklungen:

- □ Fragmentierung der Lebensstile statt Gliederung in soziale Klassen
- □ Produktion für Marktnischen statt Massenproduktion
- □ Individualisierung und „Privatheit“ statt Solidarismus und Öffentlichkeit
- □ Dezentralisierung statt Zentralismus, Aufsplitterung in Subsysteme statt Einordnung in Hierarchien

Diesen „individuellen“ Trends widersprechen andere, „kollektive“, nur scheinbar:

- □ Globalisierung der Telekommunikation, der Informationssysteme, der kulturellen und massenmedialen Leitbilder, Uniformierung von Lebensweisen und Konsumverhalten
- □ Globalisierung ökologischer, ökonomischer und politischer Probleme, vor allem im Nord-Süd-Verhältnis, globale Ausdehnung sozialer „Zivilisationskrankheiten“ wie Drogenmißbrauch und Kriminalität
- □ Globalisierung darauf basierender rationaler und irrationaler Bedrohungsbilder und -szenarien, Zunahme von Ängsten und psychosomatisch bedingten Krankheiten

Viele Menschen reagieren auf diese Ambivalenzen mit dem verständlichen Bedürfnis nach Orientierung, nach „Werten“, nach „Heimaten“. Im politischen Bereich basieren darauf Bewegungen und Ordnungsbegriffe, die all dies scheinbar bieten, Chauvinismen, Nationalismen, Fundamentalismen, autoritäre und faschistische Strömungen. Sie alle sind verschiedene, antimodernistische, meist reaktionäre Spielarten in dem Sinn, daß sie – wenn auch mit unterschiedlicher Begründung – die „Machbarkeit“ gesellschaftlicher Entwicklungen versprechen. Die Frontlinien zwischen „Modernisierern“ und „Bewahrern“, mehr noch zwischen „Progressiven“ und „Reaktionären“ ersetzen vielfach die alten Frontlinien zwischen „links“ und „rechts“, entwickeln sich meist quer zu diesen und zu traditionellen Parteibindungen generell.

In modernen Gesellschaften ist der jetzige Trend der Zersplitterung irreversibel. Spätestens mit dem Zusammenbruch des „realen Sozialismus“ ist die Vorstellung zu Grabe getragen worden, mittels zentraler, staatlicher, politischer Mittel „von oben" her eine Gesellschaft planen und steuern oder gleichsam stellvertretend für sie agieren zu können: „In einer funktional differenzierten Gesellschaft gibt es weder eine Spitze noch eine Mitte, die die Gesellschaft in der Gesellschaft repräsentieren könnte ... keines der Funktionssysteme kann die Nachfolge z. B. des Adels antreten – auch nicht die Politik. Alle Funktionssysteme realisieren eine dramatische Steigerung ihrer eigenen Bedeutung und ihrer eigenen gesellschaftlichen Wirksamkeit, aber keines von ihnen kann in Anspruch nehmen, die Gesellschaft in der Gesellschaft zu repräsentieren" (Niklas Luhmann*).

Das politische Funktionssystem steht unter demselben Legitimationszwang wie die anderen Funktionssysteme auch: Es muß immer wieder legitimieren, daß es einen eigenen, spezifischen, wenn auch gegenüber früher eingeschränkten Beitrag zur Funktionsweise des gesellschaftlichen Gesamtsystems liefert. Und zwar nicht mit dem für differenzierte Gesellschaften sinnlosen Anspruch, Lösungen für das Gesamtsystem zu liefern, aber mit dem Anspruch, für die im engeren Sinne politischen Fragen zu „funktionieren", das heißt unter mehreren Optionen die richtige Wahl zu treffen – sowohl im Sinne eines möglichst breiten gesellschaftlichen Konsenses als auch im Sinne einer rationalen Konfliktlösung.

Selbstbescheidung heißt die Parole für die Politik – und systemgerechte Beurteilung der Möglichkeiten traditioneller Politik heißt die Parole für korrekte Beobachter: „Nur politisch entscheidbare Fragen können am Maßstab von Legitimität gemessen werden, während für Fragen, die nicht politisch entscheidbar sind, andere Maßstäbe anzulegen sind. So wie das Rechtssystem aus guten Gründen bei genuin politischen Fragen sich ein judicial restraint auferlegt, muß auch die Politik sich in Hinblick auf die Autonomie anderer Bereiche einem political restraint beugen ... Es läßt sich leicht zeigen, daß längst nicht mehr alle gesellschaftlich wichtigen Fragen politisch entschieden werden. Die in politischen Kämpfen durchgesetzten Autonomien der unterschiedlichsten Bereiche, von der Autonomie der Religion, der Kunst, der Wissenschaft über die Autonomie von Familien und Verbänden bis hin zur Tarifautonomie, begrenzen den Spielraum politischer Entscheidungen. Will die Politik sich hier einmischen, muß sie den Weg nichthierarchischer Abstimmung in Verhandlungssystemen gehen" (Helmut Willke). Und auch

* Quellenhinweise am Ende des Kapitels

eine nichttraditionelle Sicht der Politik, eine nicht auf Politiker, Parteien und den Staat fixierte, sondern eine gesellschaftliche, das „Private“ nicht ausklammernde Sicht, kommt nicht ohne Relativierung aus: „Die Erkenntnis, daß alles Politik ist, führt in die Irre, wenn sie nicht ergänzt wird durch die Einsicht, daß alles auch Ökonomie oder Kultur ist“ (Klaus von Beyme).

PARTEIPOLITIK – EIN UNZEITGEMÄSSES INSTRUMENT?

Im Zeitalter zerbröselnder Ideologien und Großorganisationen, geschlossener Lager und Milieus, im Zeitalter des Bedeutungsverlustes traditioneller Politik und traditioneller Politiker geraten auch die entsprechenden Träger von Politik in eine Identitäts- und Legitimationskrise: „Es wird nicht nur die Abgrenzung und Profilierung der Parteien gegeneinander immer unglaubwürdiger, parallel wird auch durch die Individualisierungsprozesse die Zuordnung zu den Gesinnungsgemeinschaften und Politik immer schwieriger: Wer bei welchem Thema und Kandidaten warum wie votiert, folgt keinem berechenbaren, abrufbaren Schema mehr. Die Individualisierung destabilisiert das Großparteiensystem von innen her, weil sie Parteibindungen enttraditionalisiert, entscheidungsabhängig oder, von der Parteienseite her betrachtet, herstellungsabhängig macht, was bei der Zersplitterung der Interessen, Meinungen und Themen dem Versuch gleichkommt, einen Sack Flöhe zu hüten“ (Ulrich Beck).
In Österreich fertigte man nach 1945 das Netz des Parteien- und Verbändesystems besonders dichtmaschig und knüpfte damit ideell, teilweise auch strukturell direkt an Erfahrungen der Ersten Republik und der folgenden autoritären Perioden an.
Das politische System der Ersten Republik war gekennzeichnet durch die Existenz zweier großer und eines kleineren politischen „Lagers“ im Sinne politischer Subsysteme: ideologisch wie sozial relativ abgeschlossen, mit intern hohem Identifikations- und Partizipationsgrad. Das politische System insgesamt blieb demgegenüber stets angezweifelt, sowohl was den demokratischen Inhalt als auch was die staatliche Form anging.
In der Zweiten Republik wurden nach den Erfahrungen von Bürger- und Weltkrieg, von zwei Diktaturen und dem Verlust der Eigenstaatlichkeit diese Grundlagen des politischen Gesamtsystems außer Streit gestellt. Die politische Aufteilung in nunmehr zwei große

Lager wurde aber durch entsprechende strukturelle Weiterentwicklungen – Sozialpartnerschaft, Patronage- und Proporzsystem – noch ausgebaut, ebenso die formelle Partizipation der Bevölkerung am Gesamtsystem, was sich an den extrem hohen Parteimitgliederquoten und Wahlbeteiligungen ablesen läßt. Dies sicherte dem politischen System ein extrem hohes Maß an Stabilität und Legitimation, unabhängig von der jeweiligen Regierungsform.
Die extrem hohe Stabilität des politischen Systems in der Zweiten Republik führt nun aber auch dazu, daß die international spürbare Erosion der politischen Landschaft in Österreich mit dem charakteristischen Verzögerungseffekt, dafür aber besonders drastisch ausfällt:
Die Zahl der Parteimitglieder geht in Richtung internationaler Normalität zurück: nach offiziellen Angaben in den letzten zehn Jahren um knapp eine halbe Million auf die noch immer einmalig große Zahl von insgesamt knapp 1,5 Millionen.
Ebenso schwindet die Zahl der Wähler der beiden Großparteien: zwischen den Nationalratswahlen von 1983 und 1990 um 16 Prozent auf 74,9 Prozent.
Schließlich geht auch die Wahlbeteiligung zurück, auf der Ebene der Nationalratswahlen seit 1983 um fünf Prozent auf 86,1 Prozent.
Ideologisch gibt es zwischen den Großparteien längst eine Konvergenz. Beide definieren sich heute als „Volksparteien der Mitte", sind „Allerweltsparteien" statt „Gesinnungsparteien" geworden. Ihre jeweiligen zusätzlichen sozial-geistigen Hauptbezugspunkte – für die ÖVP die katholische Kirche, für die SPÖ die Gewerkschaftsbewegung – haben sich schon lange von jeder Parteidominanz emanzipiert, sie sind selbst vom Prozeß des Wertewandels, der Pluralisierung und Fragmentierung voll erfaßt.
Das zur Lagerbindung der Großparteien gehörende Netz von Vorfeld- und Nebenorganisationen verliert seine ideologische Legitimation. Entsprechende Organisationen, die noch weiter im schwarzroten Parallellauf existieren (Union/ASKÖ, ÖAMTC/ARBÖ, Alpenverein/Naturfreunde, Caritas/Volkshilfe), sind nur mehr Serviceorganisationen ohne erkennbaren ideellen Unterschied.
Parallel wächst die Zahl der Wechselwähler und anderer Parteien – 1994 konnten erstmals nach Wahlen fünf Parteien in den Nationalrat einziehen. Ein Ende des Prozesses ist nicht abzusehen, zumal mit dem Liberalen Forum erstmals eine reine „Medienpartei" Chan-

ce auf Einzug in den Nationalrat hat und allenthalben nun auch in Österreich „single issue parties“ wie die Autofahrerpartei aus dem Boden schießen. Speziell die ÖVP, die schon von ihrer (Bünde-) Struktur her innergesellschaftlichen Interessenausgleich demonstrieren will und dies jahrzehntelang auch erfolgreich getan hat, kommt dadurch unter Druck – der Bedarf nach Integrationsparteien scheint abzunehmen. Die SPÖ als traditionell stark etatistisch orientierte Partei wieder leidet hauptsächlich darunter, daß der Staat als Steuerungsmechanismus durch die Probleme der verstaatlichten Industrie generell in Frage gestellt wird.
Der Verlust von Stabilität und Berechenbarkeit hängt auch mit dem Bedeutungs- und Kontrollverlust der Sozialpartnerschaft zusammen: Die erfolgreiche Verhinderung des Donaukraftwerkes Hainburg 1984 hat die Grenzen ihres Einflusses dokumentiert, ein erstes Signal dafür war bereits das Ergebnis der Volksabstimmung über das Atomkraftwerk Zwentendorf 1978 gewesen. Ein Beitritt Österreichs zur EU wird zu einer weiteren Reduzierung der Sozialpartnerschaft von ihren gesellschaftspolitischen, vor- und nebenparlamentarischen Funktionen auf ihre „pure“ Aufgabe der Lohn- und Preispolitik führen. Dazu kommt, daß die großen Organisationen der Sozialpartnerschaft, vor allem Arbeits- und Wirtschaftskammer, unter einem doppelten Legitimierungszwang stehen: Sie müssen einerseits nach außen ihre Bedeutung für das gesamte politische System nachweisen, andererseits nach innen Demokratisierungen zur weiteren Bindung ihrer (Pflicht-)Mitglieder durchführen. Dadurch wird die Steuerung des Gesamtsystems erschwert, zumindest verlangsamt: Ein Kanzler kann schon lange nicht mehr mit einem Parteiobmann hinter verschlossenen Türen etwas „auspackeln“. Heute kann er es auch mit einem der früher so starken Spitzenfunktionäre der Sozialpartnerschaft nicht mehr.
Christian Haerpfer bezeichnet dies als „kybernetische Bestätigungsschleife“: „Früher ist die Legitimität des Monarchen von Gottes Gnaden abgeleitet worden. Dann die Legitimität der republikanischen Regierung durch Parlamentswahlen. Heute müssen alle Träger von Herrschaftsinstitutionen, Kanzler, Regierung, Parteien, Sozialpartner, in kybernetischer Manier mit ihrer eigenen Klientel immer öfter Kontakt aufnehmen und mit neuen Methoden um ein Feedback ersuchen, weil die konventionellen Formen politischer Partizipation, wie Wahlbeteiligung, Demonstration, Plakatkleben, immer mehr in den Hintergrund gedrängt werden.“ Das ist auch

eine Begleiterscheinung dessen, „daß wir quasi Max Weber durch Karl Popper ersetzen“: Max Weber geht von der Berechenbarkeit des bürokratisch-politischen Prozesses aus. Popper betont vielmehr – entsprechend der kürzeren Lebensplanungsphasen und rascheren „Umschlagphasen“ – die Offenheit von gesellschaftlichen und individuellen Entscheidungen, ihre nur relative Tragfähigkeit und Tauglichkeit. „Wir befinden uns in einer echten Zeitenwende. Das Ende der Ära Kreisky kennzeichnet den Übergang von der Moderne zur Postmoderne. In der modernen Phase, von Figl bis Kreisky, war das politische System stabil. In der jetzigen postmodernen Phase wird es ebenso destabilisiert wie der gesamte Alltag, die gesamte Lebenserfahrung“ (Christian Haerpfer).

DIE AMERIKANISIERUNG DER POLITIK

Parallel zu dieser Entwicklung läuft die „Amerikanisierung der Politik“.

Parteien verlieren ihre traditionelle Funktion als Träger des politischen Systems. In ihrer sozialen Funktion erhalten sie Konkurrenz von anderen Institutionen der Informations- und Freizeitgesellschaft, in ihrer Auslesefunktion für politische Eliten stehen sie im Wettbewerb mit anderen (Gruppen-, Medien-)Mechanismen, ihre weltanschauliche Bindungsfunktion wird durch die Pluralisierung und Fragmentierung der Gesellschaft geschmälert. Im Endstadium dieser Entwicklung steht ein System wie das amerikanische, dessen „Parteien“ nichts anderes sind als oft zufällige und in sich völlig widersprüchliche Summierungen von „Besitzständen“ einzelner „Volksvertreter“.

Dementsprechend kommt es zu einer extremen Personalisierung der Politik. Themen und Parteien scheinen nur mehr über Einzelpersönlichkeiten „verkaufbar“ zu sein, Politiker werden zu „Showstars“ wie andere auch im Entertainment-Busineß. Es kommt zur Bildung von „Medienparteien“ mit einer starken Persönlichkeit und kaum vorhandener Organisationsstruktur.

Dadurch werden auch die politischen „Lebensphasen“ verkürzt. Stars steigen rascher auf denn je und stürzen rascher denn je. Freilich: Je besser eine „Besetzung“, desto dauerhafter ihr Erfolg. Eine Person/Partei, die für ein oder mehrere Themen, ein oder mehrere soziale oder kulturelle Anliegen, ein oder mehrere Werte „steht“, den Diskurs darüber auf sich ziehen kann und ihre Rolle nach den Erfolgskriterien eines guten Schauspielers erfüllt, nämlich auch in ihrer privaten „Rolle" möglichst authentisch zu sein, hat gute Chancen, auch über längere Zeit erfolgreich zu sein. Wenn Person und Rolle, Thema und Wert passen, kann es sich dieses Erfolgsprodukt leisten, gegen kritische Medien und gegen den zeitlichen Abnutzungsprozeß auf der politischen Bühne zu bleiben, mehr noch: dann wird ihr das als Standhaftigkeit und Verläßlichkeit sogar gutgeschrieben. Historische Beispiele: Bruno Kreisky und Alfred Dallinger. Aktuelle Beispiele ebenso unterschiedlicher Art: Franz Vranitzky, Johanna Dohnal, Alois Mock.

Politiker und Politik werden also zur Ware, die möglichst gut verkauft werden muß. Der Stellenwert der Medien-, der Werbe- und der PR-Industrie nimmt in dem Maße zu, als Inszenierung und Styling „stimmen" müssen. In zugespitztester Form wird es fast völlig unwichtig, was ein Politiker von sich gibt, er kann es sich sogar leisten, in zentralen Fragen seine „Werte" ebenso wie das anzusprechende Wählerpotential auszuwechseln, wenn nur die Gestik, die Pose bestehen bleiben. Beispiel: Jörg Haiders Rolle als rebellierendes Krokodil der österreichischen Innenpolitik.

Diese Entwicklung wird auch durch die österreichische Wahlrechtsreform entsprechend verstärkt:

Die Bindung an regionale Wahlkreise und parteiinterne Vorwahlen wird zunehmen, regionale Lobbies werden an Gewicht gewinnen. Ein Abgeordneter wird sich künftig stärker an seinen individuellen und regionalen Interessen orientieren als an Partei- oder Klublinien. Parteigliederungen werden Wahlvereine für einzelne regionale Parteiführer.

Der vergleichsweise schlecht bezahlte und „privat" extrem unattraktive Politikerberuf wird noch unattraktiver werden, auch wenn das derzeit sehr negative Klima gegenüber Politikern ein – hoffentlich nur vorübergehendes – Ergebnis ungebührlich hoher und daher tief enttäuschter Erwartungen ist, die die Öffentlichkeit nostalgisch in Erinnerung früherer Politikfunktionen hegt.

Nur mehr „Profi-Politiker" mit eigenen Stäben, Apparaten, auch finanziellen Lobbies im Hintergrund werden sich inner- und außerhalb des Parteiensystems durchsetzen können. Es droht die Uniformierung des Politikertyps in Richtung machtbewußter, bisweilen opportunistisch-populistischer Pragmatiker, die sich freilich zur Erreichung des Erfolgs moderner sozialwissenschaftlicher Manage-

mentmethoden bedienen müssen: völlig offen gegenüber Trends und Debatten, unabhängig von überholten Partei„erfordernissen".
Intellektuelle, Quereinsteiger, „bunte Hunde" werden es daher auf der politischen Bühne immer schwerer haben, sie finden ihren Platz in Stabs- oder Beraterfunktion.
Die „Verwestlichung" des österreichischen politischen Systems (Deregulierung und Zurückdrängung von Parteiensystem, Staatswirtschaft und Sozialpartnerschaft) wird im Falle eines EU-Beitritts forciert. Soll es nicht zu einer „Italienisierung" (Unregierbarkeit, ja Zusammenbruch des bisherigen Systems) kommen, wird auch über die Einführung eines Mehrheitswahlrechts zu debattieren sein.
Die Gesellschaft wird sich zunehmend vom Parteiensystem abkoppeln. Der Stellenwert von „single issue movements" wird zunehmen. Insgesamt wird das politische System schwerer steuerbar, stärker auf einzelne Spitzen ausgerichtet, die wechselnde Kompromisse quer zu allen Parteifronten zustande bringen müssen.

DIE „WIEDERENTDECKUNG" DER POLITIK

Diese „Amerikanisierung" oder zumindest „Verwestlichung" der politischen Kultur birgt aber auch Möglichkeiten für eine „Wiederentdeckung" der Politik, freilich in neuem Gewand.
Generell wächst nach dem Zerfall geschlossener Weltanschauungen das Bedürfnis nach Orientierung in einer zunehmend unübersichtlich werdenden Welt. Das „Ende der Ideologien" bedeutet nicht das „Ende der Geschichte".
Es wächst trotz oder gerade wegen der Erosion der bestehenden politischen (Partei-)Systeme auch die Bereitschaft zu gesellschaftlichem Engagement „an der Basis", in Berufs- und anderen Lebensfeldern. Schon vom Gesichtspunkt damit verbundener Lerneffekte aus bedeutet dies einen Demokratisierungsprozeß, obwohl solche Initiativen inhaltlich keineswegs per se als „progressiv" zu werten sind: Der Anti-AKW-Bewegung oder dem „Lichtermeer" von SOS-Mitmensch stehen Bürgerinitiativen gegen Ausländer oder gegen Spielstraßen gegenüber.
Die wachsenden globalen Gefahren lassen die „Ökologie als moralischen Jungbrunnen" (Ulrich Beck) erscheinen, selbst wenn die potentiellen Folgen der Bedrohung zynisch und/oder resignativ verdrängt werden: „Selbst da, wo Bürgerinitiativen erlahmen, eine

ganze Gesellschaft oder sogar Epoche die Gefahren, mit denen sie konfrontiert ist, verdrängt oder verleugnet, übernimmt die Unfall- oder Katastrophenwahrscheinlichkeit die Rolle des politischen Provokateurs“ (Ulrich Beck). Das heißt: Wenn Atomenergie- oder Chemiekonzerne permanent allen gegenteiligen Beteuerungen zum Trotz mit eigenproduzierten Katastrophen konfrontiert werden, wenn Versicherungsgesellschaften an Wirbelstürmen im Gefolge des Treibhauseffektes bankrott gehen, wenn auch die Autoindustrie, nicht nur der Wald, an den Abgasen und der Marktübersättigung zu ersticken droht, wächst auch ökonomisch-technologisch der Druck zur echten, radikalen, reflexiven Modernisierung unter Einbeziehung einer humanen Gesamtrechnung: „Nur eine gesunde Umwelt kann auch profitabel sein“ (Stefan Schmidheiny).
Ein solcher „Einbruch der Ökologie in die Ökonomie öffnet die Ökonomie für die Politik. Industrie und Wirtschaft werden zu einer politischen Unternehmung in dem Sinn, daß die Gestaltung der Unternehmen selbst nicht mehr hinter verschlossenen Türen als Sach- und Systemzwänge exekutiert werden können . . . Nur ein ökonomisches Handeln, das öffentliche Folgen und Einflüsse wahr- und ernst nimmt, antizipiert und integriert in alle innerbetrieblichen Entscheidungen, das sich also für das Politische und Gesellschaftliche öffnet, es hereinholt, kann den ökonomischen Erfolg sichern“ (Ulrich Beck). Die Entwicklung und der Einsatz von Technologien (etwa auf dem Gebiet der Gen- und Biotechnik) werden in dem Maß gesellschaftlich hinterfragt werden, in dem sich auch Experten über deren Auswirkungen nicht einig sind, in dem Bürger die Risiken solcher Entwicklungen als mögliche Gefahren erleben, in dem auch andere Politiker zur Erkenntnis des amerikanischen Vizepräsidenten gelangen: „Es gilt, die Rettung der Umwelt zum zentralen Organisationsprinzip unserer Zivilisation zu machen“ (Al Gore).
Die „Wiederentdeckung“ der Politik als – in keiner Hinsicht allein – entscheidendes Subsystem setzt wesentliche Veränderungen auf allen Ebenen voraus:

POLITIKER

Sie müssen sowohl Größe zur Größe (im Sinne der langfristigen und globalen Bedeutung und Verantwortlichkeit ihres Agierens) als auch Größe zur „Kleinheit“ (im Sinne der Aufgabe individueller oder kollektiver Allmachtsphantasien) entwickeln. Sie müssen eine neue, richtige Definition von Politik gewinnen, statt „beleidigt zu sein, daß sich die Leute immer weniger für sie interessieren ... Der Kern heutiger Politik ist die Fähigkeit zur Selbstorganisation ... Das beginnt bei den alltäglichen Sachen: Schulfragen, Mieterprobleme, Verkehrsregelungen ... Das Gehirn der Gesellschaft ist nicht mehr lokalisierbar, Innovationen, Zukunftsentscheidungen gehen schon längst nicht mehr von der politischen Klasse aus. Im Gegenteil: Erst wenn eine neue Idee zur Banalität geworden ist, fällt bei Parteien wie Regierungen der Groschen" (Hans Magnus Enzensberger). Politiker müssen sich dementsprechend von großteils überholten Partei„erfordernissen", von einem nur mehr für eine Übergangsphase als Orientierungs-Krückstock dienenden Rechts-Links-Schema sowie vom mindestens ebenso schädlichen, in Wirklichkeit gar nicht modernen Drang zur populistischen Oberflächlichkeit emanzipieren. Gefragt sind Politiker, die wissen, was im Wählervolk vorgeht, ohne ihm deshalb automatisch nach dem Mund zu reden, die ihre Mitarbeiter nach den Kriterien von Sensibilität, Redlichkeit und Intellektualität auswählen und nicht nach denen von Hörigkeit, Loyalität und Opportunismus. Gefragt sind Politiker, die Zeit für gesellschaftliche Diskurse nicht als verloren ansehen, die das als Stärke, nicht als Schwäche begreifen: „Öffentliche Reflexionszeiten, gleichsam ein raumgreifendes Innehalten, ist um so dringlicher, je unübersichtlicher und komplexer die Probleme sind, die nach Lösungen verlangen ... Wo das politische Handeln öffentliche Reflexionszeit unterbindet und unter Legitimationsdruck von Beschleunigung setzt, mehren sich untergründig unbearbeitete Probleme, die Zonen unterschlagener Wirklichkeit" (Oskar Negt).

Politiker müssen fähig werden zur „selbstschöpferischen Politik, die gerade nicht alte Gegnerschaften kultiviert und renoviert, sondern neue Inhalte, Formen und Koalitionen entwirft und schmiedet" (Ulrich Beck).

STAAT

Die alte, primär sozialdemokratisch-etatistische Vorstellung vom Staat als zentralem Adressaten und Exekutor von Politik ist ebenso überholt wie seine neuere, radikal-liberale oder neokonservative ideologische Verdammung: „Weder das laissez-faire eines Nachtwächterstaates noch die autoritative Gesamtplanung eines Interventionsstaates sind den Operationsbedingungen einer hochdifferenzierten modernen Gesellschaft angemessen ... An die Stelle des

Handlungsstaates tritt der Verhandlungsstaat, der Bühnen und Gespräche arrangiert und dabei die Regie führt" (Helmut Willke). Der moderne Staat kann freilich nicht nur als Arrangeur auftreten, sondern – zeitweilig – auch als Akteur in neuen Rollen: Staatsfunktionen im direkt ökonomischen Bereich haben sich augenscheinlich überholt, ebenso augenscheinlich wachsen Anforderungen im ökologischen, sicherheits-, finanz- wie sozialpolitischen Bereich. Und das nicht nur, ja gar nicht primär im nationalstaatlichen Korsett. Hier ist die Bereitschaft zur Selbstenthaltung ebenso angesagt wie die Bereitschaft zur Übernahme neuer Agenden: „Der Staat muß es zulassen und es wollen, daß die ihm jeweils zufallenden Aufgaben ihm nicht auf Dauer gehören, sondern immer neu durch die einsetzenden Konkurrenzen abgearbeitet, also vergesellschaftet werden" (Helmut Willke).

PARTEIEN

So überholt wie die Vorstellung des Staates und seiner Regierung als alles regelnder „Kopf" von Politik ist auch die Rollendefinition seiner „Arme". Nicht lernfähigen Parteien droht heute ein Schicksal nach Dinosaurier-Art (Ab- oder Aussterben) oder nach Brechtschem Motto (sich eine neue Gesellschaft wählen zu müssen). Umgekehrt können Parteien, die sich nicht als Konkurrenz zur, sondern als Ausdruck der gesellschaftlichen Selbstorganisation verstehen, ein belebendes, ja lebensnotwendiges Mittel zur Wiederentdeckung der Politik werden, etwa durch ein erhöhtes Maß an Mitsprache der Wähler bei der Auswahl von Kandidaten, durch die zeitweilige Einführung von Quoten im Interesse von „Minderheiten" (die – siehe Frauen – in Wirklichkeit auch Mehrheiten sein können), durch einen generellen Umbau von Partei(einrichtung)en zu Serviceorganisationen für (staats)bürgerliches Engagement. Kurzum: durch eine radikale geistige wie organisatorische Öffnung gegenüber der Gesellschaft.

ANDERE GESELLSCHAFTLICHE MACHTZENTREN

Die nötige Öffnung gegenüber der Gesellschaft – nicht gegenüber Staat oder Parteien – ist insbesondere auch in den immer mächtigeren Medien erforderlich, damit sie nicht bloß nach kommerziellen oder feudalen Kriterien funktionieren, sondern auch ihre Rolle als kontrollierende und innovative Begleitinstrumente des politischen Umbaus erfüllen.

LITERATUR

Ulrich Beck: Die Erfindung des Politischen. Suhrkamp 1993
Klaus von Beyme: Theorie der Politik im 20. Jahrhundert. Suhrkamp 1991
Hans Magnus Enzensberger: Die große Wanderung. Suhrkamp 1992
Al Gore: Wege zum Gleichgewicht. Fischer 1992
Niklas Luhmann: Soziologie des Risikos. De Gruyter 1992
Oskar Negt/Alexander Kluge: Maßverhältnisse des Politischen. Fischer 1992
Rainer Nick/Anton Pelinka: Bürgerkrieg – Sozialpartnerschaft. Jugend & Volk 1990
Anton Pelinka/Fritz Plasser: Das österreichische Parteiensystem. Böhlau 1988
Stefan Schmidheiny: Kurswechsel. Artemis 1991
Peter A. Ulram: Hegemonie und Erosion. Wien 1990
Helmut Willke: Die Ironie des Staates. Suhrkamp 1992

ÖSTERREICHS IDENTITÄT IN EUROPA

DAS RINGEN UM DIE ÖSTERREICHISCHE IDENTITÄT: 996(?)–1945

In seinem epochalen Werk „Der Kampf um die österreichische Identität“ zeichnet Friedrich Heer zwei große Linien, die „Alt-Österreich“ in einem Nebeneinander von Kampf und Ergänzung, von Verschiebungen und Konstanten prägten: „Die zwei Nationen in den deutschsprachigen österreichischen Erblanden wurden vom 16. zum 20. Jahrhundert durch die beiden religiös-politischen Glaubensformen gebildet: Glaube an das Heil aus der deutschen Sprache, aus der Sprache Luthers, Glaube an das Heil aus dem evangelischen Deutschland als Retter, als Erlöser aus der Einkerkerung durch Rom und das Haus Österreich. Der andere Glaube, an die österreichische Nation, artikuliert sich nur schwer: katholische Sprachlosigkeit, katholische Spracharmut und eine bäuerliche Schwierigkeit, sich in einer Schriftsprache auszudrücken, verdekken den oft übersehenen Sachverhalt: Es gibt eine anonyme österreichische Nationalität, die sich nur in äußersten Krisenzeiten im Worte artikuliert; so in den Türkenkriegen, so im Kampfe gegen Napoleon, so kurz um 1866, dann 1914, dann ab 1933 und ab 1938.“*

Diese Dichotomie von katholisch-barock-„österreichisch“-multikulturell und protestantisch-pietistisch-deutschnational prägte Österreich über Jahrhunderte – egal, wann konkret die Geburtsstunde des politischen Österreich-Begriffs sinnvoll angesetzt wird (nimmt man nicht schon den Anlaß für die bevorstehenden Tausend-Jahres-Aktivitäten, die Benennung einiger Landstriche auf dem Herrschaftsgebiet der Babenberger): 1806, als der „österreichische Kaiser“ unter dem Druck Napoleons den viel älteren Titel „römischer Kaiser deutscher Nation“ aufgeben mußte; 1867, als ein

---

Dieses Kapitel basiert unter anderem auf Gesprächen mit den beiden „Themen der Zeit“-Berichterstattern Univ.-Prof. Anton Pelinka (Politikwissenschaftler an der Universität Innsbruck) und Univ.-Prof. Manfred Rotter (Forschungsinstitut für Europarecht an der Universität Linz) sowie auf einem Gespräch mit dem „austrifizierten“ amerikanischen Sozialwissenschaftler Dr. Lonnie Johnson.

* Quellenhinweise am Ende des Kapitels

Jahr nach der Niederlage gegen die Preußen Österreich und Ungarn durch den „Ausgleich“ wirklich zu zwei gleichberechtigten Teilen der Monarchie wurden; oder 1918, als aus dem zerfallenen Habsburgerreich die Republik (Deutsch-)Österreich auch noch übrigblieb.
Drei weitere historische Feststellungen Heers treffen für mehrere Jahrhunderte zu, teilweise auch noch für die heutige Situation, da in der österreichischen Identitätsdebatte um Zu- oder Abwendung längst „Europa“ „Deutschland“ ersetzt hat und die „österreichische Nation“ längst zum emotionalen Allgemeingut geworden ist:

- „Österreich hat sich nie ganz zu befreien vermocht von den Schatten der gewalttätigen Rekatholisierung. Wohl alle Brüche und Brüchigkeiten im österreichischen Menschentum hängen direkt und indirekt mit der sehr unösterreichischen Lösung dieses Konflikts zusammen.“ Ebenfalls damit zusammenhängend: die besondere Stärke der Nazis in Gebieten, die nicht der Gegenreformation unterworfen waren, die sozialdemokratischen Ressentiments gegen einen bis 1938 wirkenden politischen Katholizismus, die besondere Bedeutung des derzeitigen innerkirchlichen, das heißt nach wie vor innerkatholischen Konflikts.
- „Es gibt kein geschichtliches Gebilde in Europa, dessen Existenz sosehr mit dem Identitätsproblem seiner Mitglieder verbunden ist wie Österreich.“ Damit zusammenhängend: das letztlich abrupte Ende der Habsburgermonarchie, die weder reiner „Völkerkerker“ war noch multikulturelles Paradies; die Transformierung religiösen Glaubens zu politischem Glauben und die darauf basierende „kalte“ Bürgerkriegsperiode der Ersten Republik bis zum heißen Ende 1934; und der fruchtbare Boden, auf den „völkische“ Propaganda bis zur Aufgabe der Eigenstaatlichkeit fiel und bis heute zumindest in abwehrender, ausgrenzender Form fällt. Außerdem: „Die beiden wohl geschichtsmächtigsten Österreicher des 20. Jahrhunderts, diese beiden Antipoden, Sigmund Freud und Adolf Hitler, sind undenkbar ohne spezifisch österreichische Identitätskrisen, die in ihnen arbeiten.“
- „Es gibt kein historisch-politisches Gebilde in Europa, das so sehr außengesteuert ist wie Österreich.“ Damit zusammenhängend: das Schwanken der „österreichischen Seele“ zwischen Hochstimmung und Depression, zwischen Selbstzweifel und Selbstüberschätzung, zwischen Auslieferung an den großen deutschen „Bruder“ und Haß auf die „Piefkes“.

Noch ein historisches Phänomen prägt dieses „Österreich“ bis heute: die „Verspätung der zivilen Gesellschaft“ (Anton Pelinka): „Nahezu alles, was für die österreichische Demokratie von zentraler Bedeutung ist, ist verspätet. Mit Ausnahme der Entwicklung starker Parteien haben sich die Strukturelemente, die in westlichen Demokratien die Qualität ebendieser Demokratien ausmachen, sehr spät entwickelt, sehr spät etabliert.“ Tatsächlich: Die bürgerliche Revolution wurde relativ problemlos niedergeworfen, erst ab 1873 wurde das Parlament direkt gewählt, erst ab 1907 auf Basis eines allgemeinen und gleichen Männerwahlrechts. Einflußlos blieb es bis zum Ende des Ersten Weltkriegs. Bis dann wurde Österreich feudal regiert. „Diese Verspätung ist vor allem auf zwei österreichische Besonderheiten zurückzuführen – auf die ökonomische Randlage und auf die ethnische Vielfalt. Österreich lag vom Zentrum der wirtschaftlichen Entwicklung, der ökonomischen Dynamik relativ weit entfernt . . . Die wirtschaftliche Verspätung Österreichs begründete wirtschaftliche Abhängigkeit, politische Abhängigkeit, kulturelle Abhängigkeit von Deutschland . . . Die ökonomische Wurzel der österreichischen Verspätung wurde noch ergänzt durch die ethnischen Besonderheiten des alten Österreich . . . Österreich war eine multikulturelle, eine multiethnische Einheit. Und das wurde als Belastung, keineswegs als Chance empfunden . . . Das alte Österreich erfüllte seine Mitteleuropa-Funktion deshalb nicht, weil es nicht den demokratischen Ausgleich zwischen den verschiedenen ethnischen und sozialen Gruppen schaffte. Und es schaffte den sozialen Ausgleich nicht, weil es nicht die Kraft fand, überholte politische Strukturen umzuwandeln, zu demokratisieren, zu verwestlichen“ (Anton Pelinka).

Die Idee eines friedlichen Miteinanders verschiedener Völker ging am Mangel an Demokratie zugrunde, die Ansätze zu einem dauerhaften Österreich-Bewußtsein zuvor an der „schwer begreiflichen Indolenz von Kaiser Franz Joseph I“ (Friedrich Heer).

Eine Parallele zum späteren Ende der Ersten Republik: Mangelnde Identität und mangelnde Demokratie führten zu enger machtpolitischer (1914!) wie geistig-nationaler Anlehnung an ein reaktionäres Deutschland und damit zum eigenen Untergang, einmal an der Seite des starken Nachbarn (1918), einmal in seiner erdrosselnden Umarmung (1938).

Eigentlich wären die Rahmenbedingungen für den Start der Ersten Republik nicht ungünstig gewesen. Kapitalismus und Marktwirtschaft hätten sich voll entfalten können, gezähmt durch eine starke Arbeiterbewegung, dadurch zu Konsens und Stabilität gezwungen. Die ethnische Frage hatte ihre Sprengkraft verloren. Und nach unklarem Beginn wurde die Eigenstaatlichkeit des kleinen Gebildes lange Zeit realpolitisch nicht in Frage gestellt. Allein: Es gab kaum ein selbstbewußtes, liberales, demokratisches Bürgertum. Und selbst die Sozialdemokratie träumte von einer „gesamtdeutschen Revolution", war Hauptprotagonist der erst wieder vom „Ausland" verbotenen „Republik Deutsch-Österreich".

Was übrigblieb, war für ein funktionierendes Leben zu wenig, für ein langsames Sterben nur anfangs zu viel. Die „österreichische Revolution" (Otto Bauer) von 1918 war Folge der militärischen Niederlage der Habsburgermonarchie, ihres Zerfalls aufgrund innerer Spannungen und des Willens der Entente. Die zwei miteinander verfeindeten Linien lebten in alter Form auf, ehe sie von einer dritten durchkreuzt wurden: „Dem religiös-politischen Kampf der Roten gegen die Schwarzen und Schwarz-Gelben, der den alten Glaubenskrieg in Österreich fortsetzt, entspricht das Sicheinhausen in voneinander getrennten Kulturen. Wie einst die Kulturen der Evangelischen und der Katholiken der Gegenreformation, wie sich Josephiner und Anti-Josephiner, wie sich Liberale und Konservative, wie sich sodann die Männer der Lueger-Partei und die Apostel der Gründergeneration der Sozialdemokratie gegenübertreten, so leben 1918 bis 1938 die Roten und die Schwarzen je in ihren geschlossenen Kulturen, die nicht miteinander sprechen, nicht miteinander kommunizieren" (Friedrich Heer).

In diesem Sinne war die österreichische Gesellschaft der Ersten Republik zwar stark politisch, aber nicht „zivil":„Die zivile Gesellschaft ist letztendlich auch durch die Fähigkeit zur Überschreitung von Klassen und Interessen gekennzeichnet" (Anton Pelinka). Sie war es auch nicht in einer anderen Hinsicht: „Dieses Defizit an ziviler Gesellschaft hat noch einen besonderen, gerade die Identität Österreichs betreffenden Aspekt: Die Republik Österreich ist auch das Produkt eines allgemein als Abstieg begriffenen Prozesses; eines Vorganges, der kollektive Abstiegsängste hervorrufen mußte. Im Geschichtsunterricht in den Schulen wird das heutige Österreich in Kontinuität mit dem Österreich vor 1918 gesehen; wird der europäische Kleinstaat von heute in Beziehung zur europäischen Großmacht von gestern gesetzt . . . Kollektive Abstiegsängste sind nicht geeignet, jene politische Mündigkeit zuzulassen, die demokratische Qualität begünstigt. Kollektive Ängste begründen ein Anlehnungsbedürfnis – Anlehnung an den starken Mann, Sehnsucht nach einer stabilen Ordnung, Anlehnung an den großen Bruder" (Anton Pelinka). Sehnsüchte, unter denen Österreich oft genug zu leiden hatte, ihr Ergebnis waren Führergesellschaft, autoritärer Staat, Anschluß.

Die österreichische Demokratie blieb brüchig, von inneren Kämpfen zerrissen, von keiner identitätsstiftenden Kraft beseelt. Die Seelsorger, die sich daran versuchten, waren wie ihr geistiger Ziehvater „Prälaten ohne Milde", zerschlugen Parlamentarismus, Demokratie und Arbeiterbewegung und damit auch die Grundlagen für Österreich. Die Medizin, die Dollfuß und Schuschnigg dem Land verordnen wollten, die Drogen vom „besseren deutschen Staat" erwiesen sich als Sterbesakrament, die beiden Ärzte als Quacksalber. Dollfuß, der gelehrige Schüler Ignaz Seipels, bezahlte seine verhängnisvolle Frontstellung gegen Parlament und Demokratie, gegen Arbeiterbewegung und „Versöhnler" im eigenen Lager fünf Monate nach seinem letzten Sündenfall mit dem eigenen Leben. Auch sein Nachfolger war als Legitimist alles andere als „gelernter" Demokrat. Tatsächlich interpretierte Schuschnigg auch das Bündnis zwischen dem Deutschen Reich und der von ihm verehrten Habsburgermonarchie als „zwangsläufigen, historischen Weg": „Österreich war einerseits Antithese zum Nationalstaat – andererseits unterschob Schuschnigg diesem alten Reich nationale Kategorien, die letztendlich identisch waren mit denen des österreichischen Deutschnationalismus" (Anton Pelinka).

Auch die Gegenseite hatte diesbezüglich Orientierungsprobleme: Erst unter dem Eindruck der nationalsozialistischen Machtergreifung 1933 strich die industriegläubige und deshalb stets an der Lebensfähigkeit des Kleinstaats zweifelnde Sozialdemokratie die Anschlußforderung an Deutschland aus ihrem Parteiprogramm. Otto Bauer kritisierte seinen großen Gegenspieler Seipel als „Hochverräter am Deutschtum", Karl Renner wandte sich gegen Donauföderation und „Habsburgergefahr": „Wir sind ein großer Stamm der großen deutschen Nation, nicht mehr, aber auch nicht weniger. Wir sind keine Nation, waren es nie und können es niemals werden" („Der Kampf", 1930). Freilich: Als Karl Renner 1938 zum „Ja" für den Anschluß aufrief, war er politisch in seiner Bewegung isoliert – die seit 1934 in die Illegalität gedrängte Arbeiterbewegung war trotz der zögerlichen Politik Schuschniggs und ihrer ver-

ständlichen Ressentiments gegenüber seinem Regime für die Bewahrung der Unabhängigkeit Österreichs aufgetreten. In der sozialdemokratischen Emigration setzte sich der Kurs nationaler Unabhängigkeit dann mühevoll und langsam durch.
Als Exekutor des ersten österreichisch-republikanischen Versuchs fungierte ein wirklich „echter Österreicher", zeitlebens Kleinbürger, zeitlebens vom barocken Katholizismus fasziniert, zeitlebens von ambivalenten Gefühlen seiner Heimat und seiner Religion gegenüber geprägt: „Adolf Hitler vulgarisiert, plebejisiert, säkularisiert, pervertiert einen Vulgärkatholizismus, wie ihn gerade die härtesten Schwarzen in Österreich gegen die damaligen Progressiven, die sogenannten Modernisten, diese teuflischen Neuerer, vertraten" (Friedrich Heer). Hitler übernahm die lange Tradition des Antisemitismus in Österreich direkt von Schönerer, auch dessen Deutschnationalismus, nicht aber dessen Antiklerikalismus: Schönerers „Los von Rom"-Bewegung hielt er für unsinnig. Daß Hitler bei aller Wertschätzung der tatsächlich besonders eifrigen und überproportional an Kriegsverbrechen beteiligten österreichischen Nationalsozialisten nie eine echte Autonomie der „Ostmark" in seinem „Dritten Reich" zulassen wollte, mußten Seyss-Inquart & Co. sofort nach ihrem „Regierungsantritt" erfahren.
Die Ansätze zur wissenschaftlichen Untermauerung einer eigenständigen „österreichischen Nation", vorgetragen von katholischer (Ernst Karl Winter) wie kommunistischer (Alfred Klahr) Seite, verloren jäh jeden Realitätsbezug. Winter, bereits 1933 in deutlicher Abgrenzung vom „katholischen" Regime: „Man kann Österreich nur vom europäischen Gesichtswinkel aus verstehen. Die europäischen Kultureinflüsse auf Österreich sind zumindest so wichtig auf die deutschen" (zitiert nach Felix Kreissler). Klahr 1937: „Die Österreicher haben auf der Grundlage der jahrzehntelangen staatlichen Selbständigkeit eine eigene nationale, von der deutschen Nation verschiedene Entwicklung durchgemacht. Ihr Kampf um die Aufrechterhaltung der staatlichen Selbständigkeit bedeutet, den Kampf um die Erhaltung der Grundlage der selbständigen nationalen Entwicklung führen, um die Erhaltung der nationalen Unabhängigkeit Österreichs" (zitiert nach Felix Kreissler). Der Sieg der Nationalsozialisten „löste" auf seine Art sofort die österreichische Identitätssuche.

DAS RINGEN UM DIE „ÖSTERREICHISCHE NATION“: 1945–1994

„Kein Land der Welt hat sich öffentlich so wenig problematisiert und grundsätzlich reflektiert wie die Zweite Österreichische Republik“ (Robert Menasse). Auch wenn die Universalität dieses Urteils verblüfft (wirklich kein Land der Welt?) – es trifft jedenfalls den österreichischen Zustand. Lange Zeit bestand die Geschichte der Zweiten Republik aus einer Aneinanderreihung von Mythen; erst in den letzten Jahren lösen sie sich auf. Wobei Mythen ja keine Lügen sind, sondern „Erzählungen“ und Überlieferungen, ein Gemisch aus Fakten und Fiktion, Legenden und Ideologien.

MYTHOS NEUBEGINN

Das beginnt schon bei der auch von Menasse verwendeten Terminologie, einer nicht ganz unwesentlichen Sache, wie man spätestens seit der aktuellen Debatte um die „Dritte Republik“ weiß: „Da Österreich als Staat 1938 besetzt und 1945 befreit wurde, war die Zweite Republik kein Nachfolgestaat des Dritten Reichs, sondern – völkerrechtlich gesehen – mit der Ersten Republik ident. In dieser Hinsicht ist die Bezeichnung Zweite Republik verfehlt. Die Republik hat de jure niemals aufgehört zu existieren. Man hat der Republik nicht gebührend gedacht: teils weil die Frage nach den Ursachen ihres Scheiterns in der Zwischenkriegszeit noch immer bestritten ist; teils weil die Lücke in ihrer Geschichte ab 1938 das Jahr 1945 als eine Neugründung erscheinen läßt“ (Lonnie Johnson). Die Zweite Republik wurde deshalb so deutlich von der Ersten abgetrennt, weil die Gründe für das Scheitern der Ersten Republik lange Zeit nicht erörtert, sondern tabuisiert werden sollten.

MYTHOS „OPFER“

Ein Fundament für ein neuerlich eigenständiges Österreich wurde bereits 1943 bei einer Konferenz der alliierten Außenminister gelegt. In der Moskauer Deklaration wird Österreich als „das erste freie Land, das der typischen Angriffspolitik Hitlers zum Opfer fallen sollte“, definiert, der Anschluß für „null und nichtig“ erklärt, Österreich aber auch zur Leistung eines eigenen Beitrags zur Befreiung ermahnt, weil es „für die Teilnahme am Kriege an der Seite Hitler-Deutschlands eine Verantwortung trägt, der es nicht entrinnen kann.“ Die „nationale Frage“ spielte in diesem Zusammenhang nur eine geringe Rolle: Die Alliierten wollten eher Deutschland schwächen, als Österreich eine neue Nationalidee liefern. Und nur eine Minderheit der 2.700 hingerichteten österreichischen Widerstandskämpfer, der 82.000 Österreicher, die in Konzentrationslagern umkamen (davon 65.500 Juden), der 16.000 in NS-Kerkern Ermordeten, starben für die Wiederherstellung des eigenständigen Österreich. Umgekehrt waren 600.000 „Ostmärker" NSDAP-Mitglieder, spielten Österreicher eine führende Rolle im Herrschafts- und Terrorapparat des Dritten Reichs.

Einzelne Formulierungen der Moskauer Deklaration wurden von der Regierung Renner aber verwendet, um Österreichs Rolle einseitig in dem Sinn darzustellen, als sei es 1938 von der deutschen Annexion „macht- und willenlos" (Regierungserklärung 1945) überwältigt worden. Der britische Historiker Robert Knight über den Stellenwert der Moskauer Deklaration für die Identität des „neuen Österreich": „Ihre zweifellos große Bedeutung für die Nachkriegszeit liegt erstens in ihrer taktischen Funktion, nämlich als Handhabe für die österreichische Regierung, sich von der Verstrickung vieler einzelner Österreicher mit dem Dritten Reich nachträglich abzukoppeln; zweitens in ihrer legitimatorischen Funktion zur Schaffung eines neuen nationalen Mythos" – des Opfermythos. Mit dem Staatsvertrag von 1955 wurde Österreich von den „Besatzern", die doch vielmehr Befreier waren, auch aus der Verantwortlichkeit für das NS-Regime entlassen, die in der Moskauer Deklaration eben auch festgehalten wird. Nun wirkte der Opfermythos ungebremst als entscheidender Beitrag zur fehlenden Vergangenheitsbewältigung, ein „moralisches Defizit und echtes historisches Versäumnis".

Erst im Zuge der Waldheim-Debatte ab 1986 wurde dieser Mythos kräftig zerzaust, vom offiziellen Österreich erst durch Erklärungen von Franz Vranitzky zu Grabe getragen: Österreich müsse sich auch zur anderen Seite seiner Geschichte bekennen, „zur Mitverantwortung für das Leid, das zwar nicht Österreich als Staat, wohl aber Bürger dieses Landes über andere Menschen und Völker gebracht haben" (Rede in Israel am 9. Juni 1993). Noch deutlicher war die Erklärung des Bundeskanzlers am 8. Juli 1993 im Nationalrat, in der er sich zur moralischen Mitverantwortung Österreichs an den Naziverbrechen bekannte („Wir bekennen uns zu allen Daten unserer Geschichte und zu den Taten aller Teile unseres Volkes, zu den guten wie zu den bösen; und so wie wir die guten für uns in

Anspruch nehmen, haben wir uns für die bösen zu entschuldigen") und auch die angesprochenen Opfer präzisierte: „Juden, Zigeuner, körperlich und geistig Behinderte, Homosexuelle, Angehörige von Minderheiten, politisch und religiös Verfolgte." Die Rolle Österreichs als Opfer der Hitlerschen Aggressionspolitik wurde deshalb so lange hochgehalten, weil sich damit die Debatte um die gleichzeitige Täterrolle Österreichs tabuisieren ließ.

MYTHOS DEMOKRATIE

Auch 1945 wurde die Demokratie von außen nach Österreich gebracht, nicht von innen erkämpft. Und sie wurde nicht von „unten" durchgesetzt, sondern von „oben" verordnet. „Als Ergebnis eines historischen Lernprozesses orientierten sich die politischen Eliten in Österreich um – statt Gegeneinander wurde Miteinander zur elitären Grundtugend erhoben. Große Koalition und Sozialpartnerschaft, soziale Proporz- und Konkordanzmechanismen waren die Konsequenz. Nicht nur das politische System im engeren Sinn, sondern die gesamte österreichische Gesellschaft wurde mit dem Netzwerk dieses elitären Kompromisses überzogen – die Großparteien wirkten, in wechselseitiger Übereinstimmung, als gesamtgesellschaftliche Schleusenwärter. Die Gesellschaft wurde, dem Feudalzeitalter ähnlich, einvernehmlich in verschiedene Einflußbereiche aufgeteilt – und die politischen Eliten, organisiert in SPÖ und ÖVP bzw. in Arbeitnehmer- und Arbeitgeberverbände, bestimmten in ihren jeweiligen Bereichen über die Vergabe von Gratifikationen sowie über den Verlauf von Karrieren" (Anton Pelinka). Daher die erstaunlichen Paradoxa: extrem viele Parteimitglieder, ein extrem hoher Grad an Wahlbeteiligung und Zustimmung zu den Großparteien, extrem große Stabilität – und dennoch wenig Bereitschaft zu direkter politischer Beteiligung: „Wenn es darum geht, sich für Politik zu interessieren, sich um Politik zu kümmern, ohne daß die Form von oben vorgegeben ist, dann zählt Österreich zu den Ländern mit der geringsten Neigung zur Partizipation. Und das ist eben ein Merkmal für das Fehlen, zumindest für die Unterentwicklung einer zivilen Gesellschaft. Die österreichische Gesellschaft ist politisiert – im Sinne einer zentralen Erfassung, im Sinne einer zentralen Steuerung. Und gleichzeitig ist die österreichische Gesellschaft ‚unpolitisch': Es gibt sehr wenig ungesteuerte, nicht zentral vorgeprägte Formen politischer Aktion" (Anton Pelinka). Freilich befindet sich Österreich derzeit mitten im Umbruch: Österreich „verwestlicht", der Parteien- und Verbändestaat wird schwächer, das Parteiensystem vielschichtiger, die Regierungsbildungen werden vielfältiger, sämtliche Lager erodieren, ohne daß deshalb die Demokratie automatisch stärker wird. Die Sehnsucht nach „einfachen", autoritären „Lösungen" nimmt zu, die Medienkonzentration erreicht einen im internationalen Vergleich äußerst hohen Grad, Streit- und Konfliktkultur sind dagegen kaum vorhanden. Die lange Zeit existierende große Stabilität Österreichs muß also nicht als Zeichen besonders stark ausgeprägter Demokratie oder Identität, sondern als Folge leidvoller historischer Erfahrungen und eines daher besonders zentralistischen, auf Konsens bedachten politischen Systems verstanden werden.

Nur das Verhältnis zum „großen Bruder" scheint historisch einigermaßen aufgearbeitet, auch aus brüderlicher Perspektive: „Österreich ist kein dritter deutscher Staat, die älteren Bundesdeutschen sollten aufhören, über die schnelle Verabschiedung der Österreicher aus der deutschen Geschichte den Kopf zu schütteln, auch wenn die Opferpose – die Österreicher als eine einzige große Trapp-Familie, wie es gelegentlich nach 1945 scheinen sollte – absurd ist" (Thomas Nipperdey). Nur ein kleiner deutschnationaler Flügel, der allerdings in einer immer größer werdenden FPÖ agiert, witterte nach der deutschen Vereinigung von 1989/90 Morgenluft: „Das ganze deutsche Volk hat sich nun also in freier Selbstbestimmung in einem Staatswesen vereint. Seltsam nur, daß ich nicht dabei bin. Logischerweise gibt es da nur zwei Möglichkeiten: Entweder ich gehöre nicht zu diesem ganzen deutschen Volk, bin also kein Deutscher, oder es war nicht dieses ganze deutsche Volk" (Andreas Mölzer).

Immer weniger Österreicher teilen diese Identitätsprobleme des Hausideologen von Jörg Haider. Auf die regelmäßig gestellte Frage, ob Österreich eine Nation sei, antworteten von Beginn der achtziger bis zum Beginn der neunziger Jahre regelmäßig zwischen 70 und 80 Prozent zustimmend, nur mehr zwischen fünf und zehn Prozent ablehnend. Zwischen 15 und 20 Prozent waren der Meinung, Österreich sei im Begriff, eine Nation zu werden. Diese Frage hatte in Österreich stets eine besonders große, unmittelbar politische Bedeutung, einerseits als Ausdruck der Anlehnung bzw. Abgrenzung an bzw. zu Deutschland, andererseits, weil die geschichtliche Kürze der Nationsbildung andere Entwicklungen begünstigte: „Bis in die Zweite Republik gibt es eine defizitäre Seite nationaler Identität. In dieses Vakuum stießen Ersatzidentitäten, Surrogatidentitäten in Gestalt der politischen Lager, die für das politische System der Zweiten Republik identitätsstiftend wirkten. Identitätsstiftend waren auch nach 1945 primär die Massenmobilisierungen durch das christlichsozial-konservative Lager, das sozialistische, schwächer auch durch das deutschnational-freiheitliche. Zum Unterschied von der Ersten Republik spielt aber das Verhältnis zum deutschen Nachbarn eine zunehmend geringere Rolle“ (Anton Pelinka).

Das Nationalbewußtsein hat sich in den siebziger und achtziger Jahren in Österreich stabilisiert – eine Folge des insbesondere in der Kreisky-Ära gewachsenen Selbstbewußtseins, eine Folge des vor allem in Sport und Sportberichterstattung teilweise grotesk überhöhten „Patriotismus“ („Schranz-Rummel“), eine Folge aber auch der einsetzenden Erosion der traditionellen politischen Lager. Dies betrifft zunehmend auch das spezifisch „deutsche“ Nationsverständnis, die „Kulturnation“, während der in englischer und französischer Tradition verstandene Begriff „Staatsnation“ in Österreich nach 1945 ohnehin kaum mehr in Zweifel gezogen wurde: „Im Vergleich zur zweiten Hälfte des 19. Jahrhunderts und den ersten Jahrzehnten des 20. Jahrhunderts ist ein signifikanter Bewußtseinswandel eingetreten. Dominierte vor und nach 1900 in Österreich ganz eindeutig der Begriff der Sprachnation (und der ‚Kulturnation‘ als Sprachnation), so hat mit der Konsolidierung der Zweiten Republik die in Westeuropa sowie in Nord- und Südamerika vorherrschende Vorstellung von der Nation als politische Nation an Bedeutung gewonnen“ (Gerald Stourzh). Nur in Kärnten mit seinem besonders belasteten Verhältnis zu den eigenen Slowenen ist der Deutschnationalismus immer wieder auch zum praktisch-politischen Faktor geworden („Ortstafelsturm“), nur in Kernbereichen der FPÖ ist ein als „Kulturbegriff“ schlecht getarnter Deutschnationalismus vorhanden, den Jörg Haider periodisch auch „bedient“: indem er etwa die österreichische Nation als „ideologische Mißgeburt“ bezeichnet oder hartnäckig den Nationalfeiertag als „Staatsfeiertag“ bezeichnet. Konsequentester Vertreter dieser Deutschnationalen ist FPÖ-Bundesrat Andreas Mölzer, der das Produkt der deutschen Vereinigung von 1989/90 eher säuerlich als „Pseudo-Nationalstaat“ definiert, wohl auch, weil „die Österreicher dem austriakisch-nationalen Sonderweg überlassen“ bleiben. Daß eine „Wiedervereinigung“ mit Deutschland, ein zweiter Anschluß, sich politisch nicht realisieren läßt, dürfte aber auch Mölzer akzeptiert haben. Unter anderem deshalb, weil auch emotional diese Grund-

frage österreichischer Geschichte durch die konkreten Erfahrungen im Dritten Reich beantwortet sein dürfte – die Österreicher haben zu den Deutschen ein nüchternes, der gemeinsamen Sprache, der ähnlichen Geschichte und Kultur entsprechend nahes Verhältnis, weder von besonderer Liebe noch von Haß geprägt, der ebenso für ein unbewältigtes Verhältnis sprechen würde: Die Deutschen sind der Österreicher liebste Nachbarn, freilich nur von 26 Prozent, mit relativ knappem Vorsprung vor den Schweizern (20 Prozent) und den Ungarn (16 Prozent) genannt. Auch im Ausland wird Österreich längst als – zumindest politisch – völlig unabhängiges Gebilde akzeptiert. Interpretationen wie die des ehemaligen französischen Ministerpräsidenten Messmer 1979 in „Le Monde" oder die des deutschen Historikers Erdmann 1989, das Land sei der „dritte deutsche Staat" (neben BRD und DDR) blieben völlig isoliert.
Unabhängig davon kam es im Zuge der Waldheim-Affäre 1986 zu einer Umpolung der Österreich-Gefühle. Bis weit in die achtziger Jahre wurde die Entwicklung der „österreichischen Nation", die eben mehr sein sollte als bloßer Patriotismus oder vages „Österreich-Gefühl", als politisch „progressiv" empfunden und interpretiert, wie Felix Kreissler in seinem 1981 erschienenen Standardwerk feststellt: „Es kann keineswegs reaktionär sein, die Merkmale der nationalen Identität eines kleinen Volkes hervorzuheben und das fortschreitende Bewußtwerden einer Nation zu studieren. Was nun Österreich betrifft, so kompliziert und rechtfertigt sich sein Fall infolge eines zusätzlichen Faktors: der Macht der pangermanistischen Ideologie, der das österreichische Volk unterworfen war – und deren Folgen immer noch spürbar sind –, und den konkreten Absichten des deutschen Imperialismus, dessen Opfer Österreich 1938 wurde." Insbesondere die SPÖ erfüllte durch Überwindung früherer deutschnationaler Orientierungen eine entscheidende Rolle für die Herausbildung eines österreichischen Nationalbewußtseins: „Die österreichische Sozialdemokratie war jedenfalls vor eine größere Aufgabe gestellt als die Arbeiterparteien in den europäischen Ländern, deren nationalstaatlicher Charakter schon im vorigen Jahrhundert weitgehend unbestritten und selbstverständlich war – die österreichische Sozialdemokratie besorgte eine Ersatzloyalität und Ersatzidentität, die anderswo auch für Sozialdemokraten von der eigenen Nation kam" (Anton Pelinka).
Während der Auseinandersetzung um die Kriegsvergangenheit Kurt Waldheims und um seine Eignung als Bundespräsident kam es 1986

dann zu einer deutlichen Modifizierung dieser Haltungen. Teile der ÖVP und Teile des konservativen Lagers reklamierten österreichischen Patriotismus plötzlich für „Werte", die von den früheren Hauptvertretern der „österreichischen Nation" abgelehnt wurden: Provinzialismus („Wir Österreicher wählen, wen wir wollen"), versteckter („gewisse Kreise an der amerikanischen Ostküste") und offener Antisemitismus. (Carl Hödl, der Linzer ÖVP-Vizebürgermeister, machte den Waldheim-feindlichen Präsidenten des Jüdischen Weltkongresses für „seine Glaubensgenossen" verantwortlich, „die in einem Schauprozeß Jesus Christus zum Tode verurteilen ließen".)
Kurt Waldheim selbst trug mit seiner, von ihm selbst später bedauerten, Formulierung von seiner „Pflichterfüllung" im Rahmen der Deutschen Wehrmacht dazu bei, daß am Beispiel seiner Person nicht nur die Rolle Österreichs und der Österreicher im Dritten Reich und bei seiner Durchsetzung debattiert wurde, sondern gleich auch noch viele andere Tabuisierungen zur Sprache kamen, die im Geschichtsbild der Zweiten Republik bis dahin weitgehend unangetastet geblieben waren: die Tatsache der hunderttausend illegalen Nazis etwa, die es schon vor 1938 gab; die fast hundertprozentige Bejahung des „Anschlusses" bei der Volksabstimmung danach, die sich nicht nur aus der diktatorischen Vorbereitung des Votums erklären läßt, sondern auch aus der von Kardinal Innitzer bis Karl Renner personifizierten raschen Anpassungsbereitschaft; der überproportionale Anteil der Österreicher bei den Kriegsverbrechen der NS-Tötungsmaschinerie; die unzulängliche und nur widerwillig durchgeführte „Entnazifizierung" nach 1945, die in einigen Bereichen (Kultur, Medien) überhaupt nicht und in anderen hauptsächlich parteitaktisch (Wahlrecht für ehemalige Nazis) vollzogen wurde.
Umgekehrt basierte auch eine durchgehende Komponente der Pro-Waldheim-Kampagne auf den angeführten Mythen der Zweiten Republik: Die „Mir san mir"-Mentalität, die beim Leugnen der österreichischen NS-Begeisterung beginnt und sich im Klischee der trinkfesten österreichischen Politiker fortsetzt, die den „Iwan" zwecks Erreichung des Staatsvertrages als Besiegelung österreichischen Patriotismus unter den Tisch gesoffen haben, fand in der „patriotischen"„Jetzt erst recht"-Mentalität ihre logische Fortsetzung. Diese Art der Verteidigung Kurt Waldheims, nicht die Tatsache seiner Wahl, war ein Akt des spießigen, provinziellen, auslands-

und ausländerfeindlichen Nationalismus, kein Akt des progressiven österreichischen Nationalismus, der sich in den Jahren zuvor gegen deutschnationale Ressentiments durchgesetzt hatte.
Die Waldheim-Debatte ermöglichte aber auch die Vertiefung einer selbstkritischen, politisch-historischen Österreich-Reflexion, die nicht im Geruch eines reaktionären Deutschnationalismus stand. Zwei Autoren seien hier als Beispiele für mehrere genannt, auch dafür, daß sich Intellektuelle nach internationalem Vorbild, nicht nach österreichischer Sitte, zunehmend in grundsätzliche gesellschaftliche Debatten einschalten, selbst in „vernachlässigte" wie die lange Zeit unterschätzte Nationsauseinandersetzung:
„Man ließ eine Teilung Österreichs in zwei Welten zu: in die Welt des offiziellen politischen Selbstverständnisses und in die Welt der privaten Gefühlsbindungen und politischen Meinungen. Die innere Teilung Österreichs, die es unter anderem auch ermöglichte, daß Friedrich Peter, ein ehemaliges Mitglied jener SS-Truppen, die in den ersten Monaten des Rußlandfeldzuges eine halbe Million Menschen ermordeten, jahrzehntelang Spitzenpolitiker sein konnte, ist bis heute in diesem Land nicht überwunden" (Josef Haslinger).
„Daß Österreich heute eine Nation sei, steht heute innenpolitisch noch weniger in Frage als außenpolitisch . . . Zugleich zeigen die Meinungsumfragen, daß niemand in Österreich verbindlich zu sagen wüßte, was eine Nation eigentlich sei, beziehungsweise, worin die nationalen Eigenheiten bestünden. Das ist, wenn wir die Genese des österreichischen Nationalgefühls untersuchen, nicht verwunderlich: Es besteht ja tatsächlich aus nichts Bestimmtem, besser gesagt, es besteht aus der wechselseitigen Aufhebung der klassischen Nationsbestimmungen . . . Wir sind eine deutsche Sprachgemeinschaft, die sich von der deutschen Sprachgemeinschaft distanziert . . . Wir definieren uns über unseren Willen zu bürgerlichen Freiheitsrechten, die wir aber selbst nicht allen zugestehen wollen . . . Wir definieren uns über unsere Kultur und unsere Geschichte, und unsere Kultur besteht aus einem selektiven Umgang mit Geschichte, und Geschichte ist für uns herzeigbare geerbte Kultur" (Robert Menasse).
Dieses Sowohl-Als-auch, diese tatsächlich österreichisch-spezifische Zerrissenheit und Ambivalenz, zeigt sich auch an anderen Eckpfeilern österreichischer Identität nach 1945:
Der zum Geburtsschein Österreichs hochstilisierte Staatsvertrag

von 1955 hat realpolitisch seine Bedeutung weitgehend verloren – wird aber (aus guten Gründen übrigens) zwischen Österreich und den Signatarmächten wohl auch in den kommenden Jahren weder neu verhandelt noch offiziell ad acta gelegt.
Ähnlich wird mit der Neutralität verfahren: kaum ein Politiker, der nicht erklärt, daß sie heute weitgehend ihre Funktion verloren hat. Kaum ein Politiker freilich auch, der – ebenfalls mit guten, von Meinungsumfragen unterstützten Gründen – nicht politrhetorisch an ihr festhalten will. Und kaum ein Politiker, der problematisiert, daß die reale Politik Österreichs – etwa im Golfkrieg oder im Jugoslawienkonflikt – längst den Boden traditionell interpretierter Neutralitätspolitik verloren hat.
Schließlich der Beitritt zur EU: Er wurde jahrelang am deutlichsten von der SPÖ verzögert, die nun die entschlossenste „Europa-Partei" ist; er wird von der ÖVP voll mitgetragen, die gleichzeitig am heftigsten das „Heimatgefühl" propagiert; er wurde jahrelang von der deutschnationalen FPÖ am vehementesten betrieben, die nun den „Ausverkauf Österreichs" fürchtet; und er wird am konsequentesten von den Grünen bekämpft, die aufgrund ihres Anspruches die „internationalste" Gruppierung sein sollten.
Das alles sind dann keine Kritikpunkte, wenn man offizielles österreichisches Handeln als Summe pragmatischer Handlungen vor dem Hintergrund eines tatsächlich unübersichtlichen und teilweise chaotischen Umfelds interpretiert. So etwa Professor Andrei Markovits in einem Interview: „Warum sollt ihr die Neutralität offiziell aufgeben, wenn euch das nützt, das Land in die EU zu führen?"
Aber: Die Defizite, die es auch in der Identitätsfindung der Zweiten Republik bisher gegeben hat, lassen befürchten, daß wieder einmal eine tatsächlich große Aufgabe, die Teilnahme Österreichs an der europäischen Integration, auch dazu dienen soll, sich den mühsamen Prozeß der Eigenfindung und -bestimmung zu ersparen. Wohl kann Europa nicht darauf warten, bis Österreich seine tatsächlich noch nicht genügend gelöste Hausaufgabe vollendet hat – aber Österreich wird wohl beide Prozesse, die geistige, emotionale, politische, gesellschaftliche Modernisierung „daheim" und die Mitwirkung an einer wirklichen, nicht nur auf die jetzige EU beschränkten gesamteuropäischen Integration im Parallelverfahren lösen müssen – sonst wird es an beiden Hürden scheitern.

DAS RINGEN UM DIE EUROPÄISCHE INTEGRATION: 1994–?

Mit dem Abschluß der Verhandlungen Österreichs mit der EU im Februar 1994 hat sich die seit 1987 von der Großen Koalition betriebene „westliche“ Linie in der österreichischen Außenpolitik endgültig durchgesetzt. Und zwar gegen die jahrzehntelang dominierende deutschnationale Ausrichtung; gegen manche Töne der in den achtziger Jahren teilweise in Reminiszenz an den habsburgischen Vielvölkerstaat verfochtenen Mitteleuropa-Idee und gegen isolationistische Vorstellungen von einer „Verschweizerung“ Österreichs.
Diese Ausrichtung hat innenpolitische Auswirkungen: „Westlich – im Sinne des Modells liberaler Demokratie – war die Zweite Republik von Anfang an, weil sie ein Mehrparteiensystem zur Voraussetzung und den Parteienwettbewerb als entscheidendes Merkmal zur Legitimation des Regierens hatte . . . Und dennoch war die politische Kultur anders, spezifisch; insbesondere wegen der ausgeprägten Parteien- und Verbändestaatlichkeit. Mit der Entscheidung einer von den beiden Großparteien getragenen Bundesregierung, die Mitgliedschaft Österreichs bei der EG zu beantragen, wird diese Widersprüchlichkeit unterstrichen und gleichzeitig tendenziell aufgehoben.“ (Anton Pelinka) Ein Beitritt Österreichs zur EU würde den Abbau sozialpartnerschaftlicher Strukturen und Deregulierung wie Entstaatlichung der Wirtschaft beschleunigen, aber auch weitere Pluralisierung des Parteiensystems, weitere Verluste der Großparteien, weitere Gewinne der Opposition, eine weitere Zergliederung der Parteienlandschaft mit sich bringen: „Die enge Verflechtung zwischen Großparteien und Großverbänden und der enge Zusammenhang zwischen Parteienwettbewerb und Sozialpartnerschaft lassen es sehr unwahrscheinlich erscheinen, daß eine vollkommene Abschottung zwischen einer Steigerung des wirtschaftlichen Wettbewerbs und der politischen Wettbewerbssituation möglich ist . . . Die politischen Eliten streben nur die österreichische Mitgliedschaft in der EU an – und sie wollen nicht die anderen Merkmale der Verwestlichung. Aber sie nehmen diese zusätzlichen Merkmale offensichtlich in Kauf“ (Anton Pelinka).
Diese Ausrichtung hat gesellschaftliche Auswirkungen: Sowohl ökonomisch als auch soziostrukturell fungiert ein Beitritt Österreichs zur EU als „Modernisierungspeitsche“. Also verlaufen die Fronten zwischen Befürwortern und Gegnern heute nicht mehr streng zwischen den Parteien, schon gar nicht den traditionellen, sondern eher zwi-

schen möglichen Modernisierungs„verlierern“ und Modernisierungs„gewinnern“ und den Parteien, die auf das entsprechende Wählerreservoir schielen. Österreich verliert ein weiteres Stückchen Autonomie, zumindest ein Stückchen vermeintlicher Autonomie. Die offizielle Einbettung in den europäischen Markt folgt der längst vorhandenen. Aber „Tatsache ist, daß die europäische Integration das Ergebnis konkreter politischer Entscheidungen und kein Naturgesetz ist, auch wenn nicht zu verkennen ist, daß moderne Industriegesellschaften immer mehr in die Verlegenheit kommen, ihre gesellschaftlichen Probleme nur im größeren Verbund glauben lösen zu können. Der Versuch, den Schatten der Beschränktheit autonomer Lösungsansätze durch ein Aufgehen in einen größeren Verbund überspringen zu wollen, wird mit Autonomieverlust bezahlt“ (Manfred Rotter). Es besteht die Hoffnung, daß Österreich seine Stärken (etwa in der Sozial- oder Umweltpolitik) in die EU hineintragen und dafür mit Entprovinzialisierung und Entbürokratisierung belohnt wird. Aber es besteht auch die Befürchtung, daß Österreich endgültig Anhängsel des zentralistischen, von Konzernen und der Brüsseler Eurokratie gesteuerten Megasystems wird.

Bereits jetzt am deutlichsten scheinen die außen- und sicherheitspolitischen Konsequenzen bzw. Voraussetzungen eines EU-Beitritts Österreichs: „Unter dauernder Neutralität ist jenes Instrument des Völkerrechts zu verstehen, welches einen Staat verpflichtet, sich an allen künftigen Kriegen neutral im Sinne des Kriegsvölkerrechts zu verhalten . . . Eine Mitgliedschaft bei der EU scheint mit der integralen, dauerhaften Neutralität unvereinbar. Ein Unionsmitglied verliert zuviel an sicherheitspolitischer Autonomie, um den Neutralitätsverpflichtungen nachkommen zu können“ (Manfred Rotter).

„Neutralität ist im Falle eines EU-Beitritts kaum mehr positiv zu formulieren, zumindest nicht im Bereich der Außen- und Sicherheitspolitik. Aber solange nicht klar ist, wie ein neues europäisches Sicherheitskonzept aussehen wird, ist die Debatte eine semantisch-innenpolitische Spielerei, und solange können wir sagen, wir wissen zwar nicht, was Neutralität heute bedeutet, aber wir wissen auch nicht, wie eine Alternative zu ihr aussieht, also lassen wir es bei der alten Semantik“ (Anton Pelinka).

Wesentlicher als diese „defensive“ Variante erscheint eine „offensive“ Standortbestimmung Österreichs im Zuge der gesamteuropäischen Integration: „Natürlich sehe ich die Gefahr, daß Europa als Festung ausgebaut werden soll. Aber daran ändert sich nichts, wenn

Österreich nicht EU-Mitglied wird. Österreich könnte im Gegenteil Modelle der Graswurzelkooperation – gerade auch mit Nicht-EU-Mitgliedern – entwickeln und in die Gemeinschaft einbringen. Eines der spannendsten Dinge wäre doch eine Kooperation Wien-Bratislava, das sind zwei mittelgroße Hauptstädte in einer Entfernung von 30 Kilometern mit einem großen Flughafen mittendrin. Man kann hier ohne große Worte und Ideologien simpel vernetzen, gemeinsame Kultur-, Universitäts- und Verkehrsprojekte entwickeln" (Anton Pelinka).

Das wäre ein Regionalismus neuer Art, den Österreich als EU-Mitglied mit noch größerer Wirksamkeit entwickeln könnte, ein Regionalismus im Sinne der nötigen Entwicklung kleinerer Einheiten unterhalb der europäischen Integration, die jene nationalstaatliche Ebene auflösen könnte, die genug Schaden in der europäischen Geschichte angerichtet hat. Dies im Sinne der Definition des niederländischen Schriftstellers Cees Nooteboom zur Veränderung seiner negativen Bilanz: „Wir sind für Regionalismus, wenn damit etwas Wesentliches bewahrt oder gefestigt werden soll, und dagegen, wenn er sich gegen andere richtet, wir verachten das Krebsgeschwür des gewalttätigen Nationalismus, gleichgültig, ob er von Iren, Kroaten, Basken oder Serben kommt, kurzum, wir sind diejenigen, auf die niemand hört."

Im Zuge der europäischen Integration, für die die Verbreiterung und Vertiefung der EU eine nötige, alternativenlose Zwischenstufe ist, könnte Österreich auf neue Weise alte Größe erlangen. Wäre die Generation, die den Eintritt in die EU vollzieht, nicht bereit, ihre alten österreichischen Wurzeln im Sinne der Multikulturalität wiederzuentdecken und den Reichtum ihrer vielfältigen Traditionen wieder in Besitz zu nehmen? Die österreichische Tradition kennt beide Seiten, die konservative und die revolutionäre. Beides gehört zum größeren Österreich. Auch die vielen verdienten Österreicher, die von anderswoher zugereist sind, gehören dazu, von Prinz Eugen über Sigmund Freud bis zu den neuesten Zuzüglern. Apropos Freud: Er verwendet den Begriff „Identität" nur einmal: Bei der Definition seiner Bindungen an das Judentum spricht er von der „klaren Bewußtheit innerer Identität", die sich nicht auf Rasse oder Religion stützt, sondern zentral auch auf die gemeinsame Freiheit von Vorurteilen, die den Gebrauch des Verstandes einschränken. Das wäre eine schöne Basis für einen modernen Identitätsbegriff – falls das „Wesen" des Österreichertums nicht vielleicht gerade darin besteht, nicht mit jenen „großen", „nationalen" Entwürfen auffallen zu müssen, mit denen das Land stets seine Katastrophen erlebt hat. „Das Objekt der Verehrung ist immer die Nation. Das wird gerade am Austropatrioten deutlich, der, um einer werden zu können, seine Nation erst definieren mußte, und zwar vor allem in Abgrenzung zum deutschen . . . Erst in schroffer und reichlich später Abgrenzung von der deutschtümelnden Variante entstand der Begriff der österreichischen Nation. Wenn, nach einem berühmten Wort von Helmut Plessner, Deutschland eine verspätete Nation ist, dann ist Österreich eine verspätete Nation zum Quadrat. Denn das alte Österreich legitimierte als letzter Staat in Europa sich dynastisch, nicht national" (Rudolf Burger).

Ganz ohne Dynastie, ohne „Vaterland" („Wer hier noch Vaterland sagt, der deutschelt. Denn für Österreich ist Vaterland durch den jämmerlichen Patriotismus der ehemaligen Vaterländischen vollkommen desavouiert", Rudolf Burger) und ohne „Heimat" („Heimat ist immer die Heimat derer, die eine verloren zu haben glauben, ist eine leicht weinerliche Verlustanzeige", Rudolf Burger), mit nur sparsam eingesetztem Nationsbegriff: Erst der Zusammenklang der Vielfalt hat die Einzigartigkeit gebracht, die das Beste an der österreichischen Kultur ist. Der Eintritt Österreichs in die EU sollte einen Aufbruch einleiten in ein in neuem Sinn größeres Österreich, das seine Identität nicht in Abgrenzung findet, sondern in Integration. Und Abschied nimmt, zwar nicht von der Kleinheit, aber von der Kleinkariertheit und Provinzialität.

LITERATUR

Rudolf Burger, Überfälle. Sonderzahl 1993

Josef Haslinger, Politik der Gefühle. Luchterhand 1987

Friedrich Heer, Der Kampf um die österreichische Identität. Böhlau 1981 (S. 9, S. 18 f., S. 22), Copyright © Friedrich-Heer-Archiv

Felix Kreissler, Der Österreicher und seine Nation. Böhlau 1984

Robert Knight, Ich bin dafür, die Sache in die Länge zu ziehen. Athenäum 1988

Robert Menasse, Das Land ohne Eigenschaften. Sonderzahl 1992

Andreas Mölzer, Und wo bleibt Östereich? Verlagsgemeinschaft Berg 1991

Thomas Nipperdey, Das Ende des großdeutschen Traumes. FAZ 12. 3. 1988

Cees Nooteboom, Wie wird man Europäer? Suhrkamp 1993

Anton Pelinka, Zur österreichischen Identität. Ueberreuter 1990

Anton Pelinka/Christian Schaller/Paul Luif, Ausweg EG? Böhlau 1994

Peter Pelinka/Gerhard Steger (Hrsg.), Auf dem Weg zur Staatspartei. Verlag für Gesellschaftskritik 1989

Gerald Stourzh, Vom Reich zur Repulik. Edition Atelier 1990

Erich Zöllner, Der Österreichbegriff. Verlag für Geschichte und Politik 1988

AUF DER SUCHE NACH GERECHTIGKEIT

GERECHTIGKEIT, THEORETISCH

Wagt sich der interessierte Laie auf ein so komplexes Gebiet wie das der Gerechtigkeit, hat er sich zuerst von seinen Vorurteilen zu verabschieden. Etwa von der Vorstellung, es gebe so etwas wie universelle Gerechtigkeit. Weiters lernt er, daß gerade, weil es diese nicht gibt, die Rede von Gerechtigkeit stets Zustimmung erheischt. Wer ist schon für Ungerechtigkeit?

UNIVERSELLE GERECHTIGKEIT GIBT ES NICHT

Was ist Gerechtigkeit? Zunächst ein historischer Begriff. Regelungen, die zu ihrer Zeit als gerecht empfunden werden, widersprechen dem Gerechtigkeitsempfinden einer anderen Epoche. Der Architekt der österreichischen Verfassung, Hans Kelsen, hat in diesem Sinn Gerechtigkeit als einen Leerbegriff bezeichnet. Was sie für gerecht hält, muß jede Gesellschaft für sich neu formulieren.

Recht ist nicht Gerechtigkeit. Ob die durch das positive Recht formulierten Regeln, Normen und Vorschriften „gerecht" sind, spielt für das Rechtssystem selbst keine Rolle. Anders ausgedrückt: Die Geltung der Normen des positiven Rechts ist nicht abhängig von ihrem Gerechtigkeitsinhalt (auch wenn diese Einsicht mitunter weh tut). Die Frage der Gerechtigkeit entscheidet sich immer zwischen Alter und Ego, sie ist nicht (wie das Recht) von der Entscheidung eines Dritten (etwa eines Gerichts) auszulagern. Gerechtigkeitsargumente zielen direkt in das Innere des jeweils anderen und postulieren eine „Offenkundigkeit" des jeweils „Gerechten". Gerade der Appell an die Evidenz dessen, was gerecht oder ungerecht ist, macht es so schwer, sich weiter darüber zu verständigen. Wer die

---

Dieses Kapitel beruht auf einem ausführlichen Gespräch mit Mag. Ulrike Moser (Wirtschaftsexpertin, Finanzierungs-Garantie-Gesellschaft, Wien) und Rechtsanwalt Dr. Alfred J. Noll, auf einem beeindruckend umfassenden Papier Nolls zu Theorien der Gerechtigkeit sowie auf Vorträgen von Dr. Rainer Bauböck und Prof. Sigurd Höllinger zu Themen der Migration und der Bildungsreform im Rahmen des Projekts „Themen der Zeit".

„Gerechtigkeit“ für sich oder seine Position in Anspruch nimmt, ist meist schon am Ende seiner für den jeweils anderen noch zugänglichen Argumente.
Wer Gerechtigkeit fordert, erzwingt zuerst einmal eine Denkpause. Der Ruf nach derart allgemeinen Werten wie Gerechtigkeit eignet sich laut Niklas Luhmann „in der Praxis als Reflexionsstop“*. Luhmann schreibt der Beliebigkeit sogenannter Grundwerte „selbsterzeugte Ungewißheit“ zu, weil diese Werte – Freiheit, Gerechtigkeit, Wohlfahrt, Frieden, Sicherheit etc. – eben Grundannahmen seien und sich nicht weiter begründen ließen. Sind Grundwerte also gänzlich inhaltsleer? Oder von einer „sich selbst einsetzenden, nicht weiter auflösbaren Ursprünglichkeit?“ (Niklas Luhmann, 2)
Sie sind es vielleicht in dem Augenblick nicht mehr, da sie zum Katalysator einer gesellschaftlichen Diskussion werden. Um jener Ungewißheit zu begegnen, die durch ein Konzept „universeller Gerechtigkeit“ entsteht, muß eine Gesellschaft einerseits in jedem Bereich die Verteilung von Kosten und Nutzen prüfen, um sie so in Übereinstimmung zu bringen, daß sich bereits nach der Art deren Verteilung beurteilen läßt, was gerecht oder nicht gerecht ist, ohne auf einen umfassenden Gerechtigkeitsbegriff rekurrieren zu müssen. Andererseits ist damit die Frage nach dem Maßstab der Universalie „Gerechtigkeit“ noch nicht ad acta gelegt.

GLEICHHEIT IST NICHT GERECHTIGKEIT

Die Möglichkeit, einen universell gültigen Begriff von Gerechtigkeit festzulegen, steht zwar bei wachsender Differenzierung der Gesellschaft in Frage. Die Verteilung von Gütern in einer gesellschaftlichen Sphäre kann beispielsweise nicht für die gesamte Gesellschaft als gerecht gelten. Der amerikanische Soziologe Michael Walzer entwirft in seinem Buch „Sphären der Gerechtigkeit“ eine Theorie distributiver Gerechtigkeit und konstatiert: „Komplexe Gleichheit funktioniert nur, wenn zwischen Gütern so unterschieden, so differenziert wird, wie man in hierarchischen Systemen zwischen Menschen unterscheidet.“
Der Abschied von schlichter Gleichheit als Maß der Gerechtigkeit beruht aber auf der Anerkennung der Verschiedenheit der Menschen, denen nicht Gerechtigkeit widerfährt, wenn sie gleich behandelt werden, sondern erst, wenn sie *in Ansehung ihrer Verschieden-*

* Quellenhinweise am Ende des Kapitels

heit gleich behandelt werden. Dazu bedarf es nicht nur einer (hypothetischerweise) funktionierenden Kommunikation der Menschen untereinander, sondern auch „institutioneller Bedingungen, die notwendig sind, um die individuellen Fähigkeiten und die kollektive Kommunikation und Kooperation auszubilden und auszuüben“ (Alfred J. Noll).

Noll zitiert die feministische Autorin Iris Marion Young und deren Katalog von Unterdrückungsarten, von denen Individuen frei sein müssen, um gemeinsam festlegen zu können, was ihnen als gerecht erscheint:

□ Ausbeutung von Lohn- oder Haushaltsarbeit;
□ Marginalisierung, also Ausschluß von Menschen von nützlicher Teilnahme am sozialen Leben;
□ Machtlosigkeit, also Fehlen von Autorität, Status und Selbstbewußtsein, die es erlauben, daß eine Person mit Respekt gehört wird;
□ kultureller Imperialismus (eine herrschende Kultur zwingt einer anderen ihre Normen auf);
□ Gewalt, also zufällige, nicht provozierte Angriffe, die Personen verletzen, erniedrigen oder vernichten wollen.

Noll fügt noch den Punkt

□ unerwünschte ökologische Konsequenzen

hinzu und ergänzt, Universalität sei hier in eine dialektische Beziehung zur Position des einzelnen gebracht. Die Frage bleibt: „Was konstituiert diese Universalität?“

AUF DER SUCHE NACH SOZIALER GERECHTIGKEIT

Gerechtigkeitsdiskussionen sind immer auch Diskussionen um politische Legitimität. Werden sie aber in der Hoffnung auf allgemeine Grundsätze geführt, mit denen Parteien ihre Politik legitimieren können, müssen sie enttäuschen. Eine „Vermischung empirischer Aussagen und moralischer Urteile“ (Alfred J. Noll) beim Gebrauch von Begriffen wie etwa „Gerechtigkeit“ und „Chancengleichheit“ trägt heute wenig zur Verdeutlichung dessen bei, was nun gerecht sei und was nicht. Vor allem, wenn der Wunsch nach Effizienz dem Wunsch nach Gerechtigkeit zu widersprechen scheint.

Zur Überprüfung universeller Grundsätze empfehlen sich Argumentationen in konkreten Betrachtungsweisen, beispielsweise in ökonomischen. Märkten wird nachgesagt, gerecht zu sein. Gerechtigkeit auf dem Markt besteht nach traditioneller Auffassung darin, daß

jemand herausbekommt, was er in ein Geschäft hineingegeben hat. Dieser Gedanke setzt einen funktionierenden Markt voraus, auf dem Güter ausgehandelt und gegeneinander aufgewogen werden. Kein Markt jedoch funktioniert ohne (staatliche) Rahmenbedingungen.
Bekanntlich werden auf jedem Markt Vertragsverhältnisse ausgehandelt. In einem Vertrag jedoch läßt sich nicht alles regeln, was sich ereignen kann. Der Markt bedarf also eines über das bloße Vertragsverhältnis hinausgehenden Vertrauens, das aufgrund von Regeln, Normen und Traditionen zwischen den Mitgliedern einer Gesellschaft herrscht.

THEORIEN DER GERECHTIGKEIT

Ganz grob gesehen, lassen sich drei gängige Varianten des Gerechtigkeitsbegriffs unterscheiden.
Die erste, die „postmoderne" Variante, könnte die des „Sprachspiels" heißen. Sie bezieht sich ausschließlich auf soziale Problemlagen, nicht auf ein universelles Kriterium der Gerechtigkeit, sondern immer nur auf die einzelnen, gleich ob es sich um eine Familie oder um eine Lehrer-Schüler-Beziehung handelt. Nur für die Spieler selber macht es Sinn, einen Begriff der Gerechtigkeit zu konstruieren. Je nach Konstruktion resultiert daraus ein Leitbild, dem sie entsprechen wollen oder nicht, ein Leitbild, das jedoch nichts mit allgemein verbindlichen Regeln zu tun hat.
Postmoderne Kritik geht davon aus, daß „für eine bestimmte Version der sozialen Gerechtigkeit zu argumentieren immer schon bedeutet hat, sich auf eine höhere Ordnung zu beziehen" (Alfred J. Noll), ohne allerdings diese höhere Ordnung dort anzusiedeln, wo sie hingehört, nämlich in den realen Machtverhältnissen. Dennoch führt postmoderne Kritik oft in die Sackgasse, weil sie sich selbst aufgrund ihrer Universalismuskritik nicht die Möglichkeit eines Gegenuniversalismus läßt.
Die zweite Variante ist die der Rechtstechniker oder Rechtspositivisten. Sie interessieren sich nicht für Gerechtigkeit. Gerechtigkeit stört höchstens das Rechtssystem. Als einflußnehmender Faktor hat Gerechtigkeit darin so wenig verloren wie finanzielle Macht oder gute Laune. Was gerecht ist, ergibt sich aus dem, was legal ist. Jede Frage nach Gerechtigkeit darüber hinaus scheint den Rechtstechnikern sinnlos. Das schließt zwar nicht aus, daß auf rechtspolitischem Weg ungerecht erscheinende Gesetze geändert werden, hat jedoch mit Gerechtigkeit an sich nichts zu tun.

Die dritte Variante könnte man als spätkantianische bezeichnen. Ihre Protagonisten, die Liberalen (Hauptvertreter: John Rawls) und Kommunitaristen (Michael Walzer), reden nämlich von allgemeinen Vorstellungen, die sich zutreffend rational begründen und aus denen sich konkrete Antworten für konkrete Problemlagen destillieren lassen. Die berühmteste und einflußreichste Stellungnahme stammt von John Rawls:
„1. Jedermann soll gleiches Recht auf das umfangreichste System gleicher Grundfreiheiten haben, das mit dem gleichen System für alle anderen verträglich ist.
2. Soziale und wirtschaftliche Ungleichheiten sind so zu gestalten, daß a) vernünftigerweise zu erwarten ist, daß sie zu jedermanns Vorteil dienen, und b) sie mit Positionen und Ämtern verbunden sind, die jedem offenstehen."
Alfred J. Noll: „Diese Gruppe von Gerechtigkeitstheoretikern läßt auch einzelne Rechtsnormen überhaupt nur dann als Rechtsnormen gelten, wenn sie dem Ideal der Gerechtigkeit entsprechen. Was in dieser naturrechtlichen Variante dem Gerechtigkeitsbild nicht entspricht, ist nicht nur nicht Recht, sondern existiert in diesem Bild gar nicht."

LIBERALISMUS MIT SCHUSS

Politisch ist eine „Wiedereroberung des Terrains gefragt: Gerechtigkeit und ‚Rechte' wieder in den Dienst einer fortschrittlichen Politik zu stellen, ist ein vordringliches Ziel" (Alfred J. Noll). Dabei kommt es darauf an, den – hierzulande spärlich vorhandenen – theoretischen Diskurs mit tatsächlichen sozialen Problemlagen in Verbindung zu setzen, und andererseits, aus diesen sozialen Problemlagen heraus die jeweiligen Interessen klarer und entschiedener zu formulieren. Ulrike Moser: „Die Diskussion unterbleibt nicht allein mangels theoretischem Interesse, sondern auch, weil solche Fragen den Interessengruppierungen wie Gewerkschaften und Industriellenvereinigung nicht als Problem bewußt sind. Auf eine gewisse Weise glaubt man dort noch an einen Primat der Politik über die Ökonomie. Gerecht ist, was die Interessenvertretung ausgehandelt hat. Tatsächlich stellt sich jedoch die Frage der Verteilung von knappen Ressourcen als Problem gesellschaftlicher Gerechtigkeit."
Wie bildet sich gesellschaftliche Urteilsfähigkeit in der vielbeklagten partikular-unübersichtlichen Lage? Doch nicht nur im Gespräch

zwischen Theoretikern und Institutionen? Für welchen Gerechtigkeitsbegriff entscheidet sich eine Gesellschaft? Kommt sie dabei tatsächlich ganz ohne Universalismus aus? Es bleibt bei jedem Gerechtigkeitsbegriff, für den man sich entscheidet, ein Rest. Möglicherweise, meint Alfred J. Noll in Anlehnung an John Rawls, wäre die beste Variante „ein individueller Liberalismus mit einem Schuß Universalismus".

Was könnte das bedeuten? Etwa, daß Gerechtigkeit nur in der Garantie bestehen kann, daß jeder, der sich für seinen Nutzen einsetzt, dies in gleichberechtigter Weise tun kann wie seine Diskussionspartner. Vermögen, Macht oder Zugang zu Medien dürfen dabei niemandem eine bessere Ausgangsposition verschaffen. Gerechtigkeitsfragen sind in möglichst kleine Bereiche zu unterteilen, um gleiche Startpositionen für die Diskussionsteilnehmer zu garantieren. Eine Möglichkeit, das oben erwähnte Vertrauen für alle Teilnehmer am gesellschaftlichen Markt der Gerechtigkeit herzustellen, wäre, sagt Alfred J. Noll, jedem ein materielles und ideelles Existenzminimum zu garantieren, damit er sich am Diskurs über Gerechtigkeit beteiligen kann: „Gerecht wäre demnach also zunächst einmal das, was allen ermöglicht, an der Gerechtigkeitsdiskussion teilzunehmen."

Alle anderen Gerechtigkeitsfragen muß man sehr diffizil und je nach Kräfteverhältnis auflösen. Das beginnt bei der Beweislastumkehr zugunsten der Schwächeren und geht bis hin zur Frage, ob man Rechtsvertreter einsetzen darf oder ob jeder selber vor Gericht um sein Recht kämpfen muß, ob er für seine Vertretung bezahlen muß oder nicht. Die Frage nach Gerechtigkeit muß in kleine Bereiche aufgeteilt werden, um jeweils möglichst gleiche Startpositionen für alle Teilnehmer zu garantieren.

KEINE GERECHTIGKEIT OHNE GESELLSCHAFTLICHEN DISKURS

Die Sozialphilosophin Agnes Heller behauptet, eine dynamische Auffassung von Gerechtigkeit setze einen lebendigen Gerechtigkeitsdiskurs in einer Gesellschaft voraus. Nicht nur in Österreich, im gesamten deutschen Sprachraum findet man nur Spurenelemente einer solchen Gerechtigkeitsdebatte, während sie im angelsächsichen Bereich, wo offenbar ein anderes Verhältnis zum Staat vorherrscht, geradezu im Überfluß existiert. Die Ich-Stärke des Menschen in einer gewachsenen liberalen Gesellschaft dürfte dabei eine Rolle spielen, während hierzulande die gewohnte (weil gewährte?)

soziale Komponente unseres Gesellschaftsvertrags offenbar auf Kosten der Auseinandersetzungsfähigkeit des einzelnen und damit der Gerechtigkeitsdiskussion geht.
Um einem Mißverständnis vorzubeugen: Bei allem Vertrauen in die Fähigkeit eines gesellschaftlichen Diskurses, Probleme zu lösen, bleibt ein Rest, der nicht zu diskutieren, sondern politisch zu behaupten ist. Am Wirtshaustisch stehen weder Existenzminimum, Ausländergesetzgebung, Todesstrafe noch die „g'sunde Watschn" zur Disposition. Was nicht heißt, daß sie nicht diskutiert werden sollen. Wie in allen anderen Fragen kann aber der gesellschaftliche Diskurs politische Entscheidungen nicht ersetzen.
Es hat nur dann Sinn, Gerechtigkeit zum Thema einer Gesellschaft zu erklären, wenn man unausgesprochen voraussetzt, daß deren Individuen aufgrund ihrer Interessen imstande und willens sind, sich selber zum Objekt einer Auseinandersetzung zu erklären. Einerseits liegen hier vielbeklagte Defizite vor. Andererseits haben wir es mit sehr viel autonomeren Individuen zu tun, als es sie jemals zuvor in unserer Gesellschaft gegeben hat: Bürgerinitiativen, Protestgruppen, gestiegenes Umweltbewußtsein zeigen das. Bei der Debatte über Gerechtigkeit geht es darum, ein aus solchen sozialen Beziehungen wachsendes Gerechtigkeitsgefühl in politische Vorstellungen zu transformieren.
Politische Steuerung wird jedoch zunehmend schwierig, wenn nicht unmöglich. Der Staat hat zwar das Gewaltmonopol und setzt im Binnenbereich seine Gesetze durch, Entscheidungen, beispielsweise in der europäischen Asylpolitik, fallen jedoch unter die Dominanz Frankreichs und Deutschlands. Darüber hinaus ist bei der Beurteilung aller Steuerungsversuche zu bedenken, daß die nicht intendierten Folgen gegenüber den jeweils anvisierten Ziele überwiegen.

DIE PRÄMISSE DES GERECHTIGKEITSDISKURSES

Wir alle existieren nicht nur als Individuen, sondern eingebunden in soziale Mechanismen. Im Sinne einer Gesellschaft ginge es darum, die Gemeinsamkeiten und das Verbindende zu fixieren. In einer marktkommerzialisierten Gesellschaft jedoch geht es darum, Unterschiede auszustellen.
Eine Gerechtigkeitsdiskussion bräuchte Teilnehmer, die fähig sind, ihre Interessen zur Sprache zu bringen und gleichzeitig das, was sie gerade erleben oder tun, korrigierend in ihre Interessen und ihr Tun

wieder einzubeziehen. Wie sich die Fähigkeiten dieser Teilnehmer herstellen sollen, ist eine Frage, auf die selbst neugierige Autoren keine Antwort bekommen. Dennoch liegt hiermit die – meist unausgesprochene – Prämisse jedes politischen und somit auch des Gerechtigkeitsdiskurses vor.
Gerechtigkeit bedeutet also zumindest, und damit wäre die Anfangsdefinition erweitert, herauszufinden, wie gesellschaftliche Zustände aussehen müssen, damit Leute, ohne zur Gefährdung anderer zu werden, ihre eigenen Interessen durchsetzen. Die meisten der angeführten Theoretiker, konstatiert Alfred J. Noll in seinem Manuskript zu Theorien der Gerechtigkeit, wirken „merkwürdig ortlos . . . sie bleiben zumeist bei einer Art gesellschaftsinternem Anspruchs-Wirklichkeits-Vergleich – obwohl die gegenwärtige Welt voll ist von Beispielen und Zuständen, die eine solche immanente Kritik schlechterdings nicht mehr erlauben“.

GERECHTIGKEIT, PRAKTISCH

Hier geht es darum, unter der Prämisse, daß überall Grenzen erreicht werden (staatlicher Finanzierbarkeit, sozialer Verträglichkeit etc.), den Status quo zu fixieren und aus dessen kritischer Überprüfung alte Probleme neu zu formulieren. Eine kleine Auswahl:

DAS RECHT AUF RECHT: 20 JAHRE NACH BRODA

Den Zugang zum Recht für weniger Privilegierte zu verbessern, lautete eines der großen Brodaschen Anliegen. Heute müßte man die Prämissen dieses Slogans genauer formulieren. Zugang zur Justiz macht nur dann Sinn, wenn er nicht auf Kosten der Verfahrensdauer und der Rechtssicherheit geht. Für sich genommen ist der Zugang zum Recht kein Gerechtigkeitswert; dennoch ist er in den siebziger Jahren als solcher formuliert worden.

Rechtssicherheit und Chancen im Gerichtsverfahren
Der Kläger muß nachweisen, daß der Sachverhalt tatsächlich so gegeben ist, wie er ihn behauptet. Da jede Seite ihren Anwalt hat, scheint Chancengleichheit dafür gegeben. Nach rechtssoziologischen Kriterien haben aber Unternehmen immer noch enorme Vorteile gegenüber einzelnen. Teilweise kompensieren zwar Organisationen wie Konsumentenschutzverein, Mieterschutzvereinigungen

und Arbeiterkammer das Erfahrungsdefizit des einzelnen. Aber sie stärken nicht die Position des einzelnen dadurch, daß sie ihm ihre Macht verleihen. In seinem Fall stehen ihre Interessen ja nicht direkt auf dem Spiel. Der soziologische Aspekt der Gerechtigkeit ist in diesem Fall also nicht gegeben.

Oberster Gerichtshof republikintern nicht kontrollierbar
Sinnvollerweise gibt es eine letzte Instanz. Sonst müßte das Verfahren in einem endlosen Instanzenzug bis zum Jüngsten Gericht gehen. In Österreich haben wir, anders als in Deutschland, jedoch nicht die Möglichkeit, das Urteil dieser letzten Instanz, des Obersten Gerichtshofs, durch den Verfassungsgerichtshof auf seine Verfassungsmäßigkeit überprüfen zu lassen. Wenn der Oberste Gerichtshof tatsächlich verfassungswidrige Zivilurteile produziert, kann man dagegen, wie beispielsweise im Fall des Forum-Herausgebers Oberschlick geschehen, zum Europäischen Gerichtshof nach Straßburg gehen; leider erweist sich dessen Urteil als in Österreich nicht durchsetzbar, weil der Oberste Gerichtshof es nicht als bindend anerkennt.

Diktat des Sachverstands
In den letzten Jahren hat sich eine neue Ebene der Problematik ergeben, die quer zur Rechtsbearbeitung liegt: Immer mehr Rechtsprobleme werden zu Sachverständigenfragen. Im Bereich des Arbeits- und Sozialversicherungsrechts sind durch eine enorme Zahl von Fällen die Sachverständigen so heillos überfordert, daß sie sich um den Einzelfall kaum kümmern. Ihre Arbeit findet nicht mehr als Fallbeurteilung, sondern nur als Routine statt. Am Arbeits- und Sozialgericht Klagenfurt behalten Kläger und Klägerinnen nur in 31 Prozent der Fälle recht, in Salzburg hingegen in 60 Prozent der Fälle, stellt eine Studie der Arbeiterkammer (zitiert nach Alfred J. Noll) fest. In 18 Prozent der Fälle findet der Salzburger Arzt Arbeit im Bücken zumutbar, der Klagenfurter hingegen in 70 Prozent der Fälle. Die richterliche Entscheidung bezieht ihre Legitimation hauptsächlich aus dem Fachwissen des Sachverständigen. Während früher der Richter sein Urteil sprach, das rechtens und gerecht war, weil er es eben als Richter sprach, entsteht heute durch die beigezogenen Experten ein großes Moment neuer Rechtsunsicherheit.

RECHT AUF BILDUNG – EIN KRITISCHER BLICK ZURÜCK*

Die Bildungsreform seit den sechziger Jahren betrieb die Expansion höherer Bildung erst stark wirtschaftlich motiviert, in der SP-dominierten Phase dann mit dem Akzent auf „Chancengleichheit", die durch freien Zugang und ein Stipendiensystem erreicht werden sollte. Ausgabensteigerung und Verrechtlichung (Schaffung von Rechtssicherheit und Ankopplung der Unis an die Gesellschaft) dienten als politische Mittel der Reform.

Was ist daraus geworden? Der Befund ernüchtert. Bildungseinrichtungen wurden Bürokratien, die – geschützt durch Verrechtlichung – ihre eigenen Mitglieder wichtiger nehmen als ihre Klienten. Obwohl zwölf Prozent des Staatshaushalts für Bildung verwendet werden, ist es kaum gelungen, mehr Kinder bildungsferner Schichten an die Unis zu bringen, während nahezu 100 Prozent der Akademikerkinder studieren.

Das Ergebnis der Uni-Reform ist, kurz gefaßt, eine Umverteilung nach oben und schützt die Interessen der im Apparat Befindlichen. Der Staat zahlt, kann aber seine Interessen nicht durchsetzen. Ist das gerecht? Natürlich nicht.

Was tun? Sigurd Höllinger, Sektionschef im Wissenschaftsministerium, schlägt (unter der unabdingbaren Prämisse der flächendekkenden Einführung von Gesamtschulen) folgende Neuformulierung der Hochschulpolitik vor:

1. Mehr Effizienz der Hochschulen durch staatliche Deregulierung – „nicht weniger Staat, sondern wirksamer Staat in den wesentlichen Dingen".
2. Hochschulqualifikation stellt ein öffentliches Gut, aber auch einen privaten Vorteil (höheres Einkommen, Karriere) dar. Studiengebühren sind daher gerecht, müssen aber durch ein Stipendiensystem gemildert werden. „Wer Studiengebühren nicht zahlen kann oder will, soll billige staatliche Darlehen erhalten, die nach dem Berufseintritt – ab einem Mindesteinkommen – zurückbezahlt werden müssen."
3. Ein Hochschulabschluß soll nicht automatisch die Möglichkeit des Diensteintritts in staatliche Stellen bedeuten, sondern die jeweiligen Dientsgeber sollen selber Aufnahmsprüfungen veranstalten.

---

* Dieser Abschnitt beruht auf einem Vortrag von Prof. Sigurd Höllinger im Rahmen von „Themen der Zeit", gehalten am 14. 2. 1994

4. Zweite Öffnung der Hochschulen: Abend- und Sommeruniversitäten für Berufstätige. Außerdem sollen Fachhochschulen eingerichtet werden, die auch Nichtmaturanten zugänglich und im Abschluß gleichgestellt sind.

GESUNDHEIT!

Mit steigenden Kosten werden die Grenzen staatlicher Finanzierung schneller erreicht, also werden auch Mindeststandards der Versorgung im Gesundheitsbereich zum Thema: Bestimmte Krankheiten würden also nicht behandelt, obgleich es technisch möglich wäre, weil ihre Behandlung zu teuer ist. Wird Gerechtigkeit dann zur Frage des Einkommens, weil Reiche aus ihrem Reichtum Vorteile für ihre Gesundheit ziehen? Man stelle sich nur einen internationalen Markt für Organe vor.

Gerecht wäre es, hier Normen und Verfahren zu entwickeln, die festlegen, nach welchen Kriterien etwa eine Nierenvergabe erfolgen soll. Das können nicht nur Marktkriterien, wie etwa der Preis, sein. Die Nieren müßten nicht privat, sondern staatlich und nach Gerechtigkeitskriterien verteilt werden. Wenn auf dem Marktweg offenbar keine gerechte Verteilung herzustellen ist, wäre eine Nierenvergabekommission nach dem Muster einer Energieverwertungsagentur denkbar.

Dies wäre ein Beispiel eines sogenannten „Quasi-Marktes", der Marktmechanismen und staatliche Finanzierung kombiniert. Dadurch sollen in verschiedenen Bereichen des Wohlfahrtsstaates „die Vorteile der Güterverteilung erfaßt werden, die der Markt bietet, und einige seiner Nachteile vermieden werden. Umgekehrt sollen die Vorteile staatlicher Eingriffe ohne deren Nachteile erhalten werden", meint etwa Julian Le Grand von der London School of Economics.

Als weiterer Aspekt des Themas stellt sich die Frage, ab wann der einzelne selbst für sich verantwortlich ist. Denkbar ist es, auf ein bestimmtes gesundheitsschädigendes Verhalten, beispielsweise auf das Rauchen, Steuern zu erheben. Beim Kauf der Zigaretten wird ein Betrag eingehoben, der an die Krankenversicherungen abgeführt wird und aus dem die entstehenden Versorgungskosten gedeckt werden. Jedenfalls müßte bei derlei Themen eine faire gesellschaftliche Diskussion gewährleistet sein, damit nicht große Lobbies wie die Tabakindustrie sich gegen die Interessen einzelner durchsetzen. „Daß im Gesundheitsbereich Ursache-Wirkungs-Relationen schwer feststellbar sind, erweist die Grenzen dieses Modells.

Prophylaxe und Krankheitsvermeidungsstrategien haben also an Bedeutung nicht verloren" (Ulrike Moser).

MIGRATION

Vom Standpunkt der Gerechtigkeit läßt sich ein Recht auf Migration, so der Sozialwissenschaftler Rainer Bauböck, folgendermaßen begründen:

- □ Naturrechtlich gestattet Kant die Abweisung von Einwanderern nur dann nicht, wenn diese dabei zugrunde gingen. Bruce Ackerman postuliert ein Recht auf Einwanderung für jedermann, das nur dann ausgesetzt werden darf, wenn es den internen Dialog des Einwanderungsstaates beeinträchtigen (etwa Faschisten ans Ruder bringen) würde. Neokonservative argumentieren schließlich, der Staat solle sich, wie in allen anderen, auch in Fragen der Immigration zurückhalten.
- □ Liberale fordern im Anschluß an John Rawls Migrationsrechte im Namen der Optimierung von Freiheit durch Ausbau der Gleichheitsrechte und einer Umverteilung zugunsten der Schwächeren. (Wobei Rawls selbst seine Theorie nur innerhalb geltender Grenzen eines Staates, nicht aber international angewandt sehen will. Außerdem führt Wanderung nicht zu mehr, eher zu weniger Gleichheit und kann – siehe Schwarzmarkt – das Rechtssystem des Gastlandes unterminieren.)
- □ Ableitungen aus Grundrechten könnten so aussehen: Analog zur Freiheit des Kapitalverkehrs soll sich auch Arbeit frei bewegen dürfen (wobei hier die Analogie Mensch/Sache problematisch ist). Oder: Dem Auswanderungsrecht muß ein Einwanderungsrecht entsprechen (juristisch unhaltbare Symmetrie). Oder: Die Migration als Phänomen der Moderne wird dazu führen, daß man Mobilität als ein Bürgerrecht betrachtet – was zur politischen Forderung nach größeren Gemeinwesen führt, in denen diese (Einwanderungs-)Rechte gelten.
- □ Wanderungsfreiheit als Zielrecht: In der idealen Welt der Moderne wäre die Freiheit, sich überallhin zu bewegen, allgemeines Recht. (Früher konnte sich niemand ein Recht auf Einbürgerung vorstellen, wie es heute für jeden in Kanada Niedergelassenen existiert.)

Auch wenn sie utopisch anmuten, lassen sich doch aus diesen Gerechtigkeitswünschen einige Forderungen für gegenwärtige Politik ableiten:

- Angehörige der Mitglieder einer Gesellschaft haben Einwanderungsrechte, auch wenn sie nicht formale Staatsbürger sind.
- Jene Staaten, die in irgendeiner Art Auswanderung verursachen (auch von Nachbarstaaten), haben die Verpflichtung, Auswanderer aufzunehmen.
- Wenn Einwanderungen die zivile Gesellschaft eines Landes bedrohen, ergibt sich eine Mitwirkungspflicht der Staaten an globalen Lösungen.
- Es bedarf fairer und nichtdiskriminierender Verfahren für jene Einwanderungswilligen, die keine der erwähnten Prioritäten in Anspruch nehmen können (quantitative vor qualitativen Selektionskriterien: Reihenfolge der Anmeldungen, Lotterien).
- Die Kosten der Abschreckung, Grenzverteidigung, des Abtransports etc. sind gegen die Kosten der Einwanderung abzuwägen.

Quoten der Einwanderung und Bedingungen des Aufenthaltes festzulegen, ist Aufgabe der Politik. Vom Standpunkt der Gerechtigkeit aus geht es hier wie bei jedem Thema darum, was den Leuten aus der Überlegung, was gerecht sei, an Rechten zuerkannt wird.

LITERATUR

Rainer Bauböck, Vortrag im Rahmen von „Themen der Zeit", gehalten am 1. 3. 1994

Agnes Heller/Ferenc Fehér, The Postmodern political condition. Polity Press, 1988

Axel Honneth (Hg.), Kommunitarismus. Campus 1993

Julian Le Grand, Vortrag über „Die Zukunft des Wohlfahrtsstaats" im Rahmen von „Themen der Zeit", gehalten am 25. 11. 1993

Niklas Luhmann: Gibt es in unserer Gesellschaft noch unverzichtbare Normen? C. F. Müller Verlag 1993

Niklas Luhmann (2), Das Recht in der Gesellschaft. Suhrkamp 1993

Alfred J. Noll, Auf der Suche nach Gerechtigkeit: Versuch einer Einschränkung. Unveröffentlichtes Manuskript, Wien 1994

John Rawls, Eine Theorie der Gerechtigkeit. Suhrkamp 1979

Studie der Arbeiterkammer, in: Salzburger Nachrichten, 11. 9. 1993 (zit. bei *Alfred J. Noll*)

Michael Walzer, Sphären der Gerechtigkeit. Campus 1992

Iris Marion Young, Justice and the Politics of Difference, Princeton University Press 1990

„DAS SCHLIMMSTE IST DAS VERSIEGEN DER PHANTASIE"

Univ.-Prof. Iring Fetscher lehrt Politikwissenschaft an der Universität Frankfurt. Er versteht sich als Brückenbauer zwischen Geist und Politik, zwischen Theorie und Praxis, zwischen Arbeiterbewegung und Ökologie. Iring Fetscher hat zahlreiche Bücher zur Geschichte und Ideologie der Arbeiterbewegung, zu politischen Systemen und den (Über-)Lebensproblemen unserer Gesellschaften veröffentlicht. Das Gespräch wurde am 25. Februar 1994 in Wien geführt.

Der österreichische Bundeskanzler unternimmt derzeit den Versuch, sich und seine Politik von Intellektuellen beraten zu lassen. Ein Grundthema dabei: Was kann Politik heute überhaupt noch bewirken, wie kann Politik Veränderungen in Gang setzen?

FETSCHER: Nehmen wir an, daß Politik demokratische Politik ist, keine autoritäre. Manche meinen ja, autoritäre Politik sei effizienter, weil sie keine Rücksicht nehmen muß auf Stimmungen, die im Volk vorhanden sind. Ich nehme aber an, daß auf die Dauer demokratische Politik immer auch effizientere Politik ist. Daher besteht Politik in erster Linie – das klingt natürlich bescheiden, ist aber realistisch – aus der Einwirkung auf die öffentliche Meinung, auf das Denken und Fühlen der Menschen. Das geht nur über das gesprochene Wort, über Bilder, über die Anregung von Phantasie. Das ist zugleich die Stärke und die Schwäche von Demokratie. Demokratie lebt vom Reden, vom Entwickeln von Vorstellungen und vom eindrücklichen Klarmachen anderer Möglichkeiten. Ein Beispiel dafür, daß Politik sich nicht auf die Verstärkung bestimmter Stimmungen beschränken darf, sondern auch gegenläufige Stimmungen erzeugen muß: Es gibt merkwürdige Diskrepanzen zwischen dem, was heute schon die Mehrheit der Bevölkerung als dringend notwendig ansieht – nach der Arbeitslosigkeit steht die Naturzerstörung bei allen Meinungsumfragen an zweiter Stelle der wichtigsten Probleme –, und dem, wie sich der einzelne verhält. Das ist ein Widerspruch, den die Politik bewußter machen muß, damit es zu einer Veränderung kommen kann.

Das ist ein sehr schwieriges Spiel für moderne Politik: Sie hat nur einen begrenzten Zugang zur Öffentlichkeit, speziell über die Medien. Das ist eines ihrer Probleme, daß die klassische Öffentlichkeit der Politik – Versammlungen, Gespräche, Parlamentsreden – zerfällt.

FETSCHER: Ich glaube, daß es wohl so sein muß – wir wollen ja kein Monopol einer Regierung oder gar einer Partei auf Gestaltung des Bewußtseins der Öffentlichkeit. Nun gibt es natürlich die Tatsache, daß Medien großteils kommerzielle Medien sind und darauf aus, hohe Auflagen oder hohe Einschaltquoten zu erzielen, die man mit Sensation, manchmal auch mit erfundenen, übertriebenen Geschichten, leichter gewinnt als mit nachdenklichen, alternativen Modellen, wie man vernünftiger leben könnte. Da würde ich an die Kreativen in der Publizistik appellieren, sich an dieser Aufgabe zu beteiligen. Wir können die wirklich dramatische Aufgabe, diesen Planeten für die kommenden Generationen lebenswert zu erhalten, sonst nicht erfüllen. Wir haben zum Glück in Österreich wie in Deutschland ein öffentlich-rechtliches Fernsehen, das man vielleicht stärker auf die Verpflichtung zur verantwortlichen Meinungsbildung hinweisen kann. Und wir haben in Deutschland private Stationen – in Österreich noch nicht, aber wohl bald auch –, die man stärker drängen muß, eben nicht alles dem Diktat der Auflage und Einschaltquote unterzuordnen, sondern auch eine verantwortliche Veränderung des Bewußtseins der Konsumenten erreichen zu wollen, oder zumindest eine Anpassung des Bewußtseins an die schon erkannten Notwendigkeiten. Ein Beispiel: Bei uns in Deutschland gibt es im Unterschied zu Österreich noch immer keine allgemeine Begrenzung der Geschwindigkeit auf den Autobahnen. Unser Präsident des Bundesumweltamtes hatte außerordentlich große Schwierigkeiten in der EU, irgendwelche deutschen Vorschläge für ökologische Begrenzungen auf anderen Gebieten durchzusetzen, weil man ihm immer sagte: „Ja und, bei euch können die Autos so schnell fahren, wie sie wollen." Dabei würde die Mehrheit der Deutschen es durchaus akzeptieren, wenn man auf den Autobahnen nur 120 oder 130 fahren dürfte. Aber das ist nicht einmal eine Sache der Medien, sondern eine Sache der Interessengruppen, Automobilclubs und Automobilproduzenten. Politik hat neben den Medien auch die ökonomischen Interessengruppen als zwei mächtige Konkurrenten um die Meinungsbildung.

Sie hat noch einen dritten Konkurrenten: das verschobene Be-

wußtsein der Bevölkerung. Diese ist meist nur dann für Veränderungen, solange sie nicht selbst in ihrem Lebensbereich davon betroffen ist.

FETSCHER: Leider. Es gibt eine Untersuchung aus Schweden, einem Land, das besonders ökologisch ist und auch progressiv, was die Frage des Ausgleichs zwischen Nord und Süd betrifft. Die Schweden wurden gefragt, ob sie bereit seien, auf einen Teil ihres Fleischkonsums zugunsten einer sinnvolleren Agrarpolitik zu verzichten. Die Mehrheit verneinte, obwohl sie es eigentlich für notwendig hielt. Es gibt überall diesen Rückstand an individueller Bereitschaft, dem nur eine mit Phantasie ausgestaltete Darstellung eines besseren, gesünderen, befriedigenderen, friedlicheren und anerkannteren individuellen gesellschaftlichen Lebens begegnen kann.

Keine Öko-Diktatur à la Wolfgang Harich?

FETSCHER: Ganz abgesehen von Harichs stalinistischer Vergangenheit: Es ist inzwischen mehrfach der Nachweis geliefert worden, daß Diktaturen einfach lernunfähig sind, daß sie stets außerstande sind, ihre Irrtümer zu korrigieren. Ich habe neulich in Frankfurt an der Oder mit jungen Leuten über die Vorteile der Demokratie diskutiert. Der einzige Punkt, wo sie mir sofort recht gaben, war, als ich gesagt habe, in der Demokratie kommen Skandale ans Licht und werden korrigiert, das ist ein Vorteil gegenüber der Diktatur. Da gibt es zwar auch Skandale, die kommen aber nur dann ans Licht, wenn die Diktatur gewaltsam gestürzt worden ist.

Die Politik muß Leute sozusagen zum Guten verführen können . . .

FETSCHER: Nicht verführen, sondern motivieren.

Wir haben es jetzt bewußt überspitzt formuliert, weil Verführung der Grundton in der Medienwelt ist, die Motivierung zum Kauf und Konsum; die ganze Öffentlichkeit ist grundsätzlich so strukturiert und auch finanziert. Ohne die Werbewirtschaft gäbe es ja längst keine Medien mehr. Darin besteht eine große Schwierigkeit für Politik, auch eine Unfähigkeit, in das System einzusteigen, auch eine Gefahr, weil der Grat zwischen Motivierung und Verführung sehr schmal ist.

FETSCHER: Das ist natürlich eindrucksvoll belegbar. Ich will jetzt, um mir und anderen Hoffnung zu machen, darauf hinweisen, daß am Anfang des Aufstiegs der Grünen in Deutschland die Grünen einen Bruchteil der Mittel großer Parteien aufgewendet haben, daß aber unglaublich viel Kreativität, zahllose Künstler zu Hilfe kamen.

Im großen und ganzen ist ja unsere Wahlwerbung außerordentlich einfallslos: Es werden geschminkte Politiker gezeigt, auch die Schlagworte werden immer austauschbarer. Ich glaube auch gar nicht mehr, daß sich die Wähler davon so sehr ansprechen lassen, sie werden höchstens in ihren Urteilen oder Vorurteilen bestätigt. Es sollten eben auch große und alte Parteien kreativer, auch komplexer, widerspruchsvoller, vielleicht sogar provokativer oder an das Denken der Menschen appellierender an die Öffentlichkeit gehen, als sie das bisher allgemein tun. Es ist früher viel argumentativer geworben worden, die Plakate hatten mehr Text. Heute leben wir in einem Bild-Medien-Zeitalter, die Bilder sind suggestiver als die Worte. Aber auch mit Bildern müßte man kreativer umgehen können.

Es gibt eine gravierende Krise des demokratischen Systems, die konservative Parteien ebenso betrifft wie sozialdemokratische Parteien, Volksparteien, so es solche noch überhaupt gibt, aber durchaus auch Parteien, die mit der Kraft der neuen sozialen Bewegungen der siebziger, achtziger Jahre angetreten sind wie die Grünen. Die politische Klasse hat sich zwar nirgendwo so vollständig von der politischen Bühne verabschiedet wie in Italien, aber es gibt eine Machtverschiebung weg von der Politik. Bloß: Wo sind die neuen Machtzentren?

FETSCHER: Die sogenannte Politikverdrossenheit ist ja eine Verdrossenheit von der offenbaren Wirkungsschwäche von Politik, von der großen Diskrepanz zwischen Versprechungen und Einlösungen, insbesondere der Regierungsparteien und der relativ angepaßten Oppositionsparteien. Teilweise hängt diese Politikverdrossenheit damit zusammen, daß die Parteien sich zu wenig mit den grundlegenden Bedürfnissen der Bevölkerung auseinandersetzen. Es wird vieles nicht angesprochen aus Angst, man könnte dadurch Stimmen verlieren. Umgekehrt werden viele Dinge angesprochen, dic im Augenblick überhaupt nicht von großer Bedeutung sind, nur weil man damit der jeweils konkurrierenden Partei Schwierigkeiten machen kann. In Deutschland tut man so, als ob das Hauptproblem im Augenblick die Frage sei, ob die Bundeswehr auch im Ausland eingesetzt wird. Oder es wird so getan, als ob die ohnehin vollkommen unzulängliche Lösung der Frage, wie man die Pflegeversicherung durchsetzt, das A und O der Politik wäre. Es ist ein Parteienspiel, das an den großen Problemen offensichtlich vorbeigeht. Der andere Grund für die Politikkrise ist, daß die Parteien sich zunehmend aus sich selber rekrutieren, immer weniger Kräfte aus der übrigen Bevölkerung aufnehmen.

Wir sind ja alle gute, hoffnungsvolle Basisdemokraten, nur kam einem diese Hoffnung in den letzten Jahren ein bißchen abhanden. Dort, wo sich die Gesellschaft ordentlich rührt, teilweise auch gegen die etablierte Politik, artikuliert sie sich weniger in einem Kampf um eine gesündere Umwelt, sondern eher im Kampf gegen Asylwerber und andere Ausländer. Jetzt wissen wir klugen liberalen Leute zwar, daß objektiv etwas anderes dahintersteckt, etwa die Sorge um die eigene Zukunft, aber subjektiv ist das gesunde Volksempfinden meist etwas äußerst Schmuddeliges, von den Medien oft zusätzlich Verzerrtes. Was tun?

FETSCHER: Die Unfähigkeit, andersartig lebende, andersartig aussehende Menschen in einer Gesellschaft zu ertragen, existiert bei uns in Deutschland schon länger, hatte durch eine relativ große Zahl von Ausländern auch objektive Ursachen. Aber die scharfe, zum Teil gewalttätige Fremdenfeindlichkeit ist erst in jenem Moment aufgeflammt, als es Massenarbeitslosigkeit gab. Es ist ja nicht so, daß es heute mehr Ausländer gibt als vor fünf Jahren, sondern sie werden plötzlich als Konkurrenten um Arbeitsplätze, um Wohnungen, um soziale Zuwendung empfunden. Wobei es auch so ist, daß es in Städten wie Frankfurt, wo über dreißig Prozent Ausländer leben, kaum Fremdenfeindlichkeit gibt, was damit zusammenhängt, daß es vor allem Oberschicht-Angehörige sind, großteils Engländer, Franzosen, Amerikaner, Japaner; Geschäftsleute. Aber in anderen Gebieten ist die Angst vor Ausländern schon sehr groß, es ist eine Verführung für demagogische Politiker, die Existenz von Ausländern als Ventil zu benützen für die Unzufriedenheit, die ganz andere Ursachen hat. Das ist ein klassisches Phänomen, das heute in vielen europäischen Ländern auftaucht, auch in England, Frankreich und Spanien, die andere koloniale Traditionen und aktuelle Verpflichtungen haben.

Niemand scheint diesbezüglich ein rationales, humanistisches Konzept zu haben.

FETSCHER: Wir brauchen in den europäischen Ländern eine koordinierte Einwanderungspolitik. Deutschland ist de facto seit zehn, 15 Jahren ein Einwanderungsland. Längst schon wären viele Unternehmen ohne die ausländischen Arbeitskräfte zugrunde gegangen. Die jetzige Ausländerfeindlichkeit ist doppelt schädigend, einmal für die vielleicht doch wieder vermehrt notwendige Anwerbung von

Ausländern und zweitens für den Absatz von deutschen Produkten im Ausland. Das sind egoistische Argumente, die man eher im Mittelstand anbringen kann als bei Leuten, die selber auf dem niedrigsten Einkommensniveau mit den Ausländern konkurrieren. Wobei ja ein großer Teil der Ausländer, auch derjenigen, die als Flüchtlinge nach Deutschland oder nach Österreich kommen, unter Lebensbedingungen leben müssen, die kein Einheimischer akzeptieren würde. Oft wird ja so getan, als ob die alle im Luxus lebten.

Neben dieser innergesellschaftlichen Konfliktstellung gegen das Fremde oder die Fremden existiert generell ein Konflikt zwischen den transnationalen Lösungen, die etwa für ökologische oder sicherheitspolitische Probleme nötig wären, und einem Trend zu nationalistischer Abschottung. In Österreich kippt die jetzige Europa-Debatte – mit Ausnahme der Grünen – nach einem überholt geglaubten Links-Rechts-Schema: Die Rechten sind die Anti-Europäer.

FETSCHER: Das ist der alten Tradition angemessen, obwohl es sicher berechtigte Kritik an dem mangelnden demokratischen Status der gegenwärtigen Europäischen Union gibt. Es ist eine wichtige linke Forderung, daß dieses föderale Europa wirklich ein demokratisches, soziales Europa wird. Aber das wird es natürlich nicht dadurch, daß man Nationalismus neu belebt oder die EU überhaupt ablehnt. Es gibt verschiedene Konzeptionen von Europa, es gibt auch einige „festungsähnliche“, die man als demokratischer Linker nicht akzeptieren kann. Gerade deshalb sollte auch Österreich in die Gemeinschaft hineingehen. Es gibt nicht nur die Gefahr des Nationalismus der Deutschen, der Österreicher, Franzosen und Engländer, sondern es gibt auch einen Euro-Nationalismus, der ist nicht minder gefährlich.

Europa mit einer alten, schlechten Großmachtpolitik?

FETSCHER: Ich habe im Augenblick die große Befürchtung, daß es wieder ein Großmachtkartell gibt, worin die Amerikaner, merkwürdigerweise auch die Russen sitzen, und dabei Länder wie Polen, die Tschechische Republik oder Ungarn vernachlässigt werden. Die Europäer sollten sich für diese kleinen, mittelosteuropäischen Länder mehr interessieren und ihnen stärker helfen, damit sie nationalistischen Lockrufen aus Rußland nicht nachgeben. Ein offenes Europa muß nicht an der Grenze Ostpolens aufhören, aber es muß mindestens einmal den Polen eine Sicherheit geben, daß sie als dazugehörig empfunden und auch geschützt werden. Daß dort die ehemalige kommunistische Partei so stark geworden ist, darf dabei keine Rolle spielen, das sind eigentlich Sozialdemokraten.

Der Neokonservatismus ist international ins Hintertreffen geraten, es klappt aber nicht ganz mit der Gegenwelle. Während der Pendelschlag nach Mitte-links vielleicht in Amerika funktioniert, sind in Europa ganz andere Kräfte am Drücker, Rechtspopulisten, Nationalisten. Gewisse Attitüden erinnern schon wieder an die Faschisten.

FETSCHER: Es gibt tatsächlich eine Gefahr, aber es gibt zum Glück auch ein bißchen historisches Bewußtsein, nicht nur bei politischen oder bei intellektuellen Minderheiten. Aus dem Zusammenbruch des sogenannten real existierenden Sozialismus, der ja ein real existierender Despotismus war, oder ein – wie Helmut Schmidt einmal gesagt hat – real degenerierter Pseudosozialismus, schien vorerst die rein liberale Marktwirtschaft als Sieger hervorgegangen. Dadurch entstand die Gefahr, daß die osteuropäischen Eliten aus dem ursprünglichen Teufel einen Gott machen, ohne jede Rücksicht auf soziale Verträglichkeiten. Es ist erstaunlich, wie skrupellos etwa in China, unter zugleich despotisch-diktatorischen Verhältnissen, ganze Sektoren in rein marktwirtschaftliche Strukturen umgewandelt werden, ohne Rücksicht darauf, daß Millionen von Menschen in äußerste Armut versetzt werden. Wir haben nicht nur eine Rückkehr von Nationalismus und faschistoiden Zügen, sondern auch eine Rückkehr zu einem vorsozialen System von kapitalistischer Wirtschaft.

Kann es eine Synthese, eine Konvergenz in Richtung soziale Marktwirtschaft geben?

FETSCHER: Wir können nicht einfach dorthin, wo soziale Marktwirtschaft schon einmal angelangt war. Denn die hat ja auch ihre Grenzen erreicht, hat auch ihre Schattenseiten gezeigt, ihre bürokratischen Reglementierungen. Ich zitiere immer wieder John Stewart Mill und sogar Adam Smith, um zu zeigen, daß die überhaupt keine Manchester-Kapitalisten waren, daß der Manchester-Kapitalismus eine sehr viel spätere und sehr viel einseitigere Entwicklung gewesen ist, als es sowohl Adam Smith und vor allem John Stewart Mill gewollt haben. Die haben die Schattenseiten dieser Art von rein auf egoistische Interessen und Konkurrenzmechanismen abgestellten Wirtschaftsweisen gesehen und gefordert, daß der Staat korrigierend eingreift.

Keine derzeit sehr modische Vorstellung.

FETSCHER: Gerade die Erfolge des Wohlfahrtsstaates haben diesen Individualisierungsschub ausgelöst. Das egoistische Prinzip scheint zur vorherrschenden Lebensform zu werden, alleinerziehende Mütter und Väter, Singles, Verheiratete, die in getrennten Wohnungen leben. In Frankfurt gibt es über 35 Prozent Einpersonenhaushalte. Das ist eine Form von Zerbröselung der Gesellschaft, die Menschen letztlich anfällig, angstanfällig und damit auch manipulierbar und demagogisch verführbar macht. Ein Progressiver wie Horkheimer hat immer darauf hingewiesen, daß das Aufwachsen in einer Familie, die Kinder tolerant erzieht, dem Individuum sicheren Rückhalt gibt und es auch dazu befähigt, Widerstand gegen eine totalitäre Macht zu leisten. Wenn das wegfällt, fällt eine gesellschaftlich nötige Ressource weg. Ich glaube auch nicht, daß die konservativen Beschwörungen der heilen Familie eine Chance haben. Dafür ist die Entwicklung einfach zu weit fortgeschritten. Es ist sicher so, daß das Aufwachsen in einer größeren Gemeinschaft, einer Mehr-Generationen-Gemeinschaft, immer seltener wird, dadurch wächst auch ein Ellbogen-Machtstreben.

Keine Chance mehr für den alten Wert Solidarität?

FETSCHER: Das klingt so, als ob ich moralisiere, und Politik sollte nicht moralisieren, sondern Politik sollte Interessen aufklären und vielleicht auch kurzsichtige Interessen kritisieren, um auf die langfristigen Notwendigkeiten hinzuweisen. Da gibt es einen Punkt, an dem man die Menschen bei ihren Interessen packen kann. Was nützt es einem Unternehmer, wenn er durch Lohnverzicht einem anderen Betrieb ganz kurzfristig Marktanteile wegnimmt? Wenn wir das verallgemeinern, geht die Wirtschaft insgesamt den Bach runter. Der Vorteil des einen kann verallgemeinert zum Nachteil aller führen. Wenn ich meine Interessen skrupellos gegen andere durchsetze und damit die Solidarität zerstöre, schwäche ich das Potential der gesellschaftlichen Gruppe, zu der ich gehöre. Je größer eine soziale Gruppe ist, um so schwerer hat sie es, ihre gemeinschaftlichen Interessen effizient durchzusetzen, weil jeder einzelne ein relativ geringes Interesse daran hat, sich aktiv einzumischen, weil er als Trittbrettfahrer ohnehin mitgenommen wird.

Das trifft auch das im wahrsten Sinne des Wortes globale Interesse am Überleben der Menschheit. Man sollte tatsächlich die Interessen der Enkel berücksichtigen, tatsächlich den Süden nicht ausgrenzen – aber: Wie macht man jemandem plausibel, daß er Einkommen einbüßen muß?

FETSCHER: Es ist wahrscheinlich sehr schwer, ohne Moral auszukommen, für linke Traditionalisten ebenso schwer auszuhalten wie für liberale Marktwirtschaftler – beide glaubten ja, man könne ohne Moral auskommen. Die Manchester-Kapitalisten glaubten, der individuelle Egoismus werde über den Marktausgleich letztlich zum größtmöglichen Gemeinwohl führen. Eine konträre, ebenso vereinfachte Auffassung: der kollektive Egoismus der Arbeiterklasse werde zum Optimum führen. Beide haben sich geirrt. Der kollektive Egoismus kommt gar nicht zustande, weil die Gesellschaft sich aufgliedert, zumindest in zwei Drittel und ein Drittel. Der individuelle Egoismus hat weiß Gott genug Schaden angerichtet, so daß man auch da nicht behaupten könnte, daß er zum größtmöglichen Glück der größtmöglichen Zahl führt, wie das einmal gedacht war. Wir brauchen lager- und mentalitätsübergreifende Gemeinsamkeiten. Bestimmte konservative Gedanken sollten nicht nur den Konservativen vorbehalten bleiben, auch, weil viele Konservative unter dem Erhalt des Bestehenden nur das Bewahren ihrer egoistischen Macht und Wirtschaft verstehen. Aber es gibt viel Erhaltenswertes in unserer Gesellschaft, die Natur, die vorhandenen Elemente sozialer Gerechtigkeit, da sollten auch linke Demokraten, sollten auch Liberale durchaus konservative Werte propagieren.

Aber bestimmte Interessendivergenzen bleiben doch bestehen, das muß man in einem so konfliktverdrängenden Land wie Österreich auch festhalten.

FETSCHER: Wenn Unternehmer und Gewerkschafter von Solidarität sprechen, meinen sie meistens zwei ganz verschiedene Dinge. Der eine versteht unter Solidarität auch mal den Verzicht auf Lohnsteigerung bzw. Arbeitszeitverkürzung im Interesse der Firma, der Gewerkschaftsvertreter versteht darunter Solidarität mit den anderen Beschäftigten, meist nicht – und das wird ihm oft vorgehalten – mit den Nichtbeschäftigten. Aber trotz Interessenkonflikten geht es nicht ohne gemeinsame Moral, auch wenn man den konservativen Moralismus weiter kritisiert.

Das ist ein ganz wichtiger Punkt, weil man immer wieder ein Defizit bemerkt, auch in seinen eigenen Artikulationen. In diesem Zusammenhang: Hilft die ökologische Sorge, die Skepsis gegenüber den etablierten Entwicklungsmodellen, die in hiesigen Gesellschaften erfolgreich waren, eine neue, gesellschaftliche, nicht bloß moralisierende Moral zu entwickeln?

FETSCHER: Bestimmte Glücksversprechungen der Konsumgesellschaft können nicht weltweit angeboten werden, weil viele Konsumgüter, die uns angeboten werden, nur dadurch für den einzelnen von Wert sind, weil sie ihm ein höheres Ansehen verschaffen. Wenn die verallgemeinert werden, sind sie wertlos. Wenn jeder einen Porsche fahren könnte, wäre es nicht mehr interessant, einen Porsche zu haben. Deswegen würden Porsche-Autos auch noch gekauft, wenn man überall nur mehr 120 Stundenkilometer fahren dürfte. Die eigentliche Statusbedeutung liegt ja nicht darin, daß das Auto schnell fährt, sondern daß es andere nicht haben. Oder eine Reise nach Hawaii: Sie verliert an Ansehen, wenn ich feststelle, daß Neckermann-Reisen auch schon dort sind. Wenn man aber eher durch soziale Tätigkeiten und durch soziale Anerkennungen befriedigt wird als durch Konsum, wenn man auf diese Weise Kompensation bekommt für die Frustrationen, für die Depressionen, für die Enttäuschungen, die ja offenbar immer mehr Menschen in einer doch so reichen Gesellschaft ereilen, ist das nicht nur ein Zeihen von Moral, sondern ein Verweis auf andere Wege zum Glück.

Eine Predigt für freiwilligen Verzicht?

FETSCHER: Eher ein Schuß Utopie. Das Schlimmste, was über die moderne Industriegesellschaft gesagt werden kann, ist, daß ihre Phantasie versiegt. Es ist tragisch, wenn Menschen sich überhaupt keine andere Form ihres Lebens mehr vorstellen können, des Zusammenlebens, des Produzierens, auch des kreativen Konsumierens, des kreativen Sichaneignens von Kultur. Was nicht heißt, daß es jedes Jahr eine neue Mode geben soll, die Phantasie kanalisiert.

Vielleicht liegt ein Problem auch darin, daß die Phantasie und die Kreativität dort gut funktionieren, wo es spielerisch geschieht, daß Lebensentwürfe aber etwas Ernsteres sind.

FETSCHER: Sicher haben manche Leute, die z. B. in die Werbung gehen, eine Weile Freude an der Kreativität, die sie sich leisten können. Aber ich kannte einen dort tätigen „Kreativen“, der hat mir gesagt: „Ich werde ausgequetscht wie eine Zitrone, meine Phantasie wird fünf bis zehn Jahre verwendet, dann bin ich eigentlich auch nicht mehr interessant.“

Wozu brauchen wir noch Phantasie oder Kreativität, wo es schon Glücksdrogen gibt oder computergesteuerte Befriedigung ohne AIDS-Gefahr. Gibt es nicht auch bei Ihnen apokalyptische Visionen?

FETSCHER: Das sind alles Formen der Flucht aus einer Gesellschaft und Lebensarbeitsweise, die offensichtlich vielen Menschen kein wirklich dauerhaft befriedigendes Leben ermöglicht. Es ist kein Zufall, daß in unserer säkularisierten Gesellschaft alle möglichen Formen von exotischen Religionen und Praktiken florieren, auch der Genuß von Drogen aller Art. Ein Verbot wäre unbarmherzig, sie haben eine ähnliche Funktion wie der Alkoholismus der Arbeiter in der Phase des Frühkapitalismus. Man hat mir vor 20 Jahren vorgeworfen, ich sei ein Apokalyptiker. Ich halte mich dagegen, ähnlich wie Robert Jungk, an Hoffnung fest. Rational gibt es sehr viele Gründe, die uns eigentlich zur Verzweiflung bringen, aber emotional und willensmäßig dürfen wir uns davon nicht überwältigen lassen, sondern sollten versuchen, die Ansätze, die es zur Umgestaltung unserer Welt gibt, ernst zu nehmen.

Welche geben Ihnen da derzeit Hoffnung?

FETSCHER: Ein Ansatzpunkt ist die wachsende Bewußtheit, eine ökologische Umgestaltung der Industriegesellschaft herbeiführen zu müssen. Selbst in den Leitworten des CDU-Parteitages ist solches schon zum Ausdruck gekommen, sprach man von der Priorität der ökologischen Gesichtspunkte gegenüber den ökonomischen.

Keine Leerformel mehr von der Versöhnung von Ökologie und Ökonomie?

FETSCHER: Langfristig ist eine ökologische Produktion sehr viel ökonomischer. Ein Beispiel: Alternative Formen der Energiegewinnung sind *dann* billiger als die Atomenergie, wenn man zu deren Kosten jene für Entsorgung oder Dauerlagerung dazurechnet, die notwendigen polizeilichen Schutzmaßnahmen, bis hin zu den Schutzmaßnahmen, die verhindern sollen, daß spaltbares Material gestohlen und für kriminelle Zwecke mißbraucht wird. Ich habe mich amüsiert, als ich einen Manager einer Firma, die besonders stark im Kernreaktorbau engagiert war, gefragt habe: „Würden Sie denn das bauen, wenn Sie verpflichtet wären, sich gegen alle vorhandenen Risiken voll zu versichern?“ Seine Antwort: „Um Gottes willen, das könnten wir gar nicht finanzieren.“ Dem habe ich gesagt: „Als Anhänger der freien Marktwirtschaft müßten Sie eigentlich gegen die Kernenergie sein, denn die Kernenergie zerstört die Voraussetzung der freien Marktwirtschaft, nämlich die Absicherung durch eine kommerzielle Versicherung.“

Gibt es Hoffnung bei Ihnen auch auf politischem Gebiet?

FETSCHER: Die Politik- und Parteienverdrossenheit, die sicher von einigen Demagogen in schamloser Weise ausgenützt wird, soll man nicht nur negativ sehen. Dahinter steht auch ein Appell an die

Politiker, die wirklichen Probleme der Zukunft und der zukünftigen Generationen, auch unseres eigenen künftigen Lebens, anzupacken. Das ist eine Herausforderung, und ohne Herausforderung gibt es keine wirkliche Verbesserung der Situation. Es gibt ganz kleine Ansätze auch bei uns in Deutschland: die Befragung der Parteimitglieder der SPD, wer ihr neuer Vorsitzender werden soll, die Erleichterung für künftige Quereinsteiger, die Beteiligung von Nichtparteiangehörigen an Diskussionen, an Parteitagen oder an Diskussionen über politische, wirtschaftliche, wissenschaftliche Fragen; oder auch die Kritik des deutschen Bundespräsidenten an der Parteiendemokratie, an Machtversessenheit und Machtvergessenheit. Diese Kritik ist zum Teil so mißverstanden worden, als ob er damit den Demagogen recht gäbe, die ganz ohne Parteien oder mit echten Diktatoren die Welt retten möchten – das ist falsch. Weizsäcker gab einen ganz richtigen Hinweis darauf, daß die Parteien sich öffnen müssen gegenüber den Problemen, gegenüber der Bevölkerung, und daß sie das unglaublich langsam beginnen.

Früher waren Parteien Weltanschauungsgemeinschaften mit großen Welterklärungen. Sind heute alle Globalentwürfe passé?

FETSCHER: Das ist ja nicht negativ, daß die Parteien aufgehört haben, Weltanschauungsparteien zu sein, sowohl die christlichen als auch die marxistischen, wobei ich nicht sagen will, daß man etwa von Karl Marx oder auch von Rosa Luxemburg nicht auch lernen kann. Vielleicht lernt man aber noch mehr von den utopischen Sozialisten.

GEHT UNS DIE ARBEIT AUS?

DIE ENTWICKLUNG DER WELTWIRTSCHAFT

Politik und Wirtschaft sind miteinander immer enger verschränkte gesellschaftliche Subsysteme. Jüngstes Beispiel: die Öffnung Osteuropas, eine Mixtur aus ökonomischem und politischem Kollaps, in beiderlei Hinsicht ein gewaltiger Bruch. Die jetzige Haupttendenz – Bildung von drei großen, um die Weltmärkte rivalisierenden Blöcken, (Nord-)Amerika, (West-)Europa, Japan (Fernost) – kann so jederzeit gebremst, wenn auch nicht völlig umgekehrt werden. „Sehr langfristig gesehen besteht eine Tendenz zur Globalisierung der Wirtschaft. Auf mittlere Sicht werden sich jedoch Blöcke bilden, die sich in Krisenzeiten abschotten. Die Steuerung der Weltwirtschaft erfolgt anhand der Koordination der Wirtschaftspolitik durch die führenden Nationen. Die Strategien der transnationalen Unternehmen haben zwar essentiellen Einfluß auf die Weltwirtschaft, diese Unternehmen verfolgen jedoch ihre eigene Strategie und kümmern sich wenig um nationale oder globale Ziele“ (Michael Wagner/Ewald Walterskirchen*).
Neu zu bestimmen ist auch das Verhältnis zwischen Markt und Staat, zwischen neokonservativ-wirtschaftsliberal-monetaristischer und sozialdemokratisch-staatsinterventionistisch-keynesianischer Wirtschaftspolitik: „Die sozialdemokratischen Jahrzehnte der sechziger und siebziger Jahre hatten Fortschritte, aber auch Irrtümer gebracht. Dies gab der neukonservativen Kulturrevolution eine Chance. Die neokonservative Wirtschaftspolitik führte letztlich nur zu massiven neuen Problemen, bis hin zur Gefährdung einer langfristig stabilen Entwicklung von Wirtschaft und Gesellschaft“ (Ewald Nowotny).
Das gesellschaftliche Versagen von Thatcherismus und Reagonomics sollte freilich keine neuen Illusionen über die Manövrierbar-

Dieses Kapitel basiert unter anderem auf Gesprächen mit den beiden „Themen der Zeit“-Berichterstattern Univ.-Doz. Michael Wagner (Synthesis-Forschungsgesellschaft) und Dr. Ewald Walterskirchen (Wirtschaftsforschungsinstitut) sowie auf einem Gespräch mit Univ.-Prof. Peter Weinberger (Technische Universität Wien) und Materialien der Katholischen Sozialakademie, Wien

* Quellenhinweise am Ende des Kapitels

keit von Staaten und Staatswirtschaften aufkommen lassen: „Die kurzfristige Politik der Inflationsbekämpfung durch hohe Zinssätze zeigt zunehmend ihre langfristig negativen Folgen. Die hohen Budgetdefizite in der westlichen Welt sind nicht Ursache der hohen Zinssätze, sondern ihre Folge. Die Bekämpfung von Krisen ist dadurch enorm erschwert" (Michael Wagner/Ewald Walterskirchen). Um so nötiger scheint die Entwicklung von Expansionsprogrammen auf transnationaler Ebene (EU, Infrastrukturausbau), die auf „höherer" Ebene die gesamtwirtschaftliche Nachfrage und damit das Beschäftigungsniveau heben helfen.
Die nächste Prognose von Michael Wagner und Ewald Walterskirchen betrifft Österreich noch unmittelbarer: „Die Öffnung Osteuropas beschleunigt die notwendigen strukturellen Anpassungsprozesse. Hochentwickelte Industrieländer müssen sich im Prozeß der internationalen Arbeitsteilung immmer stärker auf neue Produkte, Techniken und Marketingstrategien konzentrieren, die von anderen Ländern nicht so rasch imitiert werden können. Die Innovations- und Technologiepolitik wird deshalb zweifellos an Bedeutung gewinnen."

DIE ZUKUNFT DER ARBEIT

Die Welt hat ihre dritte industrielle Revolution hinter sich, steckt mitten in der vierten: Während der ersten, im 18. und 19. Jahrhundert, vollzog sich die Einführung der Maschine in die Produktion. Die zweite, zu Beginn des 20. Jahrhunderts, war durch die Elektrifizierung und die Revolutionierung im Transportsystem gekennzeichnet. Ab 1945 kam der dritte große Innovationsschub: die Ausbreitung der Automation und die Computerisierung. Derzeit beobachten wir die vierte Phase, die durch dic Nutzung von Mikroprozessoren und neuen Informationstechnologien gekennzeichnet ist.
Parallel dazu gehen in den entwickelten Ländern der ersten Welt gravierende gesellschaftliche Entwicklungen vor sich:
Die wirtschaftliche Tätigkeit verlagert sich vom primären, agrarischen und dem sekundären, industriellen Sektor immer stärker in den tertiären Sektor, den der Dienstleistungen.
Auch in diesen entwickelten Gesellschaften wächst durch die damit gegebenen Möglichkeiten der Intensivierung und Rationalisierung

die Arbeitslosigkeit – und zwar partiell unabhängig von den systembedingten Zyklen von Konjunktur und Rezession.
Die Industriegesellschaft verändert sich zur Informations- oder Kommunikationsgesellschaft: In den USA sind bereits 60 Prozent aller Beschäftigten in der Produktion und Distribution von Informationen aller Art tätig.
Auch der Arbeitsprozeß im engeren Sinn wird revolutioniert:

- □ Arbeit wird internationalisiert – was zumindest im nationalen Rahmen die gesellschaftlichen Gestaltungsmöglichkeiten der Rahmenbedingungen einschränkt.
- □ Arbeit wird dereguliert, flexibilisiert und dezentralisiert – was ihre Rolle als Faktor sozialen und kommunikativen Zusammenseins einschränkt.
- □ Arbeit wird intensiviert, technologisiert und produktivisiert – was immer weniger zeitliches und menschliches Potential zu ihrer Erbringung nötig macht.
- □ Arbeit wird entkörperlicht. „Die Verausgabung von Körperkraft tritt zurück, die Verausgabung von Willenskraft und Geisteswitz gewinnt an Signifikanz" (Michael Wagner).

Höchst ambivalente Prozesse laufen da ab:
Ambivalenz von Arbeit: „Ob uns Arbeit ausgeht? Ich hoffe ja! . . . Arbeit gehört zum Reich der Notwendigkeit. Dieses Reich hat einen düsteren Schatten auf die Menschheit geworfen, denn die gesellschaftliche Organisation von Arbeit war stets mit Zwang, Ausbeutung und Herrschaft verbunden" (Michael Wagner). Umgekehrt aber gilt: Wem die (Erwerbs-)Arbeit als heute großteils immer noch sinnstiftendes Moment „ausfällt", der reagiert meist höchst negativ darauf, und zwar nicht nur wegen der damit verbundenen Einschränkungen des Lebensstandards. Der gesellschaftliche Wert eines Menschen definiert sich in unserer Gesellschaft allemal – zumindest auch – über Geld, das man mit Arbeit verdient. Und/oder über andere Formen gesellschaftlicher Anerkennung dafür.
Ambivalenz von Technik: „Die Technik ist tatsächlich ein Freund. Sie macht das Leben leichter, sauberer und länger . . . Aber dieser Freund hat auch eine dunkle Seite: . . . sie untergräbt bestimmte geistige Prozesse und gesellschaftliche Beziehungen, die das menschliche Leben lebenswert machen. Kurz, die Technik ist beides – Freund wie Feind" (Neil Postman).
Ambivalenz von Information: Die weltumspannenden Netze der Kommunikationstechnologien erweitern objektiv die Möglichkei-

ten zur Aus- und Weiterbildung – und schaffen subjektiv oft ein Gefühl, dieser unübersichtlichen Informationsflut immer hilfloser, der Welt noch stärker entfremdet gegenüberzustehen.
Ambivalenz der Arbeitsteilung: Die weitergehende Zergliederung des Arbeitsprozesses in Richtung Teilzeit-, Heim- und Computerarbeit entspricht dem antizentralistischen, antibürokratischen, antiindustriellen Trend zur Individualisierung – die dem Typus des antisolidarischen, beziehungsgestörten Narzißten ebenso Vorschub leisten kann wie dem des autonomen, selbstbewußten Subjekts.
Unbestritten aber ist: Die Produktivität der Arbeit hat in allen entwickelten Ländern in weit stärkerem Maß zugenommen als die Arbeitszeit abgenommen hat. „So ist in den letzten 25 Jahren der Lebensstandard in Österreich um 100 Prozent gestiegen, die Arbeitszeit aber nur um 20 Prozent gesunken . . . Die sich öffnende Schere zeigt, welche Potentiale laufend geschaffen werden, um die tägliche Welt der Arbeit lebensverträglicher zu gestalten. Die Nutzung der Potentiale verlangt die Bündelung gesellschaftlichen Willens, also politische Arbeit" (Michael Wagner).
Für ein solches Verständnis politischer Arbeit – in doppeltem Sinn – gibt es mehrere, miteinander eng verknüpfte Ansatzpunkte:

UMVERTEILUNG DER ARBEITSZEIT ALS CHANCE

Wie wird das geringer werdende Arbeitspotential möglichst gerecht auf möglichst viele Arbeitssuchende verteilt? Wie kann diese Konsequenz gestiegener Arbeitsproduktivität als Chance, nicht als Gefahr erlebt werden? „Das gesellschaftliche Leben muß sich nicht mehr im starren Gestänge des einheitlichen Takts bewegen. Das erleichtert, macht aber auch Angst. Was werden wir, nun vom Korsett befreit, mit den technischen Möglichkeiten der Zeitautonomie anfangen?" (Michael Wagner) Es wird kein Weg an der Arbeitszeitverkürzung vorbeiführen, wobei die Debatte derzeit weniger in Richtung einer Verkürzung der wöchentlichen Arbeitszeit geht – schon gar nicht unter der Voraussetzung, daß sie in jedem Fall mit vollem Lohnausgleich zu erfolgen hat –, sondern eher in Richtung einer Verkürzung, vor allem auch Flexibilisierung der Lebensarbeitszeit: „Die gewerkschaftliche Forderung nach immer kürzerer wöchentlicher Arbeitszeit wird, spätestens ab der 30-Stunden-Woche, zurücktreten gegenüber der Forderung nach verschiedensten Formen der Verkürzung der Lebensarbeitszeit, d. h. Karenzzeiten für verschiedenste Zwecke: Ein Lehrer oder Angestellter will sich vielleicht ein Jahr weiterbilden, ein angehender Schriftsteller an seinem Roman schreiben und ein Forscher ohne Routinearbeit und Lehrbetrieb sich einem wissenschaftlichen Problem widmen. Eine Mutter will sich vielleicht drei Jahre ihrem Kind widmen, ein Arbeiter will sich sein Haus nicht nur am Wochenende bauen, und ein Hobbytechniker will seine Erfindung voranbringen" (Ewald Walterskirchen). Aktuelles Beispiel Schweden: Dort können Elternteile, bis ihr Kind acht Jahre alt geworden ist, einen Sechs- statt Achtstundentag in Anspruch nehmen. Wie aber solche Karenz- und Gleitzeitmodelle finanzieren? Michael Wagner: „Der Strategievorschlag lautet: Die Individualisierung von Lebensarbeitszeiten zu unterstützen, ohne vorweg zu versprechen, die öffentliche Hand werde die finanziellen Lasten einer solchen Individualisierung automatisch übernehmen."

Ewald Walterskirchen: „Die finanzielle Absicherung während der Karenzzeiten wird nicht allein den Unternehmern aufgehalst werden können. Auch wer früher in Pension gehen will, wird erkennen müssen, daß das nicht ohne Einkommensverzicht möglich sein wird."

UMVERTEILUNG DER ARBEITSZEIT ALS NOTWENDIGKEIT

Eine Verkürzung der Arbeitszeit bildet kein Allheilmittel gegen den weiteren Anstieg von Arbeitslosigkeit. Aber eines von mehreren Mitteln, das derzeit greifbarer ist als vor einigen Jahren. Michael Wagner: „Es ist typisch für eine zivile Gesellschaft, daß nicht designierte Institutionen wie die österreichische Sozialpartnerschaft, sondern ein Unternehmen wie Volkswagen, mit einem gewerkschaftlich gut organisierten Bereich, ein Modell entwickelt, wonach die Arbeit auf mehr Leute verteilt werden kann, statt diese zu entlassen. Und daß darin auch die Idee enthalten ist, daß Wochen-, Monats- oder Jahresarbeitszeit in einem gewissen konjunkturellen Rahmen schwanken kann."

Ewald Walterskirchen: „Probleme bekommt man nur, wenn es nicht auf der Nachfrageseite um Mängel geht, sondern auf der Angebotsseite. Bei Krankenschwestern gäbe es sicher Schwierigkeiten, weil dort ein Mangel an verfügbaren Kräften besteht, auch bei Technikern und anderen innovativen Leuten."

Michael Wagner: „Es geht eben nicht um Standardisierungen, sondern um Flexibilisierungen, um ein Anerkennen der Veränderungen in der Arbeitswelt, die sich in den letzten zwanzig Jahren tech-

nologisch ergeben haben. An die Stelle der Steuerung der Arbeit durch Maschinen tritt für viele eine Steuerung durch Information. Während Körperkraft und Maschine starr ineinandergreifen, geschieht dies mit Information feinteiliger und unüberblickbarer, daher werden frühere gewerkschaftliche Strategien zunehmend obsolet."
Ewald Walterskirchen: „Sozialpolitik muß aber erreichen, daß die zunehmende Individualisierung, Flexibilisierung und Entbürokratisierung nicht auf dem Rücken der Arbeitnehmer ausgetragen wird. Sie muß den Arbeitnehmern in Zukunft eine individuellere Lebensgestaltung, von Gleitzeit bis zu Karenzzeiten, ermöglichen und damit den Weg von der Pflichterfüllung zur Selbstbestätigung bzw. freien Gestaltung des Lebens ebnen."

MODERNISIERUNG DER ARBEITSORGANISATION

Automatisierung, Flexibilisierung und Dezentralisierung der Arbeit machen also eine andere Organisation des Arbeitsablaufs möglich – aber auch eine andere Form der Arbeitsorganisation, die auf allen Seiten zu mehr Zufriedenheit und damit zu mehr Effizienz führen kann. Moderne Arbeitsorganisation heißt: kooperative statt hierarchische Führungsstrukturen, volle Information der Arbeitnehmer und ihrer Vertreter über technologische Neuerungen, umgekehrt auch deren Partizipation an diesen Innovationen. Und schließlich bedeutet sie auch eine „gleichere" Verteilung des gemeinsam erarbeiteten Gewinnes, aber auch eine „gleichere" Verteilung der Risiken. „Je mehr die Produktion automatisiert ist und je mehr die unternehmensinternen Transport- und Kommunikationswege optimiert werden müssen, desto mehr ist das Unternehmen auf Mitarbeiter angewiesen, die diese Prozesse nicht nur – soweit notwendig – steuern können, sondern die auch persönlich motiviert sind, diese Prozesse zu optimieren" (Gertrude Tumpel-Gugerell, in: Ewald Nowotny). Wobei die Realität – nicht nur in Österreich – anders aussieht: Viele Unternehmer investieren weniger in die Motivation der Mitarbeiter, sondern eher in deren Verdrängung aus den rechtlich abgesicherten Arbeitsverhältnissen. Und viele Betriebsräte, vor allem Gewerkschaftsfunktionäre, sehen weiterhin ihre Aufgabe ausschließlich im traditionellen Aushandeln des Preises der Ware Arbeitskraft. Eine beidseitige Änderung dieses aus früheren Auseinandersetzungs- und Arbeitsformen stammenden Rollenverständnisses bringt aber nicht nur betriebs-, sondern auch volkswirtschaftliche und andere gesellschaftliche Vorteile. Zufriedenstellendere Arbeit bedeutet auch ein zufriedenstellenderes Leben.

NEUBEWERTUNG ANDERER ARBEITSFORMEN

Ein großer Teil gesellschaftlicher Arbeit spielt sich außerhalb der Erwerbsarbeit im nicht geregelten, oft auch nicht bezahlten Bereich ab: In Österreich „soll die Wirtschaftsleistung der Schattenwirtschaft zwischen 3,5 und 12 Prozent des Sozialprodukts ausmachen . . . Experten schätzen, daß gesamtwirtschaftlich mehr Arbeitszeit im Haushalt aufgewendet wird als im gesamten Erwerbsbereich, also in Unternehmen, öffentlichen und privaten Einrichtungen" (Ehrenfried Natter/Christoph Reinprecht). Nach einer Studie von Gudrun Biffl (Wirtschaftsforschungsinstitut) soll der Anteil von Haushaltsarbeit inklusive Kindererziehung und Pflege etwa 35 Prozent des Bruttosozialprodukts ausmachen.
Dieser Sektor betrifft sowohl die Schwarz- oder Pfuscharbeit als auch „traditionelle" Formen von Sozialarbeit im privaten wie öffentlichen Bereich, die meist von Frauen geleistet wird. Das erste Phänomen gehört abgebaut, das zweite auch finanziell neu geregelt. Ein dritter Bereich aber sollte ohne oder nur mit wenig zusätzlichen Finanzmitteln ausgebaut werden: die anderen Formen des „autonomen Sektors" zwischen Staat und Unternehmen. Am markantesten dafür ist das von Egon Matzner gegebene Beispiel der Freiwilligen Feuerwehren: Wollte man einen ähnlichen Sicherheitsstandard öffentlich organisieren, würde das allein in Niederösterreich jährlich zehn Milliarden Schilling kosten: „Anteilnahme, Identifizierung mit einer Aufgabe, entsteht eher in kleineren Gruppen, unter Gleichgesinnten, die sich in ihrer Motivation gegenseitig stützen. Der freiwillige Blutspender spendet Blut, weil das auch der Nachbar tut und weil er das Gefühl hat, daß dies gesellschaftlich nützlich ist und von ihm erwartet wird . . . Es ist naheliegend, zu versuchen, den Aufgabenbereich und die Zahl von solchen autonomen Einrichtungen auszudehnen. Sie bieten ja nicht nur gewisse Leistungen besser und billiger an als staatliche, bürokratische Organisationen, sie vermiteln ihren Mitgliedern auch ein Gefühl der Zusammengehörigkeit, das weder die staatlichen Einrichtungen ihren Beamten und meistens auch die Unternehmen ihren Dienstnehmern nicht bieten können" (Thomas Nowotny).

ZIELSETZUNGEN UND FORDERUNGEN FÜR ÖSTERREICH

Eine Debatte über die Entwicklung der österreichischen Arbeitsgesellschaft muß ebenso gesellschaftspolitisch wie wirtschaftspolitisch angelegt sein. Sie muß sowohl die internationalen Entwicklungen wie die eigenen Handlungsspielräume berücksichtigen, die staatlich-gesellschaftlich-volkswirtschaftlichen Aspekte ebenso wie die privat-betriebswirtschaftlichen. Speziell Österreich wird sich im Prozeß der internationalen Arbeitsteilung stärker auf Weltmarktnischen konzentrieren müssen, als es mit der Entwicklung von weltweit anerkannten Babyschnullern bisher geschieht. Vorbei sind die Zeiten der siebziger Jahre, da ein austrokeynesianischer „policy-mix" mit Hilfe eines stabilen, sozialpartnerschaftlich-korporatistischen, politischen Systems und staatsinterventionistischen Wirtschaftsinstrumenten eine relativ autonome Entwicklung zu ermöglichen schien, auch wenn die damals erzielten „Vorsprünge" noch heute ihre relativierte Geltung und Bedeutung haben.
Die starke Vernetzung der Weltwirtschaft und staatliche Finanzierungsprobleme (heute müssen 23 Prozent der österreichischen Nettozinseinnahmen allein für die Bedienung des Zinsenaufwandes herangezogen werden) engen die Möglichkeiten „autonomer" Wirtschaftspolitik drastisch ein. Insbesondere die Liberalisierung der Güter-, Kapital- und Arbeitsmärkte während und nach dem Ende des Realsozialismus, die steigende Unsicherheit in der Weltwirtschaft, das „Ende der Massenproduktion" und die Konkurrenz der Schwellenländer „bedeuten auch das Ende einer stabilen und tendenziell über dem Angebot liegenden Nachfrage in den entwickelten kapitalistischen Ländern und machen dadurch die Märkte immer störungsanfälliger. Ein beschleunigtes Innovationstempo, sich rasch ändernde Technologien und Qualifikationsanforderungen erschweren langfristig orientierte Planungen zunehmend" (Ewald Nowotny). Dennoch: „Die zunehmende Bedeutung von technischem Fortschritt, von Qualifikationsniveaus der Beschäftigten (und damit stabilen Arbeitsbeziehungen), von vor- und nachgelagerten industriellen Dienstleistungen führt dazu, daß die Leistungsfähigkeit der einzelnen Unternehmen immer stärker von dem gesamten ‚Umfeld' abhängt, in dem dieses Unternehmen lebt . . . Die Wettbewerbsfähigkeit eines Unternehmens auf dem Weltmarkt hängt entscheidend von seinem nationalen Umfeld ab, etwa in bezug auf Ausbildungsniveau und Kooperationsfähigkeit der Mitar-

beiter, in bezug auf Forschungseinrichtungen, auf den Stand der Infrastruktur, der Stabilität des Finanzwesens" (Ewald Nowotny). Entscheidend ist auch das gesamte gesellschaftlich-politisch-kulturelle Klima für die nötige Balance zwischen „privat", „Markt" und „Staat", „ökologisch" und „betrieblich". Diese Balance wird in mehrfacher Hinsicht eine Modernisierung der österreichischen Gesellschaft erfordern.

TRENNUNG VON „WIRTSCHAFT" UND „POLITIK"

Der Staat hat sich mit der gravierenden Schwächung der verstaatlichten Industrie von der österreichischen Unternehmerbühne nahezu verabschiedet, auch wenn die öffentliche Hand via Länder und Gemeinden nach wie vor ein starker Wirtschaftsfaktor ist. Diese Entwicklung bedeutet nicht, daß es keine staatlichen, besser: gesellschaftlichen Aufgaben zur volkswirtschaftlichen Rahmensetzung gibt, ganz im Gegenteil (etwa Umwelt-, Bildungs- und Sozialpolitik), aber: „Es ist richtig, die Bereiche der Politik und der Wirtschaft sowohl im Interesse einer freiheitsbezogenen Machtdiffusion als auch im Interesse klarerer Qualifikationskriterien in deutlicher Trennung voneinander zu sehen. Das heißt nicht Entpolitisierung im Sinne eines Abgehens von gesellschaftspolitischer Verantwortung, sondern Entpolitisierung im Sinne einer klaren, öffentlich transparenten und sachbezogenen Zuordnung von Verantwortungsbereichen" (Ewald Nowotny).

Forderungen

Weitere „Entstaatlichung" von Bereichen, die genauso gut oder besser privatisiert funktionieren, mehr öffentliche Aufmerksamkeit auf neue sozial-, kultur-, umwelt- und kommunikationspolitische sowie technologische Entwicklungen (Gentechnik!).

ÖFFENTLICHER DIENST

Heute arbeiten nur mehr fünf Prozent der Österreicher in der Landwirtschaft, etwa 15 Prozent in der Industrie, etwa 20 Prozent im Gewerbe. Fast schon zwei von drei arbeiten im Dienstleistungsbereich, es gibt etwa 300.000 Bundesbedienstete, 280.000 Landes- oder Gemeindebedienstete. Von einer modernen „Dienstleistungsgesellschaft" (für die USA trifft eher die Bezeichnung „Dienstbotengesellschaft" zu, steigen doch dort vor allem die Jobs im Bereich persönlicher Dienstleistungen mit niedriger Qualifikation und niedrigem Einkommen) ist Österreich noch relativ weit entfernt. Dem bedeutenden öffentlichen Sektor (etwa jeder vierte Österreicher arbeitet dort) haftet noch immer das postfeudale Image der „geschützten Bereiche", der „Beamtenburgen" an, statt das eines modernen Dienstleistungsbetriebs, in dem auch moderne Formen der Arbeitsorganisation erprobt werden müßten. Die Verschiebung zu den Dienstleistungen betrifft vor allem Bereiche, die vom Staat angeboten werden (Gesundheits-, Bildungswesen). Will man keine drastische Ausweitung des Staatssektors, benötigt man eine Reorganisation dieses Aufgabenbereichs.

Forderungen
Aufhebung der Pragmatisierung von Beamten, Einführung von „Beamten auf Zeit", weg mit den starren Dienst- und Bezahlungsschemata, Einführung von Effizienzkontrollen: „Der öffentliche Sektor wird seine wichtige Aufgabe, etwa im Bildungs- und Gesundheitssektor, noch ausbauen müssen. Er wird es nur durch radikale Reformen können, sonst wird er zum Klotz am Bein der Gesellschaft" (Michael Wagner).

AUSBILDUNG

Alle im Rahmen der „Themen der Zeit" befragten Experten traten für die international gebräuchliche Einführung einer gemeinsamen Schule bis zum Alter von mindestens 14 Jahren ein, für die Förderung berufsbildender Schulen auf der zweiten Stufe des Systems und für eine radikale Modernisierung der dritten Stufe: „Die österreichischen Universitäten leiden darunter, daß sie zu viele beamtete Lehrer haben, ihr Leistungsdruck ist relativ gering, viele sind sich ihrer privilegierten Stellung gar nicht bewußt. Die beamtete Universität ist ein Hindernis für eine leistungsorientierte Universität, die Pragmatisierung gehört auch hier weg, Professoren auf Zeit, die sich und ihr Institut Erfolgskriterien stellen, her" (Peter Weinberger).
Ebenfalls vorgeschlagen: eine Neuregelung des Stipendienwesens, um die soziale Durchlässigkeit der Hochschulen zu steigern: „Die Beihilfen für Familien aus sozial schwächeren Familien gehören so angehoben, daß man damit wirklich leben kann. Finanzieren sollte man diese Maßnahme durch sozial gestaffelte Gebühren von den anderen Studenten" (Peter Weinberger).
Unbestritten dagegen: die Ablehnung eines Numerus clausus, der

Zugang zu den Hochschulen soll offen bleiben, ebenso die prinzipielle „Freiheit von Forschung und Lehre".

FORSCHUNG

Forschung müsse viel stärker auch auf außeruniversitäre Einrichtungen nach Beispiel der Max-Planck-Institute verlagert werden (Peter Weinberger). Die Betriebe müßten sich viel mehr um eigene Forschung kümmern, nicht alles den Universitäten aufhalsen. Aus steigendem Eigeninteresse: „Die Industrieförderung in der Europäischen Gemeinschaft wird sich fast nur noch auf Forschungsförderung und Regionalförderung (Betriebsansiedlungen) beschränken. Die multinationalen Konzerne, die hohe Forschungsausgaben und eine hohe geographische Mobilität haben, werden sich deshalb einen Großteil der staatlichen Förderung sichern. Die nationale Wirtschaftspolitik wird deshalb besonders risikofreudige, im internationalen Wettbewerb stehende kleinere und mittlere heimische Unternehmen unterstützen müssen" (Ewald Walterskirchen). Eine sinnvolle „nationale" Förderung wäre ein Erneuerungsfonds wie in Schweden: Dort wird ein bestimmter Prozentsatz von Unternehmensgewinnen über einer bestimmten Grenze in einen Topf eingezahlt, aus dem Forschungs- und Bildungsinvestitionen für Mitarbeiter finanziert werden.

MOBILE GESELLSCHAFT

Österreich ist auch alles andere als eine mobile Gesellschaft. Zwar wächst die Zahl der Pendler (fast ein Drittel pendelt von einer Gemeinde in die andere, fast acht Prozent von einem Bundesland ins andere), es nimmt aber die Bereitschaft zum Wohnungswechsel eher ab – und damit vielfach die Gefahr individueller und regionaler Verarmung: „Zwischen 1970 und 1988 hat sich der Anteil jener, die bereits länger als zehn Jahre bei einem Dienstgeber beschäftigt sind, mit 37 Prozent praktisch nicht verändert . . . Tendenziell hat die Stabilität der Dienstverhältnisse eher zugenommen" (Ehrenfried Natter/Christoph Reinprecht). Mehr Mobilität muß es freilich nicht nur räumlich, sondern vor allem auch branchen- und „lebensmäßig" geben: Es wird zunehmend Berufe geben, die man nur bis ins Alter von 35, 40 Jahren ausüben wird können. Umgekehrt sollten Berufe – etwa im öffentlichen Dienst – speziell für Ältere geöffnet werden, deren Lebenserfahrung so besser genutzt werden könnte.

Forderungen
„Mitnahme" des Abfertigungsanspruches in andere Betriebe, Ausbau und Dezentralisierung von Umschulungsinstitutionen, Schaffung billigeren kommunalen Wohnraums, speziell für Einkommensschwächere, Änderung des Senioritätsprinzips bei der Bezahlung, speziell im öffentlichen Dienst.

VERTEILUNG DER EINKOMMEN

An der Verteilung von Löhnen und Gewinnen läßt sich makroökonomisch wenig ändern. Aber – so Ewald Walterskirchen – es gibt „zu große Lohnunterschiede nach Betrieben und Branchen . . . die derzeit absehbaren internationalen Entwicklungstendenzen werden diese Unterschiede noch vergrößern: Der EU-Binnenmarkt wird die Löhne in Westösterreich weiter nach oben ziehen, und das Angebot von billigen Arbeitskräften aus Osteuropa wird die Löhne in den östlichen Grenzregionen weiter drücken. Die hohen Lohnunterschiede zwischen verschiedenen Regionen bieten eine breite Angriffsfläche für Demagogen, welche die Gewerkschaften wegen ihrer geringen Durchschlagskraft in diesen wirtschaftlich schwächeren Regionen attackieren . . . die großen Lohnunterschiede sollen von beiden Seiten her verringert werden – durch ein Mindesteinkommen auf der einen Seite und durch den Abbau von Monopolstellungen und Privilegien bzw. neue Formen der Gewinn- oder Vermögensbeteiligung – etwa Erneuerungsfonds – auf der anderen . . . Ein Mindesteinkommen von 10.000 Schilling wird positive strukturelle Wirkungen haben, es kann als Strukturpeitsche dienen." Dieses Mindesteinkommen wurde kollektivvertraglich für fast alle Vollzeitarbeitskräfte bereits erreicht, der ÖGB strebt nun eine Erhöhung dieser Grenze auf 12.000 Schilling an. Ewald Walterskirchen spricht sich auch für Mindestpensionen und Mindestarbeitslosengelder aus.
Das größte Problem sieht der WIFO-Verteilungsexperte aber im zunehmenden Konflikt zwischen Erwerbs- und Vermögenseinkommen: „Österreich befindet sich im Übergang von der Produktions- zur Vermögenswirtschaft." Der Interessenkonflikt zwischen Unternehmern und Arbeitnehmern verliere mit zunehmender Qualifikation an Bedeutung. „Produktionsinteressen und Arbeitnehmer werden zunehmend an einem Strang ziehen. Ihr Interesse liegt in der Erhöhung von Produktion und Beschäftigung. Zum großen Kontrahenten werden immer mehr jene Gruppen, die an einer Vermehrung

der Vermögen interessiert sind. Das sind vor allem Banken und Versicherungen – die das Immobiliengeschäft kontrollieren werden, große und kleine Finanzanleger, Hauseigentümer, Vermögensberater, Anwälte, Makler." Die Hauptaufgabe produktionsorientierter Wirtschaftspolitik „wird darin liegen, risikoreiche Sachinvestitionen gegenüber relativ sicheren Finanzanlagen zu fördern. Denn vom Handel mit Vermögenswerten kann keine Volkswirtschaft leben." Dabei werde man sich auch stark beim Umweltschutz engagieren müssen: „Produktionssteigerungen werden nur dann akzeptiert werden, wenn die damit verbundenen Umwelt- und Abfallprobleme gelöst werden können . . . In der Steuerpolitik wird eine Entlastung der Produktionsseite (bzw. der Wirtschaft) zu Lasten der Vermögenseinkommen auf dem Programm stehen", so Ewald Walterskirchen. Zuspruch bekommt er auch von ganz anderer Seite: „Um mehr Arbeitsplätze im nichtkommerziellen Bereich zu schaffen, wird es aber nötig sein, Arbeit billiger zu machen: Steuern und Abgaben sollten statt menschlicher Arbeit Energie und andere Rohstoffe belasten" (Lieselotte Wohlgenannt, Katholische Sozialakademie).

VERTEILUNG DER ARBEIT

Flexibilisierung und Verkürzung der Arbeitszeit dürfen nicht mehr als Gegensatz gesehen werden, es kommt stets auf das Wie und Warum an: „Alle Anstrengungen um bessere Aus- und Weiterbildung der Arbeitskräfte, alle Bemühungen um die Schaffung von Arbeitsplätzen in neuen, hochspezialisierten Bereichen werden nicht ausreichen, all jenen Frauen und Männern, die erwerbstätig sein wollen, Vollzeitarbeitsplätze nach bisherigen Vorstellungen anzubieten. Kürzere Arbeitszeit wird aber auch zu weiterer Flexibilisierung führen und die Rationalisierung weiter vorantreiben, also wieder Arbeitsplätze wegrationalisieren. Das kann durchaus zum Vorteil aller sein. Viele Beschäftigte, Frauen wie Männer, wünschen sich flexiblere Arbeitszeiten, die sie nach ihren eigenen Bedürfnissen gestalten können. Soll Flexibilisierung auch den Arbeitnehmern entgegenkommen, die Arbeit menschenwürdiger machen, kann nicht der Wunsch der Arbeitgeber oder die Nutzungszeit der Maschinen oder die Verdrängung von Konkurrenten allein ihr Maß bestimmen. Die Lage der flexiblen Arbeitszeit muß in hohem Maße vom Arbeitnehmer bestimmt werden können" (Lieselotte Wohlgenannt).

Das heißt: Flexibilisierung soll nicht dazu führen, daß bloß nach Bedürfnissen der Produktion Nacht-, Schicht- und Sonntagsarbeit, bereits praktizierte Formen von „Arbeit auf Abruf", „Überstunden auf Befehl" oder Leiharbeit weiter zunehmen. Ob das verhindert werden kann, wird nicht zuletzt auch von den gewerkschaftlichen Interessenvertretungen abhängen, die künftig ebenfalls „individueller", dezentraler, basis- und betriebsnäher agieren müssen – und „kollektiver": „Eine Konzentration gewerkschaftlicher Interessenvertretung auf die sozial Schwächsten würde das Interesse der für die Solidargemeinschaft notwendigen sozial Stärkeren an der Interessenvertretung und damit deren gesamte Wirksamkeit abschwächen . . . Die neuen Funktionen der Arbeitsorganisation erfordern eine stärkere Einbindung der Mitarbeiter in die Optimierung und Gestaltung der Prozesse und bieten eine Chance, Anliegen der Mitarbeiter in einer ‚Produktionskoalition' durchzusetzen. Die Dezentralisierung der Entscheidungen über Arbeitsorganisation erfordert demnach eine Dezentralisierung der Präsenz von Interessenvertretern" (Gertrude Tumpel-Gugerell).

Verkürzung und Flexibilisierung der Arbeitszeit stellen also nicht nur Defensivmodelle gegen wachsende Arbeitslosigkeit dar, sondern entsprechen auch dem Wunsch nach einer individuelleren Gestaltung des Lebens. Die auch von Michael Wagner und Ewald Walterskirchen geforderte Form der Arbeitszeitverkürzung (vor allem der Lebensarbeitszeit durch längere und vielfältige Karenzpausen und Bildungsfreistellungen) böte große gesellschaftliche Chancen für mehr Bildung, soziales Engagement und Fürsorge. Und vor allem auch für eine Neudefinition von Arbeit: „Identifikation mit Arbeit, Sinnstiftung als eine weitere Stufe der Bedürfnisbefriedigung nach Deckung der materiellen Grundbedürfnisse" (Gertrude Tumpel-Gugerell).

LITERATUR

Ehrenfried Natter/Christoph Reinprecht: Achtung Sozialstaat. Europa 1992

Ewald Nowotny (Hrsg.): Sozialdemokratische Wirtschaftspolitik. Löcker 1992 (insbesondere die Beiträge von *Gertrude Tumpel-Gugerell* und *Ewald Walterskirchen)*

Thomas Nowotny: Bleibende Werte, verblichene Dogmen. Böhlau 1985

Neil Postman: Das Technopol. Fischer 1993

Stiftung Bruno-Kreisky-Archiv (Hrsg. von Fritz Weber/Theo Venus): Austrokeynesianismus in Theorie und Praxis. Jugend und Volk 1993

Michael Wagner/Ewald Walterskirchen: Thesenpapier zu „Themen der Zeit"

VERARMUNG IM WOHLSTAND

INTERNATIONALE TENDENZEN

Armut ist nicht auf die Gebiete der ärmsten Länder einzugrenzen. Im Gegenteil: Die Zahl jener Menschen, die beispielsweise selbst in den „reichen“ EU-Mitgliedsstaaten als „arm“ zu bezeichnen sind, steigt ständig: von 38 Millionen (1976) über 44 Millionen (1984) auf heute etwa 50 Millionen, das sind knapp 15 Prozent der 340 Millionen EU-Bürger. Wobei zumindest in der ersten Welt der Armutsbegriff mehr umfaßt als bloß Probleme der Nahrungs- und Wohnungsbeschaffung:

Armut ist stets ein relativer (Verteilungs-)Begriff. Er orientiert sich am gesamten Entwicklungsstand einer Gesellschaft. Daher gibt es auch in expandierenden, wohlhabenden Gesellschaften einen Prozeß der Verarmung.

Armut betrifft neben dem materiellen auch den psychosozialen und kulturellen Bereich. Es gibt Verarmung durch soziale Inkompetenz und durch den Verlust von Wirklichkeitskontakten: „Der Versuch, die durch steigende Komplexität gesellschaftlicher Zusammenhänge bedingte Erfahrung von ‚Unübersichtlichkeit‘ zu bewältigen, führt zu einer immer stärkeren Spezialisierung mit der Konsequenz fortschreitender Inkompetenz in den übrigen Bereichen der Wirklichkeit. Hand in Hand damit verkümmern verschiedenste Fähigkeiten praktischer Situationsbewältigung. Die Erfahrung von Abhängigkeit von nicht mehr kontrollierbaren Faktoren führt zum Gefühl des Ausgesetztseins. Die immer komplexer vermittelten Lebenszusammenhänge führen auch zu einer Verunsicherung des Erlebens: Was ist wahr, verläßlich, echt? Zum einen nimmt durch unkalkulierbare Risiken eine diffuse Daseinsangst zu, zum anderen wird ein sinnstiftendes Erleben im gezielten Eingehen von Risikosituationen gesucht“ (Alois Riedlsperger).

Dieses Kapitel basiert unter anderem auf Gesprächen mit den beiden „Themen der Zeit“-Berichterstattern Pater Dr. Alois Riedlsperger (Leiter der Katholischen Sozialakademie) und Univ.-Doz. Andreas Wörgötter (Institut für Höhere Studien) sowie auf Studien von Univ.-Prof. Emmerich Talos (Politikwissenschaftler an der Universität Wien), des Bundesministeriums für Arbeit und Soziales sowie des WIFO (Wirtschaftsforschungsinstitut).

Armut hängt in hohem Maße mit Arbeitslosigkeit zusammen, und zwar in mehrfacher Hinsicht: Mit dem Eintritt von Arbeitslosigkeit ergibt sich fast immer ein starker Einkommensverlust für den Betroffenen und seine Angehörigen. Und je länger sie dauert, um so mehr verstärkt sie psychosozial Passivität und Resignation.
(Gesellschafts-)Politik hat bei Verarmung anzusetzen, nicht bloß bei Armut. „Es geht um Verarmung als Prozeß, weniger bloß um statistische Kategorien in der Bevölkerung. Armut bedeutet eine radikale Einengung von Lebensperspektiven, die zu Zukunfts- und Ausweglosigkeit führt, ausgelöst durch verschiedene Ursachen. Das kann der Verlust des Arbeitsplatzes sein, eine Scheidung, ein Krankheitsfall, ein anderer Schicksalsschlag" (Alois Riedlsperger). „Diese dynamische Betrachtungsweise ist wichtig. Armut ist nicht bloß als etwas zu begreifen, das durch äußere Faktoren herbeigeführt wird. Es gibt einen Weg in die Armut, es gibt aber auch einen Weg aus der Armut" (Andreas Wörgötter).
Verarmung wird von der politischen und wirtschaftlichen Entwicklung mit beeinflußt. Seit Beginn der achtziger Jahre ist international eine polit-ökonomische Trendwende zu beobachten: „Die die Expansion der wohlfahrtsstaatlichen Entwicklung in den Nachkriegsjahrzehnten abfedernde ökonomische Prosperität ist in den entwikkelten kapitalistischen Ländern ins Rutschen gekommen" (Emmerich Talos*). Der radikale Konservativismus Reagans und Thatchers demontierte nicht nur die – vor allem in den USA ohnehin schwach entwickelten – wohlfahrtsstaatlichen Einrichtungen, sondern hatte auch bezüglich des Begriffes Armut geistig-hegemoniale Auswirkungen: Armut wurde von der herrschenden politischen, teilweise auch „wissenschaftlichen" Elite als selbstverschuldet definiert, die daraus resultierenden Risiken wurden privatisiert. Aber auch in stärker sozialdemokratisch-sozialstaatlich geprägten europäischen Ländern „ist der finanzielle Handlungsspielraum des Staates im Kontext niedrigeren wirtschaftlichen Wachstums, zum Teil gestiegener Ausgaben für den Sozialkonsum und gleichzeitig ansteigender Aufwendungen für die angewachsenen Budgetdefizite kleiner geworden" (Emmerich Talos). Teile der traditionellen „Motoren" der Weltwirtschaft, Großindustrien aus dem Energie-, Stahl-, Auto- und Chemiebereich, stagnieren, die Öffnung Osteuropas und die Expansion fernöstlicher Betriebe haben Teile der westlichen

* Quellenhinweise am Ende des Kapitels

Niedriglohnindustrien in schwere Bedrängnis gebracht, ganze Städte und Regionen geraten mit zweistelligen Arbeitslosenraten an die Armutsgrenze. Das verständliche Bemühen um Budgetstabilisierungen trifft oft die Schwächsten: So wurde z. B. in den Niederlanden das Arbeitsloseneinkommen für Einzelpersonen von 70 auf 50 Prozent des Mindesteinkommens verringert, in Deutschland wurden das Arbeitslosengeld und die Sozialhilfe erneut gekürzt. Hinzu kommt: In schlechten Zeiten wird auch bei sozialen Diensten und Bildungseinrichtungen gespart, Bereiche, die gerade dann besonders wichtig wären. Die Folge: Sozial Schwache werden nicht nur in die materielle Armut gestoßen, es wird ihnen auch keine psychosoziale Unterstützung mehr gewährt.

Soziale Veränderungen verstärken die Verarmungsgefahr. Die westlichen Gesellschaften „veraltern“ aufgrund gestiegener Lebenserwartung. Sie werden „einsamer“ aufgrund der Erosion familiärer Lebensmuster und aufgrund steigender Arbeitslosigkeit, gerade im Alter. Und sie werden auch in anderer Hinsicht „isolierter“: Arbeitsverhältnisse werden – gerade bei sozial schwächeren Berufsgruppen nicht freiwillig – individualisiert, dereguliert, teilweise entrechtlicht. Perspektive: „ein in den ökonomischen Opportunitäten und dem ökonomischen Problemdruck enger angepaßter und in Reichweite und Niveau abgemagerter Wohlfahrtstaat“ (Emmerich Talos).

Die Bekämpfung der Verarmung ist nicht nur Sache der (Staats-)Politik. „Auch Armutsbekämpfung muß stärker unter das Motto ‚Hilfe zur Selbsthilfe‘ gestellt werden. Die Selbstbefreiungsaktionen aus der Armut gehören stärker gefördert, Sozialfürsorge gehört stärker personalisiert. Also: mehr Sozialarbeiter, weniger Scheckfürsorge. Die Arbeit karitativer Organisationen muß einen stärker anerkannten Platz bekommen, weil neue Formen der Verarmung, gesellschaftliche Isolierung und Mutlosigkeit eines viel stärkeren persönlichen Einsatzes bedürfen als die traditionellen Formen der Armut. Allein mit der Überweisung einer Beihilfe ist noch wenig getan“ (Andreas Wörgötter). Eng damit verknüpft ist die Organisationsfrage: „Die Sozialbürokratie ist gut beraten, die Unterstützung privater Organisationen zu suchen. Nirgendwo steht geschrieben, daß der Staat per se die bessere Sozialbetreuung bietet. Das bedeutet nicht, daß der Staat sich aus seiner Finanzierungsaufgabe zurückziehen darf, sondern daß er sich auch privater Initiativen bedient, um gemeinsame Ziele zu erreichen“ (Andreas Wörgötter).

„Ich bin gegen die vereinfachende Darstellung, der Staat sei per se

der schlechtere Verwalter. Wir brauchen einen pragmatischen welfare-mix" (Alois Riedlsperger).
Voraussetzung: ein verstärktes Solidaritätsgefühl in der Bevölkerung, das nicht herstellbar ist durch ein „Appellieren und Moralisieren in Richtung Solidarität, sondern als Folge der Erkenntnis, daß bestimmte Probleme nur gemeinsam lösbar sind. Soziales Denken steht dem Nützlichkeitsdenken nicht entgegen, sondern ergänzt es" (Alois Riedlsperger).

DIE ENTWICKLUNG IN ÖSTERREICH

Auch Österreich ist von diesen Entwicklungen erfaßt worden: „Die in den vergangenen Jahrzehnten ausschließlich am Ausbau des Wohlfahrtsstaates orientierte Politik ist in den achtziger Jahren unübersehbar auch in Österreich zu einem Ende gekommen" (Emmerich Talos). Mit Ende des „Austrokeynesianismus" zu Beginn der achtziger Jahre löste die – zunehmend nur mehr ausgabenseitig definierte – Budgetkonsolidierung die Vollbeschäftigung als Priorität wirtschaftspolitischen Handelns ab und engte auch den sozialpolitischen Spielraum entsprechend ein. Die „policy mix von restriktiver Budgetpolitik, angebotsorientierter Wirtschaftspolitik, branchenspezifischen Arbeitszeitverkürzungen und gezielt eingesetzter Arbeitsmarktpolitik" (Emmerich Talos) konnte nicht verhindern, daß sich, wie in den meisten Industrieländern, trotz Wirtschaftswachstums und Beschäftigungswachstums die Arbeitslosigkeit (trotz weiter gegebenen internationalen „Vorsprungs") auf relativ hohem Niveau etablierte – mit entsprechenden sozialen Kosten.
Der Sozialstaat ist in Österreich nach wie vor besser ausgebaut als in fast allen anderen Ländern. Trotzdem sieht er sich wachsender Kritik ausgesetzt: „So werden ihm die Unübersichtlichkeit der gesetzlichen Maßnahmen und Verordnungen, die zunehmende Komplexität und Schwerfälligkeit der Sozialbürokratie, der bevormundende Charakter der administrierenden Behörden und die drohende Finanzierungskrise vorgehalten. Andere Kritiker wiederum beklagen Versorgungsmängel und -defizite des gegenwärtigen Sozialsystems: Denn nicht alle werden vom Leistungsspektrum des Sozialstaats erfaßt, viele trotz Bedarfs nicht zureichend oder gar nicht unterstützt" (Ehrenfried Natter/Christoph Reinprecht).
Zusätzlich kommt es von seiten einiger Wirtschafts- und Partei-

funktionäre periodisch zu Versuchen, durch Kampagnen gegen tatsächliche oder vermeintliche „Sozialschmarotzer" Leistungen des Sozialstaates insgesamt in Frage zu stellen oder zumindest zu relativieren. „Die Einsicht, daß Mißbräuche als solche noch kein hinreichender Grund für eine restriktive Haltung gegen den Wohlfahrtsstaat sind, heißt jedoch nicht, daß man sie auf die leichte Schulter nehmen soll. Ganz im Gegenteil: Gerade die Verfechter wohlfahrtsstaatlicher Ideen müssen besonders an einer Bekämpfung und Reduzierung des Mißbrauchs interessiert sein, nicht nur weil das Kosten spart und damit effizientere Leistungen möglich macht, sondern weil mit dem Abbau des Mißbrauchs die gesellschaftliche Akzeptanz der Sozialpolitik zunimmt" (Kurt Rothschild). Umgekehrt haben gerade 1993 die Einführung eines zweiten bezahlten Karenzjahres und die Einführung eines Anspruchs auf Pflegegeld gezeigt, „daß der aktuelle sozialpolitische Entwicklungsprozeß noch keine Einbahn darstellt" (Emmerich Talos), wenngleich auch Bundeskanzler Vranitzky als Maxime festhielt, daß ein genereller Ausbau des Wohlfahrtsstaates in absehbarer Zeit nicht realistisch erscheint. Die jüngsten Vorschläge des Sozialministeriums zielen auf mehr „targeting" – soziale Leistungen sollen spezifischer für sozial Schwache aufgebracht werden können, dafür soll bei Besserverdienenden eingespart werden.

DIE AKTUELLSTEN SOZIALPOLITISCH RELEVANTEN DATEN

Beschäftigung
1992 wurde ein neuer Beschäftigungsrekord von 3,056.000 unselbständig Erwerbstätigen erzielt. Prognose der OECD (Dezember 1993) für den Gesamtstand der Erwerbstätigen (1991: 3,596.000): Bis 1995 wird der Beschäftigtenstand weiter steigen, um 0,4 Prozent (1994) und 0,8 Prozent (1995) und damit im Durchschnitt der OECD-Staaten, etwas stärker als in der EU, freilich wesentlich weniger als zu Beginn der neunziger Jahre (mehr als zwei Prozent). Hauptursache dafür wie für den Anstieg der Erwerbsquote auf 71,4 Prozent: die überproportionale Zunahme der Erwerbsbeteiligung der Frauen.

Ausländische Arbeitskräfte
Der Anteil ausländischer Arbeitskräfte bleibt mit derzeit etwa neun Prozent der unselbständig Erwerbstätigen etwa gleich und steigt in

absoluten Zahlen nur mehr geringfügig: 1990: 211.100, 1991: 256.700, 1992: 273.900, 1993: 276.000, Prognose 1994: 277.000.

Ältere Arbeitskräfte

Österreich weist eine im internationalen Vergleich signifikant hohe Inaktivitätsquote der 55–64jährigen auf, was sowohl eine Folge hoher Altersarbeitslosigkeit als auch eine Folge damit zusammenhängender großzügiger Frühpensionierungsmöglichkeiten ist. 51,2 Prozent der Männer dieser Altersgruppe und 80,4 Prozent der Frauen waren 1992 nicht mehr erwerbstätig, im Durschnitt aller OECD-Staaten waren es 34 Prozent (Männer) und 66,3 Prozent (Frauen).

Arbeitslosigkeit

Im internationalen Vergleich liegt Österreich noch immer gut, wenngleich die Differenzen zurückgehen. OECD-Prognose für 1995: OECD (Europa): 11,5 Prozent, EU: 12,0, USA 6,2, Österreich 5,3 Prozent – gemäß der international gebräuchlichen Berechnungsart der Arbeitslosen als Anteil am Stand der Gesamtbeschäftigten. Nach dieser Berechnungsart lag die Rate 1992 nur bei 3,6 Prozent. Nach österreichischer Berechnungsart (Relation nur zu den unselbständig Erwerbstätigen) lag die Arbeitslosenrate 1992 bei 5,9 Prozent (Männer 5,7, Frauen 6,2) und stieg 1993 auf 6,9 Prozent. Prognose für 1994: 7,5 Prozent, bis zu 1997 eine weitere, wenn auch gebremste Zunahme. Sie war bei den Inländern (5,8 Prozent) deutlich niedriger als bei Ausländern (7,4 Prozent). Von den 627.000 von Arbeitslosigkeit betroffenen Personen waren 143.000, also etwas weniger als ein Viertel, langzeitarbeitslos, also mehr als sechs Monate ohne Beschäftigung. Die stärksten Zunahmen gibt es bei den über 50jährigen. Am höchsten ist die Arbeitslosigkeit im Burgenland, in Kärnten und der Steiermark, die im Jänner 1994 mit mehr als elf Prozent den höchsten Arbeitslosenstand seit 1945 meldete, in südsteirischen Regionen betrug sie sogar knapp 20 Prozent.

Sozialquote

Der Anteil der Sozialausgaben am Bruttoinlandsprodukt ist zwischen 1980 und 1992 von 25,9 auf 28,3 Prozent und damit ins europäische Spitzenfeld gestiegen, zuletzt vor allem wegen des Anstiegs der Arbeitslosigkeit. Dennoch liegt die Sozialquote damit nur knapp höher als Mitte der siebziger Jahre, als Hochkonjunktur herrschte. Die Einnahmen der Sozialversicherung (insgesamt 331,5

Milliarden Schilling) kamen zu 78 Prozent aus Beiträgen der Versicherten, den „Rest“ von knapp 50 Milliarden zahlte der Bund, zum Großteil an die Pensionsversicherung. Mit 226,3 Milliarden machen die Pensionen den Löwenanteil an den Ausgaben der Sozialversicherungen aus (Krankenversicherung 93,3 Milliarden – fast ein Drittel für die Spitalsfinanzierung-, Unfallversicherung 11,8 Milliarden).

Einkommen

Die Besitzeinkommen (Kapitaleinkünfte, Mieten, Pachten) sind in den achtziger Jahren um fast zehn Prozent gestiegen, 1991 um 8,4, 1992 um 3,5 Prozent. Die Gewinne, die in den achtziger Jahren um 7,3 Prozent jährlich wuchsen, stiegen 1991 um 3,9, 1992 um 5,5 Prozent. Die Lohnquote ist in den achtziger Jahren von 75,1 (1981) auf 72,7 Prozent (1990) gesunken und „erholt“ sich nun bei 73,6 Prozent (1993). Das mittlere Pro-Kopf-Brutto-Monatseinkommen der unselbständig Beschäftigten lag 1992 bei 17.700 Schilling, das der Arbeiter bei 15.900, der Angestellten bei 19.700 und der Beamten bei 21.500 Schilling. Das mittlere Einkommen der Männer lag um 43 Prozent über dem der Frauen. Die mittleren Löhne ausländischer Beschäftigter lagen bei den Männern um 19 Prozent, bei den Frauen um drei Prozent unter denen der Inländer. Der Einkommensvorsprung der 50–54jährigen gegenüber den 20–24jährigen ist um so größer, je höher qualifiziert und/oder besser verdienend der/die Beschäftigte ist: ältere weibliche Beamte verdienen um 120 Prozent mehr, männliche Angestellte um 101, weibliche Arbeiter dagegen nur um vier Prozent mehr als die „Jungen“. 8,3 Prozent der unselbständig Beschäftigten verdienten 1992 mehr als die Höchstbeitragsgrundlage zur Pensionsversicherung, also mehr als 31.800 Schilling monatlich (ohne Sonderzahlungen), 219.000 Männer und 44.000 Frauen. Bei den Selbständigen ist die Erfassung schwieriger: Über der Höchstbeitragsgrundlage verdienen nach Schätzungen des Sozialministeriums 25 Prozent der Gewerbetreibenden, 50 Prozent der Angehörigen der freien Berufe, davon 80 Prozent der Gesundheitsberufe, vor allem Ärzte. Das Durchschnittseinkommen aller Österreicher lag 1992 (mit Sonderzahlungen) bei 18.260 Schilling monatlich, Arbeitslosengeldbezieher erhielten (mit allen Zuschlägen) durchschnittlich 8.200 Schilling monatlich (Männer 9.114, Frauen 6.721 Schilling), die Notstandshilfe lag durchschnittlich bei 6.400 Schilling.

Pensionen
1992 kamen 582 Pensionen auf 1.000 Versicherte, zwei Drittel davon entfallen auf Frauen. Die Einkommensdifferenzen zwischen Männern und Frauen schlagen sich auch bei den Pensionen nieder: Die durchschnittliche Alterspension der Männer betrug 1992 12.900 Schilling, die der Frauen 7.400 Schilling. Die 1993 geschaffene Möglichkeit zur Anrechnung von Zeiten der Kindererziehung soll diese Unterschiede ausgleichen. Freilich: Um dieses Ziel zu erreichen, müßten beim derzeitigen Anrechnungssatz von 110 Schilling je Kindererziehungsjahr 50 Erziehungsjahre angerechnet werden! 271.000 Personen bezogen 1992 eine Ausgleichszulage, waren also „Mindestrentner", 233.000 erhielten einen Hilflosenzuschuß, der seit 1. Juli 1993 im mehrstufigen Pflegegeld (monatlich zwischen 2.000 und 20.000 Schilling) aufgeht. Besonders stark ist der Anstieg bei den Invaliditätspensionen, die derzeit 41 Prozent aller Direktpensionen ausmachen.

Diese Daten stehen in direktem Bezug zu einer Armutsstudie, die das Sozialministerium 1993 veröffentlicht hat.
Ein Siebentel aller Österreicher lebt in Armut. Die Autoren der Studie errechneten, daß – je nachdem, wie erhoben wird – 700.000 bis 940.000 Personen (nach einkommensbasierten Berechnungen) oder zwischen 1 und 1,5 Millionen (nach ausgabenorientierten Kriterien) in Armut leben. „Die Angaben für die betroffenen Kinder belaufen sich auf 70.000 (Ausstattungsarmut) bis zu 360.000 (Ausgabenarme). Die auf der Einkommensbetrachtung beruhenden Angaben für alte Menschen schwanken zwischen 100.000 und 230.000, rund 125.000 alte Menschen leben nach nichtmonetären Indikatoren in Armut" (Hedwig Lutz/Michael Wagner/Walter Wolf).
Gestiegener Lebensstandard schützt nicht vor Ausgrenzung. Aktuelle Armutskriterien lassen sich in einem Land wie Österreich nur mehr schwer nach materiellen Ausstattungskriterien von Haushalten messen. So hat sich die Relation von Wohnungen mit Bad und Zentralheizung zu Substandardwohnungen in den letzten zwanzig Jahren von zwei zu eins auf zehn zu eins verbessert, und der durchschnittliche österreichische Haushalt ist weitgehend „durchtechnologisiert": Bereits vor fünf Jahren hatten 87 Prozent ein Telefon, 90 Prozent eine Waschmaschine, 88 Prozent ein Farbfernsehgerät. Eine solche Ausstattung schützt aber nicht vor der Unfähigkeit,

einigermaßen am sozialen und gesellschaftlichen Leben teilnehmen zu können (Bildung, Kinderbetreuung, Urlaubsreisen, Freizeit-, Sport- und Kulturangebote), erfordert bisweilen, über die finanziellen Verhältnisse zu leben (Verschuldung) oder bedingt ein „Übergehen von der Geld- zur Zeitarmut: Die Erwirtschaftung der finanziellen Mittel zur Erzielung des materiellen Lebensstandards erschwert die Teilnahme am gesellschaftlichen Leben, weil die Zeit dafür fehlt. Zeitmangel birgt in gleicher Weise wie ungenügende finanzielle Ressourcen die Gefahr sozialer Ausgrenzung in sich" (Hedwig Lutz/Michael Wagner/Walter Wolf).

Als besonders stark betroffene Gruppen werden angeführt:

- □ Frauen, insbesonders alleinerziehende Mütter sowie Arbeiterinnen.
- □ Kinderreiche Familien mit mindestens drei Kindern (Landhaushalte) oder mindestens zwei Kindern (städtische Arbeiterfamilien). Allerdings wurden diese Zahlen vor gezielten Unterstützungsmaßnahmen wie die Erhöhung von Familienbeihilfen und die Einführung von Familien-Absetzbeträgen erstellt. Ab drei Kindern wächst die Armutsgefahr auch in solchen Haushalten, in denen beide Partner arbeiten.
- □ Pensionistenhaushalte, insbesondere, wenn die Vorstände zuvor als Hilfsarbeiterinnen, angelernte Arbeiterinnen, Bauern oder als Gewerbetreibende tätig waren. „Mehr als eine halbe Million Österreicher und Österreicherinnen mußten 1992 mit einem Einkommen ihr Auslangen finden, das unter dem Existenzminimum – für Alleinstehende 6.500 Schilling – lag. Dazu zählen die Alters- und Invaliditätspensionen von 300.000 Frauen" (Emmerich Talos).
- □ „Am stärksten betroffen sind Haushalte dann, wenn der/die Haupteinkommensverdiener/in arbeitslos wird und die Saisonarbeitslosigkeit außer Betracht bleibt. Mehr als die Hälfte aller Haushalte zählt bei einer Einkommensbetrachtung zu den Gefährdeten. Überdurchschnittliche Gefahr ist jedoch auch dann gegeben, wenn durch Arbeitslosigkeit anderer Haushaltsmitglieder das Neben- bzw. Zusatzeinkommen des Haushalts reduziert wird" (Hedwig Lutz/Michael Wagner/Walter Wolf). „Mit den größten Einschränkungen bei ihren Konsumgewohnheiten und in ihrer Lebensführung konfrontiert waren Bezieher niedriger Versicherungsleistungen. Jeder und jede fünfte Arbeitslosengeld- und Notstandshilfebezieher/in, immerhin rund 95.000 Personen,

die während des Jahres 1990 zumindest einmal Leistungen aus der Arbeitslosenversicherung bezogen, erhielten weniger als 4.900 Schilling . . . Diese Bezüge lagen deutlich unter dem Ausgleichszulagenrichtsatz für Direktpensionen, der als offizielles Existenzminimum in Österreich gilt“ (Ehrenfried Natter/Christoph Reinprecht).

MASSNAHMEN GEGEN DIE VERARMUNG

Zum „harten Kern“ der Armut zählen jene Menschen, die – wie Obdachlose, Drogensüchtige, Haftentlassene, manche Flüchtlinge – meist Objekt der „klassischen“ Sozialhilfe sind und sein werden, Personen, die sich extrem schwer in den Arbeitsprozeß (wieder-) eingliedern lassen. Nicht nur, aber vor allem für sie gilt, sowohl für die erste, die Bundesebene, als auch für die zweite, die der Länder und Gemeinden: „Armut ist eine Mangelerscheinung der Gesellschaft, die aus verschiedenen Einstellungen heraus nicht hingenommen werden kann. Es ist mit einem humanistischen Weltbild unvereinbar, Menschen in einer Notlage (unabhängig davon, ob selbstverschuldet oder nicht) allein zu lassen. Weniger Armut ist daher ein Ziel an und für sich. Dieses Ziel genießt Priorität vor den Überlegungen, gegen die Armut etwas zu unternehmen, weil es auch noch anderen Mitgliedern der Gesellschaft zugute kommt, wenn es weniger Armut gibt“ (Alois Riedlsperger). Hier kann nur das Prinzip gelten: keine Einsparungen, keine weiteren Ausgrenzungen, mehr Flexibilität bei der Zusammenarbeit zwischen öffentlichen und privaten Unterstützungsinitiativen.
Komplexer ist die weitergehende sozialpolitische Aufgabenstellung:

„TARGETING“

„Der Wohlfahrtsstaat hat sich gewandelt von einem Instrumentarium zur Absicherung von verschiedenen Risikogruppen zu einem Transferstaat für den Mittelstand, das überwiegende Volumen wohlfahrtsstaatlicher Anstrengungen und Aufwendungen betrifft den Mittelstand. Der Grund für diese Entwicklung ist ein politischer: Stimmenkauf“ (Andreas Wörgötter). Eine Durchforstung sozialstaatlicher Einrichtungen und Wirkungsweisen wäre erforderlich, um bei gleichbleibenden finanziellen Leistungen eine zielgerichtetere Versorgung zu erreichen. Das würde bedeuten, den Bezug von Transferleistungen stärker an Einkommensgrenzen zu binden oder bestimmte Leistungen einkommensspezifisch zusätzlich zu finanzieren. In diesem Kontext wird aber überall abgelehnt, dieses Prinzip bei den Karenzzahlungen anzuwenden – dadurch würden Frauen noch stärker finanziell an Männer gebunden. Mehr Zustimmung von den Berichterstattern erhält die Überlegung, Studiengebühren einzuführen. Das grundlegende Problem: „Die Entwicklung seit 1945 war nicht durch den Ausschluß einkommensstärkerer Gruppen, sondern im Gegenteil durch die Einbeziehung aller Erwerbstätigen geprägt – ungeachtet ihrer Einkommen. Der politische Konsens über den Ausbau des Wohlfahrtsstaates hatte wesentlich auch darin seine Basis . . . Es könnte der durch die Ausgrenzung bestimmter Gruppen von Leistungsbeziehern angeheizte Verteilungskampf zu Lasten jener gehen, die überhaupt nicht oder nur partiell in den Arbeitsmarkt integriert sind und deren soziale Interessen politisch kaum wahrgenommen werden“ (Emmerich Talos).

ÄLTERE ARBEITNEHMER

Zusätzlich zu den bisherigen Maßnahmen – „Beschäftigungssicherungsgesetz“, Verlängerung der Bezugsmöglichkeit des Arbeitslosengeldes auf maximal 156 Wochen – sollte das Instrument der „Lohnsubvention für ältere, vom Arbeitsplatzverlust bedrohte Personen, vor allem für Branchen, die aufgrund der Internationalisierung unter Konkurrenzdruck aus Billiglohnländern kommen“ (Andreas Wörgötter), ausgebaut werden. „Es liegt aber vor allem an den Unternehmungen, dieser Personengruppe auch tatsächlich Arbeitsplätze zu sichern bzw. ihnen eine Wiederbeschäftigung zu ermöglichen. Es ist einer Gesellschaft unwürdig, Personen ab 50 Jahren zum alten Eisen zu erklären und sie vom Arbeitsmarkt auszuschließen. Gelingt hier keine Trendwende bei der betrieblichen Personalrekrutierung, so wird sich in den nächsten Jahren die Problematik angesichts der demographischen Entwicklungen dramatisch verschärfen. Bis 1999 wird nämlich die Zahl der über 50jährigen um weitere 100.000 ansteigen“ (Josef Hesoun im Sozialbericht 1992). Mehr noch: Eigentlich sollte die Gesellschaft froh sein, Ältere mit größerer Lebenserfahrung in anderen, neuen Berufen einsetzen zu können, etwa als Beamte. Voraussetzung dafür: die Aufweichung des gerade bei Beamten starren Senioritätsprinzips bei der Bezahlung.

HILFE ZUR SELBSTHILFE

Derzeit gibt es 466 gemeinschaftliche Sozialprojekte mit mehr als 4.400 Arbeits- und Ausbildungsplätzen. Sie sind ebenso durch Zuschüsse und Darlehen zu unterstützen wie neue Initiativen, etwa Selbsthilfegruppen von und für Langzeitarbeitslose, Projekte der Nachbarschaftshilfe. Generell wächst die Bedeutung dieses „informellen Sektors", jenes Bereichs menschlicher Beziehungen, die nicht über Markt oder Staat laufen. Viele katholische Initiativen (etwa im Rahmen eines freiwilligen „Sozialjahres"), die nicht nur Arbeitsplätze und soziale Betreuung bewirken, sondern auch soziale Phantasie und soziales Engagement, bieten hier positive Ansatzpunkte.

AKTIVE ARBEITSMARKTPOLITIK

Sie wurde vor allem durch die gegen die Jugendarbeitslosigkeit konzipierte „Aktion 8000" bekannt, die nun auch verstärkt für den Kampf gegen die Langzeitarbeitslosigkeit eingesetzt wird. Sie betrifft auch alle Maßnahmen zur (Um-)Schulung, Weiterbildung, die gezielte Förderung von Behinderten sowie gemeinsam von der Arbeitsmarktverwaltung und Gemeinden zu tragende Beschäftigungsgesellschaften. Besonderer Stellenwert kommt der weiteren Arbeit des Arbeitsmarktservice (AMS), hier insbesondere der Arbeitsmarktintegration von Langzeitarbeitslosen, älteren Arbeitnehmern und Frauen (etwa Förderung der Kinderbetreuung für Berufswiedereinsteigerinnen) sowie der Arbeit neuer Instrumente (Arbeitsstiftungen) zu. Wegen des hohen Ausgabenanteils von Versicherungsleistungen wendet Österreich aber im internationalen Vergleich nur wenig für „aktive Arbeitsmarktpolitik" auf, nämlich nur 0,35 Prozent des Bruttonationalprodukts (Schweden 2,07, Dänemark 1,39, Deutschland 1,21, Frankreich 0,8, Großbritannien 0,56). Dies müßte geändert werden.

MINDESTEINKOMMEN

Von fast allen Sozialexperten unbestritten ist die Forderung nach einem kollektivvertraglich festzuschreibenden Mindestlohn – der ÖGB will die Grenze von derzeit 10.000 Schilling monatlich – kollektivvertraglich für Vollzeitarbeitskräfte weitgehend erfüllt – auf 12.000 Schilling erhöhen. Umstrittener dagegen ist die Forderung nach einem von Erwerbsarbeit unabhängigen Grundeinkommen: Dagegen werden sowohl finanzielle Argumente (Andreas

Wörgötter: „Steigende Sozialabgaben verteuern die Arbeit, erhöhen dementsprechend die Arbeitslosigkeit.“) als auch gesellschaftspolitische vorgebracht (Andreas Wörgötter: „Menschen kommunizieren über Erwerbsarbeit, ein generelles arbeitsloses Grundeinkommen verstärkt die Passivität und schädigt den Leistungswillen.“). Dagegen argumentiert Alois Riedlsperger, ebenfalls gesellschaftspolitisch: „Wir brauchen einen neuen Stellenwert für andere Formen von Arbeit, für soziales Engagement. Das kann nicht über eine Ökonomisierung dieser Tätigkeiten gehen, sondern nur, indem wir mehr zeitlichen Freiraum dafür schaffen, deshalb brauchen wir ein erwerbsunabhängiges Grundeinkommen, das natürlich so niedrig bleibt, daß es später wieder motiviert, in den Erwerbsprozeß einzusteigen.“ Österreich macht bereits die ersten Schritte in diese Richtung: „Nicht umsonst werden gegenwärtig von unterschiedlichen gesellschaftlichen Kräften in Europa wieder Modelle von negativer Einkommenssteuer oder garantiertem Mindesteinkommen zur Sprache gebracht. Österreich ist hier einen kleinen Schritt voraus: mit Familienbeihilfen und Kinderabsetzbeträgen sowie den für 1994 vorgesehenen erhöhten Arbeitnehmer-Absetzbeträgen, die für Bezieher besonders niedriger Einkommen teilweise als Negativsteuer ausbezahlt werden, ist ein Schritt zu Anhebung der niedrigen Einkommen getan“ (Lieselotte Wohlgenannt, Katholische Sozialakademie). Ein „Grundeinkommen“ käme indirekt zustande, wenn „bei Arbeitslosenunterstützung und Notstandshilfe ein Mindesteinkommen in der Höhe des Ausgleichszulagen-Richtsatzes realisiert wird“ (Manifest „Sozialdemokratie 2000“).
Auch Ewald Walterskirchen befürwortet eine Mindestsicherung auf drei Stufen: für Arbeitslose, Pensionisten und Arbeitnehmer, wobei „ein vernünftiger Abstand zwischen Aktiveinkommen, Pensionen und anderen Formen der sozialen Sicherung gewahrt bleiben sollte. Derzeit gibt es eine ungleiche soziale Versorgung: sehr hohe Sonderunterstützungen auf der einen Seite und niedrige Mindestpensionen bzw. sehr niedriges Arbeitslosengeld für viele ältere Frauen auf der anderen Seite . . . Schon mehrfach wurde ein Mindestarbeitslosengeld von 5.000 Schilling gefordert. Etwa ein Drittel der Arbeitslosengeldbezieher erhält derzeit weniger als 5.000 Schilling im Monat, bei den Notstandsbeziehern sind es sogar zwei Drittel. Durch ein Mindesteinkommen von 10.000 Schilling brutto löst sich dieses Problem fast von selbst. Denn das Arbeitslosengeld für die meisten Einkommenskategorien beträgt fast 50 Prozent des Brutto-

einkommens, für die unteren Einkommenskategorien ist dieser Prozentsatz sogar deutlich höher ... Ein solches Mindestarbeitslosengeld hilft gleichzeitig auch den alleinstehenden Müttern, die Anspruch auf Sondernotstandshilfe haben ... Armutsstudien aus vielen europäischen Ländern zeigen, daß alleinstehende Mütter die von Armut am meisten betroffene Gruppe sind."

FAMILIENPOLITIK

Das System der Kinderbetreuung muß ausgebaut werden – derzeit fehlen in Österreich 80.000 Plätze. Das gilt sowohl für traditionelle Formen – aus ideologisch motivierter Abwehr von Frauenarbeit gibt es vor allem zuwenig Ganztagskindergärten – als auch für „private" Formen (etwa kommunale Anstellung von Tagesmüttern, Unterstützung von Familienhilfen). Schließlich: Parallel zu „normalen" Schulformen sind Ganztagsschulen zur wahlweisen Nutzung einzurichten.

PFLEGE

So wesentlich die Einführung des Pflegegeldes ist, das 350.000 Menschen zugute kommt: Die Länder müssen erst ein flächendeckendes Netz an mobilen Pflegediensten aufbauen, die großteils von Frauen geleistete familiäre Pflegearbeit gehört zumindest in Form einer Anrechnung auf die Pensionszeiten honoriert.

SCHULSYSTEM

Am derzeitigen Schulsystem wird kritisiert, daß ihm einerseits zuviel an anderen gesellschaftlichen Funktionen aufgehalst wird – siehe etwa die Debatte um feriale „Fenstertage" – und andererseits, daß es seine eigentlichen Funktionen nur mangelhaft erfüllt – siehe den Vorschlag, Hausaufgaben zu „limitieren": „Schule ist eine Ausbildungs-, keine Aufbewahrungsinstitution. Wir brauchen ein Allgemeinsystem auf sehr hohem Niveau – die USA zeigen uns negativ, wo man hinkommt, wenn nur auf die Spitzenqualifikation Wert gelegt wird. Zusätzlich benötigen wir für die Spitzenqualifikation mehr nichtstaatliche Institutionen" (Andreas Wörgötter). „Es ist beschämend, daß wir die wichtigsten sozialen Grundfunktionen des Lebens ohne Schule lernen, dort haben sich auch Disziplinierungsmuster etabliert, die Eigeninitiative abblocken" (Alois Riedlsperger). „Seit Otto Glöckel mit seinem Versuch scheiterte, die Drillschule zu beseitigen, hat sich an der statusorientierten Wissensvermittlung wenig geändert. Folglich kennt z. B. der Maturant die Kompetenzen des Senats in der Römischen Republik, aber nicht jene der Ministerien unserer Republik, er kennt die Rechte und Pflichten der Bürger Athens, aber nicht seine eigenen, er hat eine grobe Vorstellung davon, wie eine Sklavenwirtschaft funktioniert – sofern er in Latein Cicero lernen mußte –, aber er hat keine Ahnung von der kapitalistischen Marktwirtschaft" (Erwin Weissel).

SOZIALBERUFE

Erzieher/innen, Sozialarbeiter/innen, Pflege- und Gesundheitsberufe, alle Sozialberufe fördern in ihrer derzeitigen Form das „Burn-out-Syndrom". Personen mit hohem sozialem Erfahrungsstand müssen nach zehn, fünfzehn Jahren in ganz andere Sparten wechseln. Anzustreben wäre aber ein integriertes Sozialberufssystem, das in einer Mixtur von Theorie und Praxis lebenslange Aus- und Weiterbildung garantiert.

INTERNATIONALE DIMENSION

Die nationalen Spielräume für Sozial- und damit auch für Arbeitsmarktpolitik werden enger. Österreich, das in einer besonders exponierten Lage Europas liegt, ist besonders dem Konkurrenzdruck der Billiglohnländer Osteuropas ausgesetzt: „Schon deshalb ist der Beitritt zur EU wichtig, weil so auch die Strukturen unseres Sozialstaats gesichert werden . . . Grundsätzlich gibt es zwei wirtschaftspolitische Optionen: eine protektionistisch-abschottende, die kann flächendeckend mehr Wohlstand bringen, gefährdet aber die Konkurrenzfähigkeit. Und eine liberale, die insgesamt mehr Produktivität und Einkommen bringt, aber eine ungleichere Verteilung. Österreich steht vor dem größten Internationalisierungschritt seiner Geschichte, das wird neue Anforderungen bringen, auch neue Formen von Armut" (Andreas Wörgötter). Eine ähnliche Gratwanderung erfordert auch die Migrationspolitik: „Unabhängig von der Asylpolitik, deren Standards wir sicher halten müssen: Wir werden bestimmt kein Einwanderungsland für unqualifiziertere EU-Bürger, dafür ist unser Lohnniveau zu gering. Es wird eher einen Abwanderungsdruck für qualifizierte Österreicher geben. Unqualifizierte Zuwanderer bringen unseren Arbeits- und Wohnungsmarkt durcheinander, wir brauchen eine Art Qualifikationsbarriere, keine Quotenbarriere. Am besten helfen wir den Ländern Osteuropas vor Ort" (Andreas Wörgötter). Alois Riedlsperger: „Wir brauchen eine Einwanderungskonvention, um auch im Ausland klar zu sagen, wer zuwandern kann. Und um dann deren Integration rasch durchführen zu können."

LITERATUR

Bundesministerium für Arbeit und Soziales: Bericht über die soziale Lage 1992. Eigenverlag, Wien 1993

Hedwig Lutz/Michael Wagner/Walter Wolf: Von Ausgrenzung bedroht. Synthesis 1993

Ewald Nowtony (Hrsg.): Sozialdemokratische Wirtschaftspolitik. Löcker, Wien 1992 (hier besonders die Beiträge von *Kurt Rothschild, Ewald Walterskirchen* und *Erwin Weissel*)

Ehrenfried Natter/Christoph Reinprecht: Achtung Sozialstaat. Europa 1992

Emmerich Talos (Hrsg.): Der geforderte Wohlfahrtstaat. Löcker 1992

Emmerich Talos/Margit Wiederschwinger (Hrsg.): Arbeitslosigkeit. Verlag für Gesellschaftskritik 1987

Emmerich Talos/Karl Wörister: Soziale Sicherung im österreichischen Sozialstaat. Nomos-Verlag 1994

ALTERN – ZWISCHEN ANGST UND SCHÖNFÄRBEREI

IMMER MEHR MENSCHEN GEHÖREN ZU DEN „ALTEN" – AUCH IN ÖSTERREICH

Altern – das ist ein Prozeß, der mit der Geburt beginnt. Das „Alter" dagegen wird gemeinhin als abgeschlossener, abschließender Lebensabschnitt gesehen, dessen Beginn meist mit dem Ende des Erwerbslebens gleichgesetzt. Die Einteilung des Lebens wird in unserer Gesellschaftsformation den Zyklen des Arbeitslebens untergeordnet: „Jugend" steht für die Zeit der Ausbildung für den Arbeitsprozeß, „Reife" für die Ausübung einer aktiven Rolle darin, „Alter" für die Zeit danach. Dieser dritte Abschnitt des Lebens wird nun immer länger. Das hängt einerseits mit der steigenden Lebenserwartung zusammen, andererseits mit der gewollten (frühere Zugangsmöglichkeiten zur Pension) oder ungewollten (Arbeitslosigkeit, Frühpensionierung infolge Invalidität) Verkürzung des Arbeitsabschnittes.
Das „Projekt Mensch" (Erwin Ringel*) war ursprünglich für einen viel kürzeren Zeitraum angelegt: Die durchschnittliche Lebenserwartung lag in der Antike bei 20–25 Jahren. Durch Fortschritte in Hygiene, Seuchenbekämpfung und allgemeinen Lebensbedingungen wie Wohnen, Ernährung und Einkommen stieg sie bis zu Beginn unseres Jahrhunderts auf knapp über 50 Jahre. So unterschiedlich sie in den einzelnen Weltregionen je nach sozialem Entwicklungsstand auch stets war und ist – eine Zunahme ist überall zu beobachten, im Weltdurchschnitt von 47 Jahren (1950–55) auf 64 Jahre (heute) und mehr als 70 Jahre (2020). Die neuesten Forschungen gehen von der genetischen Möglichkeit aus, daß menschliches Leben etwa zehnmal so lang sein könnte, wie es bis zum Eintritt der Geschlechtsreife benötigt, derzeit also etwa 140–150 Jahre.

Diesem Kapitel liegen unter anderem Gespräche mit den beiden „Themen der Zeit"-Berichterstattern Univ.-Prof. Anton Amann (Institut für Soziologie an der Universität Wien) und Dr. Ilse König (Psychotherapeutin, Institut für Konfliktforschung) sowie mit Univ.-Prof. Erwin Ringel (Psychoanalytiker) zugrunde.

* Quellenhinweise am Ende des Kapitels

Das „Zeitalter der Greise“ (Erwin Ringel) – eigentlich handelt es sich vorrangig um Greisinnen, sind doch drei Viertel der angesprochenen Altersgruppe weiblichen Geschlechts – hat begonnen, nicht nur in Europa: In den USA wächst die Gruppe der über 85jährigen von allen am schnellsten. Selbst in den durch „Geburtenüberschuß“ (in Österreich kommt derzeit ein Kind auf eine Frau im gebärfähigen Alter, in Indien sind es vier, in Äthiopien sechs, in Kenia sieben) und weit geringere durchschnittliche Lebenserwartung (in Indien wird sie ebenso wie in Kenia 2025 60 Jahre betragen, in Äthiopien 45 Jahre) gekennzeichneten Entwicklungsländern wird es eine ähnliche Entwicklung geben: Ostasien wird bis zur Jahrtausendwende eine Altersstruktur erreichen, wie sie Europa vor 40 Jahren hatte, bis ins Jahr 2025 wird es nicht mehr, wie 1950, annähernd gleich viel über 60jährige in den Dritte-Welt-Staaten geben wie in den entwickelten Ländern, sondern dreimal so viel (knapp eine Milliarde gegenüber mehr als 300 Millionen). Allein in Afrika wird sich ihr Anteil an der Gesamtbevölkerung bis dahin verdreifacht haben. Aber: „Bis jetzt ist ‚Altwerden‘ (an Jahren) noch immer ein Erste-Welt-Phänomen und geht teilweise auf Kosten der dritten Welt“ (Ilse König).

In Österreich liegt die durchschnittliche Lebenserwartung derzeit bei knapp 73 Jahren (Männer) und etwas über 79 Jahren (Frauen). Der Anteil der Älteren an der Gesamtbevölkerung, der ja nicht nur mit der steigenden Lebenserwartung zusammenhängt, sondern ebenso mit der in den Industriestaaten sinkenden Geburtenrate, steigt stark. Es gilt die Regel: je älter die Gruppe, desto stärker der Anstieg ihres Anteils an der Gesamtbevölkerung.

- □ Der Anteil der über 60jährigen an der österreichischen Gesamtbevölkerung stieg von neun Prozent (1870) auf 16 Prozent (1950), auf 21 Prozent (heute) und wird bis ins Jahr 2025 27 Prozent erreichen.
- □ Noch stärker ist der Anstieg bei den über 65jährigen: vier Prozent (1870), zehn Prozent (1950), 15 Prozent (heute), 20 Prozent (2025).
- □ Der Anteil der Alten, der über 75jährigen, wird bis ins Jahr 2025 auf knapp zehn Prozent der Gesamtbevölkerung steigen.
- □ Bei den sehr alten Menschen, den über 80jährigen, wird der Anstieg besonders stark ausfallen, von etwa 220.000 heute auf 290.000 im Jahr 2025.

AUSWIRKUNGEN AUF ARBEITSMARKT UND PENSIONSSYSTEM

In Österreich arbeiten derzeit nur mehr 14 Prozent der 60jährigen Männer (in Deutschland 33,5, in den USA 54,4, in Schweden 64,4 und in Japan 71,5). In Österreich gehen Arbeiter und Angestellte im Schnitt mit 58 Jahren in Pension, Beamte mit 57. Dies entspricht einem in allen westlichen Volkswirtschaften zu beobachtenden Trend. „Die Erwerbsbeteiligung älterer Arbeitnehmer nimmt laufend ab, durch den nach wie vor hohen Aufholbedarf weniger stark bei Frauen als bei Männern. Die Orientierung auf eine frühere Berufsaufgabe hat zweierlei Hintergründe: betriebliche Beschäftigungspolitik und individuelle Wünsche der Beschäftigten, resultierend aus der Unzufriedenheit mit der Arbeit, gesundheitlichen Belastungen, einer steigenden Wertschätzung der Freizeit sowie der nachlassenden Leistungsfähigkeit bei steigenden Leistungsanforderungen und Arbeitsbelastungen" (Ilse König). „Aber: Demographisch ist die Alterung der Erwerbsbevölkerung nicht aufzuhalten. Wer in der Wirtschaft überlegt sich eigentlich, was das heißt?" (Anton Amann) Zwischen heute und 2020 wird die Zahl der jüngeren Erwerbstätigen (zwischen 15 und 44 Jahren) um mehr als eine halbe Million Menschen abnehmen, die Zahl des älteren Teils der Erwerbstätigen (45 bis 64 Jahre) um mehr als eine halbe Million zunehmen. Freilich ist das eine rein demographische Feststellung, weil gleichzeitig ein starker Anstieg der Arbeitslosigkeit bei älteren Arbeitnehmern und ein starker Anstieg der Früh- und Invaliditätspensionierungen zu beobachten ist.

Die Finanzierungslücke bei den Pensionen wird immer größer, allein schon deshalb, weil heute durchschnittlich 16 Jahre mit und in der Pension verbracht werden, vor vierzig Jahren waren es durchschnittlich nur fünf. Hinzu kommt – siehe Bevölkerungsentwicklung –, daß sich die Relation zwischen jüngeren, ins System einzahlenden Personen und älteren Personen, die bereits eingezahlt haben, drastisch verschiebt.

Auch jetzt schon gibt es gravierende Ungleichheiten innerhalb des Pensionssystems, insbesondere zu Lasten der Frauen, die 1991 in Österreich 58 Prozent der rund 1,7 Millionen Pensionsbezieher stellten. Die durchschnittliche Alterspension bei Männern liegt bei 12.200 Schilling, bei Frauen waren es 7.100 Schilling. Wenn die Pensionierung aus Gründen geminderter Erwerbsfähigkeit erfolgt, beträgt die „männliche" Pension durchschnittlich 9.400, die „weibliche" durchschnittlich 5.100 Schilling. 264.000 Pensionisten, also rund 15 Prozent, erhalten eine Ausgleichszulage, davon sind drei Viertel Frauen. 1991 lag dieser Richtsatz für Alleinstehende bei 6.000 Schilling, für Ehepaare bei 8.600 Schilling. Frauen haben in der Regel nur dann eine Chance, auf etwa gleiches Pensionsniveau zu kommen, wenn sie mehrere Pensionsansprüche geltend machen können. Besonders große Unterschiede gibt es zwischen den Beziehern von Beamtenpensionen und dem „Rest" der Pensionisten, aber auch innerhalb der Beamtengruppen.

DIE EXTREMEN ALTERSBILDER: PFLEGEFÄLLE VERSUS „GOLDEN GIRLS"

„Altersbilder sind der Ausdruck jener Haltungen und Vorstellungen, die in einer Kultur gegenüber dem Alter zu einer bestimmten Zeit wirksam sind. Sie sind Bilder von der Wirklichkeit, und sie sind selbst Wirklichkeit" (Anton Amann). Die Vorstellung, die jede Kultur, jede Generation, jede soziale Gruppe von den Alten und dem Altern entwickelt, prägt diese Prozesse selbst entscheidend. Natürlich gibt es auch diesbezüglich objektive, durch subjektive Einschätzungen kaum beeinflußbare Prozesse, etwa die letztlich zum Tode führende Alterung und Abnutzung von Organen, Muskulatur, Sinnen. Freilich verläuft auch dieser Prozeß nicht unbeeinflußbar: „Eine Zelle altert so lange nicht, als sie vor neue Aufgaben gestellt wird, welche zu weiteren Differenzierungen zwingt. In dem Moment, in dem das letzte Differenzierungsprogramm erfüllt ist und somit kein neues aktiviert wird, beginnt die Zelle zu altern. Diese These würde mir deswegen so einleuchtend erscheinen, weil damit auch der seelische Bereich angesprochen ist. Menschen, die sich neue Ziele setzen und nicht mit dem Aufwachsen und Kinderkriegen ihr Leben als abgeschlossen betrachten, können ihr Leben wesentlich verlängern" (Erwin Ringel). Die Qualitäten der Altersbilder klaffen heute stärker auseinander als jemals zuvor. Mit der rasanten Weiterentwicklung der Technologien in unserer Informationsgesellschaft ist die Rolle des „weisen Alten" fast völlig aus unseren tradierten Wertvorstellungen verschwunden, in den letzten Jahren selbst in Bereichen, wo sie früher besonders lange „überleben" konnte, wie in der Politik, der Wissenschaft, in einigen Bereichen der Kultur.
Ältere Menschen werden zunehmend in zwei extremen Klischeebildern wahrgenommen und „verkauft":

Einerseits als Pflegefälle, die dem Sozialstaat und damit allen Jüngeren auf der Tasche liegen, die von ihren Familien in Heime abgeschoben werden, die an der Armutsgrenze entmündigt, ausgeliefert, passiv dahinvegetieren, sogar physisch attackiert werden. Tatsächlich bedürfen derzeit etwa 20 Prozent der älteren Österreicher Pflege, dieser Prozentsatz steigt aber.

Und andererseits als „golden girls" (die ältere Gesellschaft wandelt sich zur fraulichen Zweidrittelgesellschaft, die sehr alte zur Dreiviertelgesellschaft), die mit fast so viel Geld wie Zeit euphorisch ihr Leben genießen, durch die Welt fahren, ihr Zweitstudium absolvieren, jedenfalls aber als Konsumfaktor eine große Rolle spielen. „Die neuen Alten sind der Gegenentwurf zum Stereotyp des defizitären Alters mit all seinen Lasten – auch für die anderen . . . Kritiker bezeichnen dieses Altenbild als repressive Idealisierung gegenüber all jenen, die diesem Bild nicht nachzukommen vermögen, und befürchten eine zunehmende Diskriminierung der ganz gewöhnlichen oder besonders der depravierten älteren Menschen. Die individuellen Altersbilder sagen im übrigen sehr viel über unsere Ängste und deren Verdrängung hinsichtlich des Altwerdens aus" (Ilse König).

Die aktuelle österreichische Verbraucheranalyse unterstreicht immerhin einzelne Aspekte eines zuweilen schönfärberischen Altenbildes: 34 Prozent der rund 1,6 Millionen Menschen, die in Österreich heute über 60 Jahre alt sind, unternehmen Urlaubs- und Erholungsreisen, 55 Prozent reisen bis 10.000 Kilometer pro Jahr mit dem Auto, 48 Prozent legen Wert auf gutes Essen und Trinken, (nur?) 50 Prozent interessieren sich für medizinische Fragen und Gesundheit, 35 Prozent legen mehr Wert auf die Qualität als auf den Preis, 50 Prozent beweisen Markentreue bei Produktzufriedenheit. Dennoch spielen ältere Menschen in ihrer für die Werbe- und Werbungswelt entscheidenden Rolle als Konsumenten eine völlig untergeordnete Rolle: So hat der 54jährige Chef des privaten TV-Erfolgssenders RTL, Helmut Thoma, angekündigt, seine Station werde künftig überhaupt nur mehr Programme produzieren, die ein Publikum bis maximal 45 Jahre ansprechen. Wobei der „Jugendkult" selbst vermutlich „vor allem eine Verkaufsideologie ist" (Anton Amann).

Die Wirklichkeit liegt jenseits dieser beiden Klischeebilder: Die Mehrheit der Älteren jenseits der 60, die große Masse der Alten jenseits der 75 realisiert ihr Leben irgendwo dazwischen, dennoch sehr differenziert. Die große Ungleichheit an Lebenschancen und Lebenswelten, die es während der Erwerbsarbeitszeit gibt, existiert im „Ruhestand“ potenziert weiter. Die – freilich immer weniger werdenden – älteren Männer haben höhere Pensionen als ihre und andere Frauen, besser Ausgebildete können eher auf die Früchte privater Zusatzpensionen zurückgreifen als schlechter Ausgebildete, die Inanspruchnahme von Sozialleistungen hängt in hohem Ausmaß vom Informationsniveau ab. „Alter wird gesellschaftlich produziert, und es wird produziert als ein System ungleicher Lebenschancen. Gegen seinen letzten Teil hin, die Zeit nach der Pensionierung, erfährt es in seiner Produktion eine Akzentverschiebung: der Angelpunkt der Herrschaft wandert vom ökonomischen und marktbezogenen Bereich stärker in jenen wohlfahrtsstaatlicher Regelungen“ (Anton Amann).

„Aussagekräftig für die Situation der künftigen älteren Generation ist die Höhe der Bezüge der Pensionisten, die heute in Pension gehen. Von den Neuzugängen 1991 (107.000 Personen) waren 50 Prozent der Männerpensionen geringer als 12.922 Schilling, die Hälfte der Frauen erhielt weniger als 5.174 Schilling. 50 Prozent der Invaliditätspensionen von Männern lagen unter 9.624 Schilling, von Frauen unter 4.273 Schilling. Dies rückt den Mythos von einer künftigen Generation finanzkräftiger älterer Menschen doch in etwas realistischeres Licht“ (Ilse König).

Eine Erhebung des Fessel-Instituts aus dem Jahr 1990 unter den 50- bis 75jährigen versucht eine differenziertere Einteilung:

- □ „Intellektuelle“ (19 Prozent) verdienen durchschnittlich, haben aber einen überdurchschnittlichen Bildungsgrad. Interessen: Reisen, Kultur, Umwelt.
- □ „Aktive“ (18 Prozent) sind sportlich, arbeiten leidenschaftlich, auch im Ruhestand.
- □ „Pragmatiker“ (27 Prozent) sind in jeder Hinsicht durchschnittlich.
- □ „Benachteiligte“ (22 Prozent) sind aktiver als „Pragmatiker“, aber ärmer. Sieben Zehntel von ihnen sind Frauen.
- □ „Arrivierte“ (14 Prozent) sind im Durchschnitt gut verdienende, vermögende, männliche Städter.

POTENZIERTE UNGLEICHHEIT IM ALTER

Potenzierte Ungleichheit im Alter gibt es in zweierlei Hinsicht: sowohl was die Benachteiligung älterer Menschen insgesamt gegenüber jüngeren betrifft, als auch was die potenzierte Ungleichheit innerhalb dieser Altersgruppe betrifft:

UNGLEICHHEIT AM ARBEITSMARKT

Auch hier gilt: Gesellschaftliche Fehlentwicklungen treffen die Älteren am stärksten. Gefragt sind daher ebenso allgemeine Maßnahmen wie spezielle. 1991 war die Arbeitslosenquote bei den 50- bis 59jährigen die höchste und bei den 50- bis 54jährigen die zweithöchste in Österreich. Unter den Langzeitarbeitslosen ist der Anteil der über 50jährigen der höchste, 1991 war etwa die Hälfte von ihnen bereits mehr als sechs Monate ohne Arbeit. Ein Ende dieser Trends ist nicht abzusehen.

Maßnahmen dagegen

Die Arbeitszeit sollte – bezogen auf die wöchentliche/jährliche Arbeitszeit – drastisch verkürzt, bezogen auf die Lebensarbeitszeit verlängert, in jedem Fall nach den Bedürfnissen der Menschen flexibilisiert werden. Ebenso sollte die Pensionierungsgrenze flexibilisiert werden. Bisherige Muster des Arbeitslebens sollten auch generationsspezifisch in Frage gestellt werden. Arbeitsleistungen im Alter gehören gefördert statt behindert, bestimmte Berufszweige sollen gezielt nur älteren Menschen offenstehen, auch um deren besonderes Potential, die Lebenserfahrung, entsprechend nutzen zu können. „Einer der schwerwiegendsten Irrtümer unserer Tage liegt in der Vorstellung, Alter sei unproduktiv“ (Anton Amann). Parallel dazu wäre freilich das Senioritätsprinzip bei der Bezahlung abzuschwächen, die Vorstellung, daß sich automatisch aus einem höheren Lebensalter auch eine höhere Bezahlung ableiten muß. Aber: „Der Mythos – ich halte ihn für einen, auch wenn Unternehmen etwas anderes versichern –, daß man Ältere nicht beschäftigt, weil sie zu teuer sind, läßt sich leicht widerlegen. In vielen Ländern wurde versucht, Arbeitsplätze für Ältere dadurch zu erhalten, daß die Arbeitsmarktverwaltung betriebliche Förderungen für die Einstellung Älterer vorsah – es hat an der Praxis, Ältere nicht mehr zu beschäftigen, so gut wie nichts geändert, obwohl die Arbeitsplätze dadurch billiger geworden sind“ (Ilse König). Im Grunde gehe es eher um eine radikale Veränderung der Grundhaltungen gegenüber Menschen über 40 Jahre: „Da dies – wie man anhand des Versuches der Beseitigung von Diskriminierungen bei Frauen leicht ablesen kann – durch reine Überzeugungsarbeit wohl nicht zu schaffen sein wird, bedarf es eines mehr oder weniger sanften Zwanges. Auch bei anderen diskriminierten Gruppen hat die rechtlich festgelegte Norm eine Verhaltensänderung noch am ehesten herbeigeführt. Es geht bei Maßnahmen für Ältere natürlich um eine Umverteilungsdebatte, wobei aber ganz genau überlegt werden muß, auf wessen Kosten wohin umverteilt werden soll, um nicht das Gegenteil von dem zu erreichen, was zumindest verbal geplant ist“ (Ilse König).

UNGLEICHHEIT DER PENSIONSEINKOMMEN

„Die österreichischen Systeme sozialer Sicherung orientieren sich am Modell des gesunden, leistungsfähigen Mannes, der nach abgeschlossener Ausbildung ununterbrochen bis zur Pensionierung im Arbeitsleben und Aufstiegsprozeß integriert bleibt. Frauen konnten diesem Modell noch nie entsprechen, Männer können es zunehmend nicht mehr“ (Ilse König). Gerade auch das System der Pensionszuerkennung beruht auf jahrzehntelang unveränderten Biographien: nämlich auf jenen von Männern, die nach ununterbrochenem Beschäftigungsverhältnis und ständig steigendem Einkommen das Pensionsalter erreichen; und auf jenen von Frauen, die ihren Berufsweg nach der Eheschließung, spätestens nach der Geburt von Kindern, abgebrochen haben und nach dem Tod ihres Mannes von ihrer Witwenpension leben. Diese Biographien entsprechen in mehrfacher Hinsicht der gesellschaftlichen Realität immer weniger: Die Zahl der Scheidungen nimmt zu, es gibt immer mehr Frauen in Beschäftigung oder in Wiederbeschäftigung, immer mehr arbeitslose Männer und immer mehr Bezieher vorzeitiger Alterspensionen infolge von Arbeitslosigkeit und Invalidität. „Zweifelsohne gibt es eine steigende Zahl älterer Menschen, die heute unter besseren Bedingungen – auch finanziellen – als früher leben. Das bedeutet aber nicht zwingend, daß die sozialen Ungleichheiten zwischen den Älteren damit aufgehoben sind. Es gibt eher einen Fahrstuhleffekt: Die alten Ungleichheiten bleiben auf einem generell höheren Niveau bestehen . . . In den Einkommensstatistiken spiegelt sich besonders deutlich wider, was generell gilt: Unterschiedliche Lebensbedingungen in den ersten fünfzig Jahren verlängern sich ins Alter hinein und kommen dort verstärkt zum Vorschein . . . Die von schlechten ökonomischen Bedingungen im Alter am stärksten betroffenen Personengruppen werden verstärkt Frauen sein. Armut im Alter ist primär weiblich. Frauen (mit Ausnahme der pragmatisierten Beamtinnen) verdienen in ihrem Erwerbsleben im Durchschnitt nach wie vor um ein Drittel weniger als Männer, erleiden Benachteiligungen wegen traditioneller Berufsunterbrechungen und sind häufiger und länger arbeitslos als Männer" (Ilse König).

Maßnahmen dagegen

Erforderlich ist die Einführung einer vom Erwerbseinkommen unabhängigen materiellen Basissicherung für ältere Menschen („Volkspension"), wie sie in allen OECD-Ländern mit Ausnahme Österreichs und Deutschlands bereits existiert. Zumindest sollte es parallel zur Einführung von Mindesteinkommen und Mindestarbeitslosengeld eine Mindestpension geben, ebenso einen Abbau von Ungleichheiten im Pensionssystem, im negativen (benachteiligte Frauen) ebenso wie im positiven (bevorzugte Beamte) Sinne. Ins Auge gefaßt gehören auch sozial gerechtere, abgestufte Erhöhungen der Beitragsleistungen zur Pensionsversicherung. Der Anteil privater Vorsorge gegenüber der rein staatlichen müsse steigen, ebenso die betriebliche Pensionsvorsorge (Anton Amann). Dagegen Ilse König: „Die Forderung nach mehr privater Vorsorge erhöht die soziale Diskriminierung. Denn wer kann privat vorsorgen, wer profitiert davon, wer bleibt über?" Der „Überalterung" der österreichischen Bevölkerung und damit den wachsenden Problemen der Finanzierbarkeit des Pensionssystems könnte unter anderem durch gezielte Zuwanderung begegnet werden (Rainer Münz). Dagegen Ilse König: „Es ist absolut zynisch, Zuwanderung als bevölkerungspolitische Regulierungsmaßnahme einzufordern, noch dazu bei der derzeitigen, in Österreich geführten Ausländerdebatte."

UNGLEICHHEIT DES WOHNRAUMS

Nicht das vielzitierte Altersheim, sondern private Wohnungen prägen nach wie vor die Lebensrealität älterer Menschen, sowohl im städtischen wie im ländlichen Bereich. Alte Menschen sind konfrontiert mit schlechten, nicht altersgerechten Wohnungsausstattungen, mit als unsicher empfundenen Wohnverhältnissen, mit sozialer Desintegration. Da integrierende familiäre Strukturen immer seltener werden – und im großfamiliären Rahmen auch „am Lande" nie so positiv funktioniert haben, wie es die vielfach idealisierenden

Darstellungen nahelegen –, werden immer mehr ältere Menschen alleine wohnen, während die materiellen und kulturellen Modelle der „Nahversorgung“ immer stärker auf jüngere, mobile Menschen ausgerichtet werden. Folge: Ältere Menschen werden „ghettoisiert“ und/oder so isoliert, daß ihnen nur mehr der Weg „ins Heim“ offensteht oder die Dauerversorgung durch ambulante Leistungen. „Wohnsituation und Wohnumfeld sind entscheidend dafür, ob Menschen, wenn sie älter werden, mobil bleiben können, ob fremde Hilfe notwendig wird, ob sie letztlich in ihrer Wohnung bleiben können. Mit ihr müssen sich über funktionale und technische Aspekte hinausreichende Standards der Behaglichkeit, des Komforts, der Mobilität und der Unabhängigkeit sowie funktionierende soziale Beziehungen verknüpfen“ (Ilse König).

Maßnahmen dagegen
Eine „Integrationsverträglichkeitsprüfung“ für jegliche Stadt-, vor allem Wohnungsplanung, die auch auf eine altersmäßige „Durchmischung“ Rücksicht nimmt, die jener der Gesamtgesellschaft entspricht. Verbesserungen in Altenwohnungen und Altersheimen: bessere Ausstattung von Altenwohnungen, Ruf- und Alarmsysteme, Nachtpatrouillen, Vermeidung von Stiegen in der Wohnung, Einbau von Bädern und Zentralheizungen in die großteils von Alten bewohnten Substandardwohnungen, Ausbau der mobilen Dienste, Schaffung von Kommunikationszentren. Mehr therapeutisches Personal in Pflegeheimen und Altersheimen. Schaffung „selbstversorgerischer“ bzw. selbstaktivierender Nischen zur Aufweichung der „Rund-um-Versorgung“. Und: Förderung von neuen, selbstverwalteten Formen gemeinschaftlichen Lebens, etwa von Alterswohngemeinschaften.

UNGLEICHHEIT BEZÜGLICH PFLEGE

Natürlich wird sich der altersspezifische Grund für die diesbezügliche Ungleichheit zwischen älteren und jüngeren Menschen nicht beseitigen lassen. In gewisser Hinsicht wird sie in jedem Fall noch größer werden, in jenem Ausmaß nämlich, in dem Menschen immer älter, damit oft aber auch immer pflegebedürftiger werden. Derzeit bewegen sich diesbezügliche Überlegungen zu sehr im „Entweder-oder“-Bereich von öffentlich/professionell und privat/unprofessionell. Auf diese Weise läßt sich aber der weitersteigende gesellschaftliche Bedarf nach Pflege wie Pflegern nicht bewältigen.

Maßnahmen dagegen

Ausbau des Modells des Pflegegeldes, wobei aber folgendes zu berücksichtigen ist: „Pflegegeldregelungen greifen dann zu kurz, wenn das professionelle Angebot an Pflege- und anderen sozialen Dienstleistungen nicht genügend ausgebaut ist, wenn das Pflegegeld so niedrig bemessen ist, daß keine neuen Pflegepotentiale – etwa Männer – erschlossen werden können, und wenn Informationssysteme fehlen, die einen besseren Zugang zu Pflegeleistungen gewähren" (Ilse König). Daher ist eine Unterstützung der pflegenden Angehörigen durch finanzielle (Karenzgeld, Anrechnung von Pflegezeiten für die Pensionsversicherung) und logistische (Schulung, Beratung) Mittel erforderlich. Wenigstens durch Karenzgeldzahlungen oder Anrechnungen auf die Pensionszeiten sollen Pflegeleistungen gerecht „entlohnt" und Selbsthilfegruppen gefördert werden. „Pflege, durch wen immer sie erfolgt, gehört als qualifizierte und anspruchsvolle Tätigkeit entlohnt. Wird sie im privaten Bereich erbracht, ist für die soziale Absicherung der Pflegenden zu sorgen. Überdies bedarf es verschiedener Maßnahmen zur geschlechtlichen Umverteilung der Pflegearbeit, damit wir von der diesbezüglichen Fixierung auf weibliche Arbeit wegkommen" (Ilse König).

UNGLEICHHEIT DES RECHTS AUF LUST UND LIEBE

Älteren Menschen wird dieses Menschenrecht gesellschaftlich in zweierlei Hinsicht abgesprochen: generell, indem sie als geschlechtslose Menschen dargestellt und angesprochen werden, und spezifisch, „indem Sexualität im öffentlichen Diskurs oft auf Penetration reduziert und jeglicher Erotik entkleidet wird" (Ilse König).

Maßnahme dagegen

Eine mediale „Kulturrevolution", die älteren Menschen die gleichen, auch körperlichen Formen von Lust, Zärtlichkeit, Erotik und Sexualität zugesteht wie den jüngeren.

UNGLEICHHEIT BEZÜGLICH ANDERER FORMEN DER PSYCHOHYGIENE

Eine adäquate Behandlung des Alterns hängt unmittelbar mit einem adäquaten Umgang mit dem Tod zusammen. Hinter der gesellschaftlich-kulturellen Abwertung älterer Menschen steckt die Verdrängung des eigenen Todes, die Abwehr der und Angst vor der unabwendbaren Tatsache des eigenen Endes.

Maßnahmen dagegen
Schaffung eines Klimas, in dem über die Begleiterscheinungen des Sterbens tabulos gesprochen werden kann. Und Förderung von institutionellen Ansätzen für möglichst humane Begleitumstände des Todes (Sterbebegleitung und Sterbekliniken).

UNGLEICHHEIT BEZÜGLICH „FORTSCHRITT"

Gesellschaftliche Humanisierung ist das dem immer möglichen Scheitern ausgesetzte „Projekt" des einzelnen oder der Gesellschaft; es ist nie durch gesellschaftlichen Fortschritt bereits garantiert. Gemeinhin gilt aber als Fortschritt vor allem die Steigerung der wirtschaftlichen Produktion, die Beurteilung des technologischen Entwicklungsstrudels, die Verbesserung der Kaufkraft und die immer umfassendere Sicherung gegen Risiken. Diese Auffassung von Fortschritt ist blind gegen ihre Konsequenzen. Sie führt zur rasanten Steigerung des technischen und wirtschaftlichen Fortschrittes, zur tendenziellen Zerstörung seiner eigenen Grundlagen und blendet durch ihre innere Logik die Nebenfolgen dieses Fortschritts aus: die Ausgrenzung der Schwachen, Nutzlosen und Abweichenden – zum Beispiel der Älteren aus dem Erwerbsleben und dem „legitimen" Genuß aus den sozialen Beziehungen, schließlich aus dem Gesichtskreis der Jungen, der Gesunden und Aktiven. So verstandener Fortschritt wirkt antagonistisch zur gesamtgesellschaftlich bezogenen Humanisierung. „Wie müßte eine Gesellschaft beschaffen sein, damit ein Mensch auch im Alter ein Mensch bleiben kann? Die Antwort ist einfach: Er muß schon immer als Mensch behandelt worden sein" (Simone de Beauvoir).

LITERATUR

Anton Amann: Die vielen Gesichter des Alters. Edition S 1989
Eugen Antalovsky/Ernst Knoth: Kommunale Altenhilfe. Kommunalwissenschaftliches Dokumentationszentrum, Wien 1990
Simone de Beauvoir: Das Alter. Rowohlt TB
Andrea Ernst/Krista Federspiel/Kurt Langbein: Sozialstaat Österreich. Orac 1987
Ehrenfried Natter/Alois Riedlsperger (Hrsg.): Zweidrittelgesellschaft. Europa 1988
Erwin Ringel: Das Alter wagen. Kremayr & Scheriau 1993
Leopold Rosenmayer: Streit der Generationen? Picus 1993

„WIR BRAUCHEN VIER NEUE GESELLSCHAFTSVERTRÄGE“

Interview mit Dr. Bernd Marin, Leiter des Europäischen Zentrums für Wohlfahrtspolitik und Sozialforschung in Wien, geführt am 27. Januar 1994

Welche zentralen Problemstellungen sehen Sie in Österreich, einen Zeitraum von etwa zehn, zwanzig Jahre betreffend, also über die Jahrtausendwende hinaus?

MARIN: Vor allem ein Neuaushandeln von mehreren gesellschaftlichen „Verträgen“ zwischen Bevölkerungsgruppen. Erstens natürlich der Sozialvertrag zwischen jenen, die Arbeit und Einkommen haben, und jenen, die Arbeit suchen und nicht finden. Zweitens der Generationenvertrag zwischen Jungen, Alten und der Erwerbsgeneration dazwischen. Drittens der Geschlechtervertrag zwischen Frau und Mann, das ist das letzte unvollendete Projekt der klassischen Moderne: Es erfordert auch die Neuverteilung unbezahlter Arbeit in Familie und Öffentlichkeit sowie eine Vereinbarkeit von Berufs- und Privatleben. Hinzu kommt ein Integrationspakt zwischen Einheimischen, Zugewanderten und Eingebürgerten. Alle schließlich betrifft der „alte“ Sozialvertrag zwischen arm und reich, und zwar sowohl zwischen Begüterten und Leuten in prekären Lebenslagen wie international zwischen wohlhabenden und Armutsgesellschaften.

DER SOZIALVERTRAG

Eigentlich kaum neue soziale Aufgabenstellungen.

MARIN: Ja und nein. Da sind auch viele klassische soziale Fragen, allerdings durchwegs in ganz neuem Gewande. Ich gebe nur ein Beispiel: Arbeitslosigkeit. Wir haben wieder, erstmals seit den dreißiger Jahren, Massenarbeitslosigkeit, allerdings in völlig anderen Konfigurationen, in absoluten Zahlen sogar dramatischer, mit neuen Phänomenen wie der Langzeitarbeitslosigkeit, die geradewegs in Bedürftigkeit und Armut führt. Oder mit dem neuen Phänomen der Sucharbeitslosigkeit. Aus der Tatsache, daß es auch freiwillige Formen der Arbeitslosigkeit gibt, hat ein konservativer Umkehrschluß flott und falsch gefolgert, Arbeitslosigkeit sei überhaupt Sucharbeitslosigkeit und daher wesentlich freiwillig. Das hat fatale politische Konsequenzen gehabt. Seit ungefähr 15 bis 20 Jahren ist der Konsens über die Bekämpfung der Arbeitslosigkeit zerfallen, auch der Konsens über die Wünschbarkeit und Erreichbarkeit von Vollbeschäftigung. Sogar in den ersten Vorbereitungsdokumenten für den UNO-Weltsozialgipfel wurde vorerst nur noch die Förderung produktiver Beschäftigung, nicht mehr die Verringerung der Arbeitslosigkeit als Ziel genannt.

Mit welchen politischen Konsequenzen?

MARIN: Eigentlich unterscheiden sich Regierungen derzeit fast nur durch die politische Rhetorik und kaum durch ihr Verhalten. Die einen glauben im geistigen Gefolge von Reagan und Thatcher, Arbeitslosigkeit sei ohnedies gesund und dynamisierend, das haben wir nach 1989 anfänglich auch sehr oft in Osteuropa gehört. Die anderen sagen, Arbeitslosigkeit sei unerwünscht und bedauerlich, aber leider könne man wenig dagegen machen, das ist die sozialdemokratische Antwort geworden. Doch in der Realität konvergieren Konservative, Neoliberale und Sozialdemokraten fast überall in der Philosophie des Interventionsverzichts. Und die großen internationalen Organisationen wie die OECD sehen Arbeitslosigkeit nicht mehr als primäres Problem.

Was mich erstaunt, ist die Selbstbescheidung auf alte Rezepturen. Seit 15 Jahren hören wir bei ständig wachsender Arbeitslosigkeit gebetsmühlenartig alte Rezepte: neue Produkte entwickeln, neue Märkte erobern. Da kann ich nur sagen: Nur zu, tut es, meine Herren Funktionäre, Politiker, Gewerkschafter und Unternehmer, erobern Sie neue Märkte! Es sollte nur gesellschaftlich konsensfähige Schmerzgrenzen für ein Mißlingen geben, zum Beispiel die jetzigen zweistelligen Arbeitslosenraten. Und Konsens darüber, daß man neue Rezepte anwenden muß, wenn die alten Versprechungen nicht greifen. Nicht jeder Preis für Versagen von Politik ist akzeptabel – zweistellige Arbeitslosenraten halte ich für gesellschaftlich völlig unannehmbar, in jeder Hinsicht: Es entsteht menschliches Leid, sozialer Zerfall und Unsicherheit, finanzielle Belastung, die vielbeklagte Abhängigkeit vom Sozialstaat, man hat ganze Klassen von arbeitswilligen Dauerarbeitslosen, Sozialhilfeempfängern, Frührentnern, Berufsunfähigkeitpensionisten und anderen Hilflosenrentiers wider Willen.

Darauf baut ja der Rechtsextremismus auf.

MARIN: Überhaupt eine Entzivilisierung der Gesellschaft. Das reicht vom politischen Extremismus zum organisierten Verbrechen. Nicht nur in den Entwicklungsländern oder in Osteuropa werden der Rechtsstaat und das öffentliche Gewaltmonopol ständig in Frage gestellt. Auch im Westen gibt es zahlreiche „unbetretbare" großstädtische Viertel, ganze Regionen in Banden- oder Bürgerkriegen, Drogendealer vor und in Schulen, geduldete pogromartige Gewaltwellen mit Tausenden Brandanschlägen jährlich gegen Asylwerberunterkünfte. Die Mobilisierung heimischer Verliererklassen und statusgefährdeter unterer Mittelschichten gegen zugewanderte Unterklassen ist ein sehr bedrohliches Szenario. Viele Züge dieser Radikalisierung gemahnen an die dreißiger Jahre.

Wobei die Arbeitslosigkeit andere Auswirkungen hat als damals.

Marin: Zumindest in Europa kann man das nicht vergleichen. Es verhungert niemand, es werden nicht gleich ganze Familien in Armut gestürzt, wenn der Broterwerb des alleinverdienenden Vaters wegfällt. Es gibt fast immer ein erwerbstätiges Familienmitglied – Kinder, Eltern oder Ehepartner –, das noch in Arbeit ist. Aber Bedrohung und Deklassierung durch Arbeitslosigkeit bleibt, und individueller Statusverlust ist für den einzelnen noch beschämender, aufreizender, deprimierender geworden als die kollektive Verelendung in der Großen Depression. Und Verunsicherung und Aussichtslosigkeit machen böse: Schon die alten Propheten wußten, „wenn die Visionen fehlen, wird das Volk wild und wüst".

Wobei es diese scheinbar paradoxe Parallele zwischen steigenden Arbeitslosen- und steigenden Beschäftigungszahlen gibt.

Marin: Dieses historisch neuartige Phänomen hängt mit dem Ansteigen des Erwerbspotentials zusammen. Das einzige Land in Europa, das zuletzt sinkende Arbeitslosenraten hatte, ist die Tschechische Republik. Dort sank die Arbeitslosigkeit auf ein fast unglaublich niedriges Niveau, zugleich sank aber das Beschäftigungsniveau. Das war genau die umgekehrte Entwicklung zu Westeuropa, wo es ständig neue Beschäftigungsrekorde, zugleich ständig steigende Arbeitslosigkeitsrekorde gab. Eine Wurzel für diese Unterschiede liegt in der unterschiedlichen Ausschöpfung des Arbeitskräftepotentials, vor allem der Frauenerwerbsquote. In Tschechien war sie sehr hoch, nun werden Frauen wieder zurück an den Herd geschickt oder in die Schattenwirtschaft.

Und die Arbeitslosenrate sinkt. Ein zu hoher Preis dafür?

Marin: Auf jeden Fall! Übrigens hat dieses reaktionäre Rezept sonst nirgenwo in Osteuropa, von Ostdeutschland bis Bulgarien, von Polen, der Slowakei über Ungarn bis Rumänien eine Explosion der Arbeitslosigkeit verhindert. Wahr ist, daß wir im Westen eine enorme Zunahme der weiblichen Erwerbsbeteiligung hatten, insbesondere seit den achtziger Jahren. In Holland oder Kanada hat sich die Frauenerwerbsquote seit 1960 verdoppelt. Wenn Österreich skandinavische oder nordamerikanische oder osteuropäische Frauenerwerbsraten hätte oder die hohe Erwerbsbeteiligung der fünfziger Jahre weiterentwickelt hätte im Tempo der anderen europäischen Länder, ohne entsprechendes Absinken des männlichen Aktivitätsniveaus durch Bildungsexpansion, gäbe es heute in Österreich eine Arbeitslosenrate von rund 15 Prozent. Österreich war bezüglich der Frauenerwerbsquote in den fünfziger Jahren eines der weitestentwickelten Länder und ist jetzt eines der zurückgebliebensten. Das ist *ein* Grund für die relativ geringe Arbeitslosigkeit, dazu kommt die massive, weltweit stärkste Frühverrentung und eine relativ geringere Jugendarbeitslosigkeit, so wie in Deutschland auch. Deutschland ist das einzige EU-Land, wo die Jugendarbeitslosigkeit unterproportional ist, das geht aber auf Kosten aller über 50jährigen. Diese Entwicklung fürchte ich auch für Österreich, wo die über 50jährigen schon heute das doppelte Arbeitslosigkeitsrisiko haben wie der Durchschnitt: Statt daß man eine Lösung für das Gesamtproblem sucht, spielt man Bevölkerungsgruppen gegeneinander aus, Junge gegen Alte, Frauen gegen Männer, inländische gegen ausländische Arbeitskräfte. Dabei sollten wir nicht mitmachen, auch wenn das die gängige Logik vieler Betriebsräte und Personalchefs ist. Der Verdrängungswettbewerb um Arbeitsplätze darf nicht zu sozialem Kannibalismus führen.

Der existiert doch schon in Osteuropa.

MARIN: Dort ist der Überlebenskampf viel brutaler. Außerdem spielt die Untergrundwirtschaft eine entscheidende Rolle. In Zentral- und Osteuropa werden schätzungsweise zwischen 20 und 35 Prozent der Wertschöpfung im informellen Sektor erbracht, das reicht von Subsistenzwirtschaft über Schwarzarbeit zu organisierter Kriminalität. Das ist zwar teilweise Marktwirtschaft, aber keine zivile Marktwirtschaft. Und die Grenzen zwischen der „moralischen Ökonomie" von Hauswirtschaft und Nachbarschaftshilfe zu illegalem Erwerb verfließen. Ich habe das auch in Italien beobachtet, wo ich lange gelebt habe: Es gibt gewisse Grundversorgungen und Verteilungsmechanismen, die lokal oder regional ausschließlich von Verbrechersyndikaten organisiert werden, Diskotheken etwa angeblich landesweit. Im Osten zeigt Rußland Züge einer gangsterdominierten Wirtschaftsentwicklung. Doch ob Wildost, Wildwest oder OECD-Europa, überall baut Entzivilisierung auf Massenarbeitslosigkeit auf.

Ihr zentrales Mittel dagegen liegt im Bereich der Arbeitszeitpolitik – drastische Verkürzung der Wochenarbeitszeit bei gleichzeitiger Verlängerung der Lebensarbeitszeit und radikaler Flexibilisierung der Arbeitszeit.

MARIN: Ja, dieser Zeitpolitik-Mix ist zwar nicht hinreichend, aber unbedingt notwendig, wenn man Jobs schaffen *und* die Arbeitslosigkeit ohne drastische Lohneinbußen verringern will. Am leichtesten begreift man den dramatischen Arbeitskräfteüberschuß und einige seiner Gründe, wenn man mit einem Personalchef in einem großen Unternehmen spricht. Der sagt einem, wenn Sie über 40 sind, schreiben Sie nie Ihr Alter in die Bewerbung, sonst ist es hoffnungslos. Über 45 Jahre nimmt er niemals jemanden auf. In vielen Branchen beginnt die „Unvermittelbarkeit" um 35, und zahlreiche Institutionen haben altersbezogene Aufnahmesperren in der ersten Hälfte eines „Normalarbeitslebens". Während also die Gesellschaft insgesamt altert und wir mit steigender Lebenserwartung individuell im Lebenslauf immer später alt werden, werden wir im Arbeitsleben wie Spitzensportler immer früher alt – und entsprechend gefährdet. Für die meisten Qualifikationen existiert ein Arbeitsmarkt außerhalb der eigenen Firma nicht einmal ein halbes Arbeitsleben, danach gibt es geschützte und überzahlte Insider und glücklose Außenseiter. Der beste Beweis ist, daß kaum jemand mit zwanzig Jahren Berufserfahrung sein Einkommen auch nur annähernd halten kann, wenn er aus geschützten Nischen fällt, eine Erfahrung, die immer mehr Mittelständler machen. In den USA beispielsweise haben College-Absolventen im „bestverdienenden Alter" (Ende Vierzig, Anfang Fünfzig) in den letzten sechs Jahren ein Fünftel ihres Nominaleinkommens eingebüßt, das sind Schocks von osteuropäischer Tragweite. Während es in Amerika Zigmillionen neuer Jobs und geringere Einkommen als vor zwanzig Jahren gibt, haben wir Europäer unsere Jobs nur wenig und unsere Einkommen und unsere Arbeitslosigkeit stark gesteigert. Inzwischen höre ich freilich, daß im mittleren Management auch in Österreich Änderungskündigungen – z. B. von 90.000 auf 60.000 Schilling – häufiger vorkommen; und auch akzeptiert werden. Das heißt freilich, daß die derart radikal heruntergestuften Mitarbeiter woanders noch weniger zu verdienen fürchten mußten, bzw. daß mittlere Führungskräfte entweder Treuerenten weit über ihrem Marktwert erhalten oder aber, daß ein funktionsfähiger Arbeitsmarkt nur für Einsteiger, nicht jedoch für bereits Berufserfahrene existiert.

Also wird die Arbeitskraft zu teuer?

MARIN: Natürlich nicht generell. Das Wahre an der konservativen Argumentation, etwa des Weltwirtschaftsinstituts in Kiel, ist, daß wir in Europa unsere Einkommensvorsprünge nicht halten werden können, was schon im Hinblick auf Zentral- und Osteuropa augenfällig ist, wenn man bedenkt, daß zum Beispiel ein gleich gut ausgebildeter Skoda-/VW-Arbeiter in Pilsen 220 DM statt über 4.000 DM in Wolfsburg erhält; und daß die absolute Lohnrigidität nach unten und Arbeitsmarktstarrheiten natürlich auch Jobs kosten. Wir haben in der EU inzwischen bald die doppelte Arbeitslosigkeit wie in Nordamerika und vor allem eine achtfache Langzeitarbeitslosigkeit, das ist nicht trivial. Auf der anderen Seite hat man in Europa keine „working poor", man hat allein in der EU rund 50 Millionen Arme, aber nicht sieben Millionen „working poor" wie in den USA, wo Mama und Papa arbeiten, aber die Kinder dennoch nicht über die Runden bringen. Das gibt es in Nordamerika und in den postkommunistischen Ländern, daß zwei Jobs noch immer kein Familieneinkommen ergeben können, weil das Lohnniveau nach unten ins Bodenlose geht. Lohnkonkurrenz mit Schwellenländern statt Qualitätswettbewerb und Nischenproduktion sowie Mindestlöhne unter dem Existenzminimum ohne negative Einkommenssteuer sind auch nicht sinnvoll. Wenn aber 50jährige die Firma das Doppelte kosten wie 25jährige mit gleichen oder sogar besseren Fertigkeiten, muß man die heilige Kuh des Senioritätsprinzips angehen, daß nämlich mit zunehmendem Alter das Arbeitseinkommen automatisch, unabhängig von der Leistung, steigen muß – so lange, bis der Arbeitsplatz weg ist.

Die nächste heilige Kuh wäre die Arbeitszeitverkürzung mit vollem Lohnausgleich.

MARIN: Die ist ohnehin ein Mythos, auch jetzt schon. Man kann die Wertschöpfung nicht zweimal verteilen. Man kann sie nur als Zeit oder als Geld verteilen – und in Mischungsverhältnissen. Ich bin dafür, sie über längere Zeit vor allem in Zeit und so zu verteilen, daß keine Einkommenseinbußen entstehen. Selbst in dem radikalsten Experiment bei VW gehen die Arbeitnehmer monatlich mit demselben Gehalt nach Hause, nur der Vorstand hat 20 Prozent weniger, der kann es sich auch leisten. Die Arbeiter haben bei 28,8 Wochenstunden acht bis neun Prozent weniger Lohn, aber das trifft nur das 13. und 14. Monatsgehalt. Natürlich müssen die unteren Einkommen mit staatlichen Zuschüssen abgesichert werden. Es darf keine Kaufkraft verlorengehen, schon aus ökonomischen Gründen und aus Gründen der sozialen Gerechtigkeit. Das beste Beispiel einer Arbeitszeitflexibilisierung ist BMW-Regensburg, wo intelligente Arbeitsorganisation und Innovationsfreude – auch auf seiten der Betriebsräte – enorme Produktivitätsreserven freigesetzt hat: Die Leute arbeiten in einem komplexen Wechselschichtmodell maximal vier Tage und alle paar Wochen einmal samstags. Manche Arbeiter pendeln durch die Viertagewoche im Jahr 10.000 Kilometer weniger; der Freizeit- und Einkommensgewinn läßt sich berechnen, die höhere Lebensqualität für die gesamten Familien nur erfahren. Übrigens konnte BMW-Regensburg den Werkausbau um ein Drittel, d. h. um 25 Milliarden Schilling, kleiner machen. Diese Ersparnis sowie die von 72 auf 99 bis 108 Stunden erhöhte Maschinenlaufzeit erlaubt BMW, den Arbeitern für tatsächlich geleistete 34 Komma etwas Stunden den vollen Lohn auf die 36 kollektivvertraglich vereinbarten Stunden auszahlen. Die Arbeiter werden wöchentlich eineinhalb Stunden dafür bezahlt, daß sie mit den Kindern im Park spazierengehen, bei Schulaufgaben helfen oder einkaufen. Die Zukunft liegt in einer ausgehandelten, beidseitig vorteilhaften, paktierten Flexibilität. Flexibilität darf nicht reine Abruforientierung, ein Markt- und Unternehmensdiktat bleiben.

Dieses Flexibilisierungsmodell sollte sich doch nicht nur auf die normale Arbeitszeit, also die Wochenarbeitszeit, beschränken.

MARIN: Nein, wir müßten die gesamte Lebensarbeitszeit neu gestalten. Eine 30-Stunden-Woche flexibel über 40 Jahre etwa bedeutet mehr Arbeitsplätze und mehr Lebensqualität. Eine graduelle Verkürzung nach bisherigen Gesichtspunkten, etwa in Richtung 35-Stunden-Woche, bringt wenig. Wir brauchen einerseits eine viel radikalere Verkürzung der Wochenarbeitszeit, andererseits eine Verlängerung der Lebensarbeitszeit. Und Möglichkeiten, Bildungsurlaube oder Karenz für ein Zusammensein mit Kindern oder für Pflege viel länger in Anspruch zu nehmen, ohne Wiedereinstiegsmöglichkeiten zu verlieren. Das entspricht durchaus existierenden Trends, nur vollziehen sich die heute im Wildwuchs und daher zu Lasten der Arbeitnehmer. Die Vollarbeitszeitnorm ist längst zur

Ausnahme geworden: In Deutschland wird durchschnittlich nur noch 29 Wochenstunden gearbeitet, so viele Arbeitnehmer sind arbeitslos, in Kurzarbeit, Teilzeit, Karenz oder Vorruhestand. Die Hälfte aller neuen Jobs in Westeuropa ist atypisch oder befristet, jede dritte Frau in der EU arbeitet Teilzeit. Daneben blühen Gelegenheits-, Heim-, Schwarz- und Leiharbeit.

Betriebsräte, die solchen Flexibilisierungen zustimmen, kämen in Konflikt mit der Gewerkschaft, Unternehmen vielleicht auch mit der Kammer.

MARIN: In Deutschland sind die Betriebsräte gegenüber der Gewerkschaft stärker geworden, was auch seine problematischen Seiten hat. Aber es gibt einen gewissen Innovations- und Experimentierspielraum. Überall gibt es den Finanzierungsdruck: Die Staaten können sich die Leistungen für Arbeitslose und Pensionen nicht mehr lange leisten. Für die Firmen ist der Zwang zu Produktivitätssteigerungen und Arbeitszeitverkürzung eine weitere Flexibilisierungs- und Innovationspeitsche. Wenn die Kurzarbeit aber nicht generell und möglichst international geregelt wird, haben wir Leute, die sich mit formal 40 und zahllosen Überstunden kaputt arbeiten, während andere überhaupt nur noch nach einzelbetrieblichem Ermessen Jobs für 28 Stunden oder weniger angeboten bekommen, und eine große Masse von Arbeitslosen. Das führt zu einem völligen Zerfall der zivilen Gesellschaft, wenn die Lebenslagen sich unfreiwillig so dramatisch auseinanderentwickeln. Solidarität ist immer auch sanfter Zwang, weil wir sonst den Staat und die öffentlichen Kassen zu einem Selbstbedienungsladen für die Starken verkommen lassen. Außerdem gibt es hohe soziale Kosten: Ein einziges Prozent mehr Arbeitslosigkeit bedeutet eine angebbare Zahl zusätzlicher jährlicher Morde, Gewaltverbrechen, Eigentumsdelikte, Alkohol-, Drogensucht und Krankheitsfälle, also Schaden an Leib, Seele, Leben, Gesundheit und Eigentum. In Österreich kostet uns jedes Prozent Arbeitslosigkeit direkt etwa drei und indirekt etwa neun Milliarden Schilling.

Wieso hat sich die Situation am Arbeitsmarkt so dramatisch verschärft?

MARIN: Durch die gestiegene Erwerbsbeteiligung und die enormen Produktivitätssteigerungen. Die neugeschaffenen Arbeitsplätze halten mit der Arbeitsnachfrage einfach nicht Schritt. Und zugleich werden bis zum Jahr 2000 in der EU etwa 25 Millionen Arbeitsplätze weniger gebraucht, um das heutige Güter- und Dienstleistungsvolumen zu erbringen. Seit 1980 ist die Stundenproduktivität in der österreichischen Industrie um 90 Prozent gestiegen, wodurch ein Viertel der Arbeitsplätze verlorenging; genausogut hätte man die Wochenarbeitszeit für alle auf 30 Stunden senken können.

AUFGABEN DER SOZIALPOLITIK

Nun gibt es auch in Österreich eine Debatte, freilich dreht sie sich ausschließlich um Kostensenkung im Sozialbereich.

MARIN: Es geht nicht um Kostensenkungen, sondern „nur" um Verhinderung einer Explosion der Sozialausgaben auf halbwegs gleichbleibendem Leistungsniveau. Demographische Entwicklungen allein würden innerhalb einer Generation zu einem Kollaps unseres Sozialsystems führen. Es geht also um Umschichtungen sowohl auf der Beitrags- wie auf der Leistungsseite, darum, die Bedarfsgerechtigkeit und Finanzierbarkeit aller Ansprüche zu überprüfen. Es gibt genug augenscheinliche Ungerechtigkeiten, etwa die haarsträubenden Ungleichheiten im Pensionsbereich. Es gibt zahlreiche Umverteilungen von unten nach oben, d. h. in die „verkehrte Richtung", von Bedürftigeren zu Begüterteren. Und es gibt weniger offenkundige Probleme wie die Höchstgrenze für Sozialversicherungsbeiträge (von derzeit 36.000 Schilling). Alle diese Ungereimtheiten führen dazu, daß wir bald das teuerste Pensionssystem der Welt bei teils gleichzeitig extrem niedrigen Renten haben und eines der großzügigsten Familienfördersysteme, das aber ein hohes Verarmungsrisiko alleinerziehender Mütter und kinderreicher Familien nicht verhindern kann; von ungenügenden Arbeitslosen- und Arbeitsmarktmitteln nicht zu reden. Es geht also auch um Reparaturen, um Kurskorrekturen eines insgesamt guten Systems.

Oder ist es vernünftig und gerecht, daß ausgerechnet Besserverdienende weniger zu den Pensionen beitragen als sozial Schwächere? Daß die Beiträge durch Höchstsätze degressiv gestaltet werden und nicht die Leistungen? Daß der Bund für 250.000 Beamtenpensionen soviel zuschießt wie für 1,6 Millionen ASVG-Pensionisten, damit Beamte die dreifachen Ruhensbezüge gegenüber gewöhnlichen Arbeitnehmern mit 10.000 Schilling erhalten? Daß Universitätsprofessoren schon vor Jahren mit über 71.000 Schilling in Pension gingen, Landesbeamte (im Burgenland oder Kärnten) mit über 53.000 Schilling, während die Höchstgrenze für Privatangestellte bei etwas über 23.000 Schilling liegt, wenn sie keine Firmenpension haben? Daß Invaliditätspensionen 6.000 Schilling betragen, während weiterhin hohe Doppel- und Mehrfachpensionen zugestanden werden? Daß freiwillige vorzeitige Alterspensionen trotz ihrer extremen Kostspieligkeit weiterhin ohne Abschläge ausbezahlt werden? Daß Arbeiterhaushalte de facto für das Kinder- und Studiengeld und damit die verlängerte Kindheit der studierenden jungen Erwachsenen des Bürgertums aufkommen, damit diese, ohne Eigenbeteiligung an den Kosten, individuelle Einkommensvorteile aus akademischen Titeln der öffentlichen Gratis-Uni privat lukrieren können? Daß wohlhabende Familien an den ständig und überdurchschnittlich gestiegenen Pro-Kind-Leistungen der Familienbeihilfen in gleicher Weise partizipiert haben wie armutsgefährdete oder arme Familien?

Hier werden nicht nur öffentliche Mittel vergeudet, sondern offenkundig auch elementare Gerechtigkeitsgefühle verletzt. Wenn aber große Fragen wie die Harmonisierung der Pensionssysteme oder „verkehrte Umverteilungen" nicht angegangen werden, brauchen wir nicht herumkleckern bei den Ärmsten, bei den alleinstehenden Müttern, die ein vielfaches Verarmungsrisiko haben, und ihnen ihr erhöhtes Karenzgeld streitig machen oder das Pflegegeld für Behinderte plafondieren oder wegkassieren, das ist ja grotesk.

Wie beurteilen Sie die diskutierte Einführung von Einkommensobergrenzen, oberhalb derer es für bestimmte Sozialleistungen keine Bezugsberechtigung mehr geben sollte?

MARIN: Das hat eine verführerische Logik: Konzentrieren wir knappe Mittel auf die Bedürftigsten. Sie verführt auch zu vielen Kurzschlüssen. Es scheint gerecht und populär, aber auch der Sozialminister weiß, daß es, obwohl es Dreiviertelmehrheiten dafür gibt, doch nur wenig bringt. Weniger als drei Prozent der Erwerbstätigen verdienen mehr als die zuletzt diskutierten 70.000 Schilling. Wenn man aber tiefer geht mit der Grenze, muß man aufpassen, daß die Mittelklassen nicht jedes Eigeninteresse am Wohlfahrtsstaat verlieren. Das führt zu größerem Steuerwiderstand, hat negative Signalwirkung. Wie der Finanzminister sagt: Eine sogenannte Reichensteuer, wie sie die AK/Oö vorgeschlagen hat, bringt nichts, aber verunsichert und verärgert alle Mittelständler, auch die, die gar nicht so viel verdienen, aber hoffen, sie könnten eines Tages so viel verdienen. Hinzu kommen die Administrations- und Kontrollkosten von Sozialstaffelungen und die Vielzahl perverser Neben- und Gegeneffekte wie Arbeitslosen-, Armuts- und Angstsparfallen. Zu empfehlen ist daher ein Mix aus allgemeinen Bürgerrechten, gezielten Unterstützungen für bestimmte Gruppen und sozial gestaffelten Leistungen bzw. Selbstbehalten, die aber mit großer Umsicht vorzunehmen und ständig zu überprüfen sind. Am einfachsten, wirksamsten und gerechtesten wäre wohl eine Gesamtveranlagung aller Transfers mit der Steuer.

Andererseits gibt es doch auch sozialpolitische Fortschritte, etwa beim zweiten Karenzjahr oder beim Pflegegeld.

MARIN: Das Pflegegeld halte ich entgegen allen Unkenrufen für einen großen Fortschritt. Ich habe gerade in Deutschland wieder die Debatte miterlebt, die hoffnungslos verfahren ist. Da sind wir wirklich sehr viel weitergekommen. Jetzt würde man sich diese gute Pflegevorsorge und ihre vorteilhafte Optik als allgemeines Bürgerrecht zusammenhauen, wenn man ein paar Wohlhabendere vom Pflegegeld ausschließen wollte. Als würde jemand, der 40.000 Schilling verdient, nicht behindert, chronisch krank, Unfallopfer oder Pflegefall werden dürfen, ohne verarmen zu müssen, wenn wir wissen, daß Pflegeleistungen rund um die Uhr natürlich weit mehr als die 20.000 Schilling monatlicher Höchstsatz kosten. Gerecht wäre durchaus, die Vergebührung sozial zu staffeln: etwa einer Managerwitwe mit hohen Mehrfachpensionen oder einem Rechtsanwalt oder Wirtschaftstreuhänder mit großen Vermögenswerten und zusätzlichem Pflegegeldanspruch volle Gebühren zu verrechnen. Hingegen läßt es mir den Verstand stillstehen, auch den Bedürftigen mehr Pflegegeld über eine drastische Erhöhung der Gebühren abzunehmen, als sie hinzubekommen, oder von Mißbrauch zu sprechen, wenn das Pflegegeld an pflegende Angehörige weitergegeben wird. Geldleistungen haben per se kein Mascherl. Hier (mit Ausnahme vielleicht von Familien- oder Wohnungsbeihilfen) allgemeine Einkommensgrenzen statt Selbstbehalte einzuziehen, bringt sehr wenig, zerstört aber ein Bürgerrecht als Bürgerrecht.

Stichwort Bildung, Stichwort Studiengebühren.

MARIN: Ich sehe mit Agnes Heller und vielen anderen Intellektuellen, die nicht im Geruch stehen können, konservativ zu sein, nicht ein, warum der Zugang zu tertiärer Bildung gratis sein muß. Das ist eine Umverteilungsmaschinerie zugunsten der oberen Mittelschichten. Was in den sechziger und siebziger Jahren progressiv war, ist jetzt nicht mehr notwendig. Man könnte eine spätere Rückzahlung von Ausbildungskosten überlegen, gestaffelt nach Einkommen. So könnte jemand, der antike Numismatik studiert oder Sanskrit und damit ein Bildungserleben hat, der aber später Taxi fährt oder eine kleine, schlecht bezahlte Aushilfslehrerstelle hat, sehr wenig zurückzahlen, aber jemand, der Vorstandsdirektor wird oder Arzt die volle Länge. Daß Leute die Vorzüge ihres Titels privat lukrieren, ohne an den Kosten beteiligt zu sein, halte ich aus sozialen und anderen Gründen für nicht erstrebenswert. Auch, weil wir seit dem guten alten Sigmund Freud wissen, daß nichts als Wert gilt, was nichts kostet. Meine besten Studenten waren oft Kinder vom Land, die begabtesten, besten, engagiertesten, gescheitesten Studentinnen. Blasierte höhere Töchter und Söhne des Mittelstands oder ihre Eltern werden überlegen, ob sie 5.000 Schilling monatlich oder mehr für etwas zahlen, was sie primär als juste milieu oder standesgemäßen Heiratsmarkt oder Unterhaltungsbörse für Clubbing oder Segelkurse betrachten. Unsere Drop-out-Raten sind katastrophal – unzumutbar für die Gescheiterten wie auch für die Steuerzahler.

Für das Schulsystem gilt das nicht?

MARIN: Nein, um Gottes willen. Ich bin dafür, daß alle Kinder bis 18 Jahre in die Schule gehen können, daß es sehr differenzierte und offene Einheitsschulen gibt. Die einzige Klassenbarriere, die noch existiert, ist unser an sich ausgezeichnetes Gymnasial- und Berufsbildungssystem, das es so sonst nirgendwo auf der Welt gibt. Dennoch schöpfen wir die Begabungsreserven unserer Bevölkerung so viel weniger aus als etwa die Amerikaner mit ihrem schlechten Schul- und teilweise ausgezeichneten Universitätssystem, das Studiengebühren sogar an den öffentlichen Universitäten eingeführt hat. Breit gestreute und großzügige Stipendien und kreditfinanzierte Studiengebühren sind sozial fairer und diskriminieren viel weniger als unser geteiltes Bildungssystem mit einer unterfinanzierten und entsprechend schlechten Gratis-Uni. Daher finden zahllose Studenten, nicht nur Bummler, sondern gerade auch die Motiviertesten, unsere Universitäten selbst einen kostenlosen Besuch nicht wert, und das ist leider durchaus begreiflich und zeitökonomisch vernünftig.

DER GENERATIONENVERTRAG

Kommen wir zum größten finanziellen Brocken, dem Pensionssystem.

MARIN: Meine Vision von einem neuen Generationenvertrag ist in erster Linie eine gesellschaftspolitische, humanistische. Was der Argumentation zugute kommt, ist, daß die alten Formen nicht mehr finanzierbar sind, das ist der entscheidende Punkt. Mit der Alterssicherung steht gleich die Hälfte aller Sozialausgaben am Spiel und zur Debatte. Die Nettoanpassung in der jüngsten Pensionsreform etwa hilft noch einmal, aber nur bis zum Jahr 2008. Wenn wir alle in Pension gehen, wird das nicht mehr gelten, also haben wir ein gewisses Recht, uns den Kopf darüber zu zerbrechen, was danach kommt. Wir können ja nicht die Beiträgssätze zur Sozialversicherung in 25 Jahren auf 60 bis 70 Prozent hochschnellen lassen. Daher halte ich die Konzepte orthodoxer Sozialisten, denen nur ständig steigende Abgaben einfallen, für kurzsichtig. Das gilt für das gesamte Sozialsystem. Ich sehe nicht, was daran Sozialabbau sein soll, wenn man die Höchstbeitragsgrundlage aufhebt und das System degressiv staffelt bei den Leistungen und nicht bei den Beiträgen; oder wenn man die Pensionssysteme nicht auf Beamtenniveau, sondern auf einem verallgemeinerungsfähigen und finanzierbaren Niveau harmonisiert; oder wenn man ein sauteures und trotzdem Altersarmut zulassendes Pensionssystem verbessert, indem man Leistungen mehr vereinheitlicht und die Zahl der anspruchsberechtigten Pensionisten senkt, wofür es mehrere Wege gibt – einschließlich Abschläge für Frühpensionen. In dreißig Jahren verdoppelt sich unsere Pensionsquote, das ist verrückt. Die Leute werden dann vielleicht 85 oder 90 Jahre alt, in die Frühpension wegen Arbeitslosigkeit würden sie nach bisheriger Logik vielfach schon Anfang 50 gehen müssen. So krachen die alten Verträge, daher muß man sich etwas Neues ausdenken, und daher ist die Krise auch eine Chance, nicht nur ein Ende des Gewohnten. Wir leben nicht in der Endzeit, die Untergangspropheten beschwören, aber in einer wirklichen Wendezeit. Das erfordert Bewahren des Bewährten und Ändern des Ändernswerten.

Wird das Pensionsalter zu erhöhen sein?

MARIN: Ja, natürlich. Ich halte es wirklich für eine falsche Gesellschaftsorganisation, sich fast nur noch in mittleren Jahren kaputt zu arbeiten, in immer kürzeren Zeiträumen zu hecheln. Dagegen wäre es begrüßenswert und zumutbar, ein halbes Leben zu arbeiten. Und zwar die Hälfte der Lebenserwartung bei Pensionseintritt, heute also ungefähr 40 Jahre. Natürlich sollte jeder frei sein, zu jedem Lebensalter in Pension zu gehen. Aber es sollte entsprechend hohe Abschläge geben für Leute, die früher gehen. Ich bin auch für eine Ausweitung der Karenzregelungen. Die Leute sollen bei ihren Kindern bleiben, wenn sie wollen, aber nicht nur bei den Kleinen, sondern auch bei den kranken, gebrechlichen oder hilfsbedürftigen Angehörigen, auch für längere Zeiträume bei großzügiger Entgeltfortzahlung und nicht mit einem Armutschgerlgeld von 5.000 Schilling, und sie sollten ein Rückkehrrecht in den Job haben – aber sie sollen dafür statt mit 58 mit 61 in Pension gehen oder statt mit 60 mit 63. Fast alle wollten das, wenn sie wählen könnten. Es wird ihnen aber nicht zur Wahl angeboten.

Das würde auch ein Umdenken bei den Personalchefs voraussetzen.

MARIN: Das hängt vor allem mit dem Senioritätsprinzip bei der Bezahlung zusammen. Es gibt eine stille Komplizität der Unternehmungen und der Gewerkschaften, an dieser heiligen Kuh festzuhalten, weil insbesondere größere Unternehmen glauben, daß das die einzige Möglichkeit ist, die Loyalität und Treue der Mitarbeiter zu sichern. Als gäbe es nicht andere Formen, von Prämiensystemen bis zu Bildungsfreistellungen. Das jetzige System führt dazu, daß Leute um ihre Jobs gebracht werden, weil sie ab einem bestimmten Punkt einfach zu teuer erscheinen.

DER GESCHLECHTERVERTRAG

Die andere große gesellschaftliche Umverteilung, der nächste neu abzuschließende gesellschaftliche Vertrag, wäre nach Ihrer Liste der zwischen den Geschlechtern.

MARIN: Das ist das größte noch unvollendete Projekt der Moderne, weil Gleichberechtigung ideologisch bereits weitgehend akzeptiert wurde. Alle Umfragen zeigen, daß sich die Leitbilder des Zusammenlebens von Frau und Mann (in der Familie) in Richtung partnerschaftlicher Leitmodelle geändert haben, selbst in Österreich und Deutschland. Es gab vorher das Alleinverdienermodell, dann das Eineinhalbmodell – die Frau verdient dazu –, jetzt gibt es die Idealvorstellung einer gleichberechtigten Partnerschaft. Die Realität des Alltags hinkt immer zumindest eine oder zwei Generationen hinter den Leitbildern her. Leute, deren Emanzipation ansteht, haben es besonders schwer: Für die Juden war die Assimilation im Grunde eine dunkle Zeit, weil man sie, wie Hannah Arendt schreibt, fast nur als Pariah oder als Parvenu erleben konnte, eben nicht gleichberechtigt und daher nur mühsam in Würde. So haben Frauen es sehr schwer in Zeiten wie diesen, in denen sie sich die Emanzipation von schwachen und daher machtversessenen Männern erkämpfen. Doch Frauen kontrollieren erstmals die Reproduktion, sie haben eine gewisse Kontrolle über die Sexualität gewonnen, sie sind in den Arbeitsmarkt eingetreten und langsam dabei, in vergleichbare berufliche Positionen zu kommen. Sonst hat sich leider wenig geändert, im Gegenteil: Das Paschatum im Privatleben ist weitgehend ungebrochen, und fast scheinen ausdifferenzierte, komplexere, entwickeltere Gesellschaften am Arbeitsmarkt ethnisch und nach Geschlechtern stärker segregiert als einfachere, ländliche. Es gibt weiter typische Frauenberufe, das geht soweit, daß Berufe, in die massiv Frauen eindringen, insgesamt abgewertet werden. Das muß aufgebrochen werden: gleicher Lohn für gleiche Arbeit, auch Aufhebung diskrimierend gewordener Schutzbestimmungen wie etwa des Nachtarbeitsverbots für Frauen.

Wohl auch Relativierung der Mehrfachbelastung der Frauen.

MARIN: Natürlich, das vor allem anderen. Die Ungleichverteilung der unbezahlten Arbeit in Haushalt, Erziehung, Pflege usw. ist die Hauptursache aller Benachteiligungen. Frauen haben weiterhin die überwältigende Last der familiären Tätigkeiten zu tragen. Das macht an Zeitaufwand laut WIFO in Österreich durchschnittlich mehr als eine Vollzeitbeschäftigung aus, auch für berufstätige Frauen. Daher ist die Vereinbarkeit von Beruf und Familie und die partnerschaftliche Neuverteilung der Lasten außerhalb der Arbeitswelt, in der Privatsphäre, ein entscheidendes Thema. Der Geschlechterkrieg wird weitergehen, bis sich ein neues Gleichgewicht hergestellt hat, und das kann lange dauern und wird sehr schmerzlich sein, besonders für Männer, aber auch für Frauen. Solange wir in einer Gesellschaft leben, wo – aus welchen Gründen immer – Väter und Söhne vieles tun, aber nicht pflegen, und Vater Staat vieles leistet, aber das nicht kann, worauf es ankommt, nämlich liebevolle Zuwendung, muß man die, die das tun, anerkennen, entlasten und unterstützen. Familienpolitik muß also erst einmal Frauenpolitik werden, darf aber nicht ewig Frauenpolitik bleiben. Eine so starke Gewerkschafts- und Arbeiterbewegung wie in Österreich, die so wenig für die Frauen erreicht hat im Kontrast etwa zur schwedischen, gibt einem zu denken. Andererseits gibt es noch viel zu tun, bis wir uns einen Mann als Frauenminister leisten können, weil Bundeskanzler, Finanz- und Verteidigungsministerinnen Frauen sind.

Kommt es zum Revival der Familie?

MARIN: In neuem Sinne ja. Es gibt immer mehr neue Familienstrukturen, immer weniger Kinder, immer mehr überlebende Eltern und Großeltern. Es wird viel mehr Wiederverheiratete geben, sehr komplexe Konfigurationen, wo Kinder aus verschiedenen Ehen mitgebracht werden, die Scheidungsraten werden weiterhin zunehmen. Scheidungen werden banalisiert und trivialisiert werden, es wird eben beinahe jede und jeder in verschiedenen Lebensphasen verschiedene Partner haben, so wie man nicht einen einzigen Beruf über den gesamten Lebenszyklus haben wird. Für Männer galt die Bindung an eine einzige Frau übrigens auch historisch fast nie. Die Ehe wird, häßlich neudeutsch gesagt, ein Projekt sein wie andere Projekte auch, eine Banalisierung des Modells der romantischen Liebe, auf der erst seit kaum hundert Jahren unser Zusammenleben beruht. Der empathische Anspruch zerfällt, das wird eine nüchternere, unleidenschaftlichere Form sein. Mit den großen Tabus und Verboten verlieren sich auch die Möglichkeiten großer Lieben und Passionen – und Transgressionen. Historisch kehren wir zu den Vernunftpartnerschaften mit domestizierter Gelegenheitspromiskuität zurück.

Kann das den steigenden Bedarf nach Stütze, Wärme, Heimeligkeit abdecken, der sich auch im wachsenden Bedürfnis nach einer Reethisierung, nach Werten und Moral manifestiert?

MARIN: Nein, das Unbehagen an der Moderne bleibt, all die großen Spannungen, die in der Moderne stecken: Freiheit versus Gleichheit, Veränderung und Mobilität versus Sicherheit, Massendemokratie versus Eliten, lokale Verwurzelung versus globale Verkabelung usw. Da hilft kein nostalgischer Appell an Werte und kein flacher Kosmopolitismus. Wenn man kaum mehr Bindungen hat außer an Cliquen, was kann einem Halt geben? Die Geschäftsgrundlagen der Moderne ändern sich nicht, und daher werden sich die großen Problemlagen nicht ändern. Ändern wird sich alles andere, und schneller, als uns lieb ist. Daher gibt es auch wieder Fundamentalismen, religiöse, ethnische, nationale. Fünf Prozent toll gewordene, bewaffnete Jugendbanden mit ein bißchen Schnaps und Beutegier und Feindbildern genügen, um ganz Bosnien oder weite Landstriche am Kaukasus zur Geisel zu nehmen, fünf Prozent, die herumgehen, Häuser markieren, Menschen massakrieren, Nachbarn vertreiben, eine Zivilisation zerstören. Diese Entzivilisierung ist eine immense Gefahr für den gesamten Kontinent.

DER INTEGRATIONSPAKT

Es gibt Grenzerscheinungen, etwa im Sport, wo wirklich nationale Emotionen und existentielle Identifikationen gebunden werden. Die Produktion von Idolen ersetzt die Produktion von Ideologien. Dieses Vakuum ist auch ein zentraler Punkt der hiesigen

Europa-Debatte, in der sich die Fronten zwischen nationalen Emotionen und Problemen, die nur transnational zu lösen sind, verkehrt haben. Die einen propagieren ein Revival der Heimat, eher des Hoamatl. Die anderen, meist kritische Intellektuelle, haben sich vor zehn Jahren um die nationale Identität Österreichs gesorgt, jetzt erhoffen sie neue Sinnstiftung durch den Westwind aus Brüssel.

MARIN: Westwind lockt wenige hinter dem Ofen hervor, leider. Im Gegenteil, das schreckt manchen ab, die meisten von uns sind nun einmal in dem Sinn konservativ: was sich nicht ändert, ist beruhigender, als was sich ändert. Es ist schmerzlich, sich zu trennen, es ist schmerzlich, neue Bindungen einzugehen, zum Beispiel punkto Sicherheit und Neutralität. Änderungen törnen nicht an, das zu glauben, muß man schon ziemlich lebens- und weltfremd sein. Und denken wir an die immer noch tief verwurzelten antiwestlichen, antiamerikanischen, antikapitalistischen Affekte hierzulande. Ich fürchte, Westwind pfeift vielen viel zu viel um die Ohren. Ich sehe in der EU-Debatte eine zentrale Schiene: Gewinner gegen Verlierer, vermeintliche Gewinner gegen wirkliche Verlierer, vermeintliche Verlierer gegen wirkliche Gewinner usw. Die Ängstlichen spüren etwas Richtiges, wenn sie sich bedroht fühlen von Ost- und Westöffnung, für viele zieht's wie in einem Vogelhaus. Natürlich ist es abstoßend, wenn Leute im Weinviertel dem Eisernen Vorhang nachtrauern und mit Jagdflinten auf Fremdenhatz gehen. Das ist zum Kotzen. Und natürlich ist die Stimmung absurd, die der TV-Film von Toni Spira so meisterhaft in einer einzigen Aussage zusammengefaßt hat: „Die Fremden wollen ja nicht arbeiten. Und lästig sind sie: dauernd klopft einer an und will eine Arbeit." Das ist abstoßend, aber sie stoßen Schwächere herum, weil sie sich selbst herumgestoßen und schutzlos fühlen, und nicht ohne Grund. Das ist die emotionelle Seite der Fremden- und Öffnungsangst: die EU als Horrorwelt des kleinen Mannes – eine Welt ohne Grenzkontrollen. Eine Welt voller Wettbewerb, Neuerungen und Unsicherheit. Die zweite Schiene ist rationaler: Die wirtschaftliche Integration findet sowieso statt, natürlich ist es besser, daß wir nicht nur germanisiert werden, sondern europäisiert, wir haben das notwendiger als die Finnen und die Schweden. Politisch ist für mich die Einsicht am wichtigsten, daß es so wie in der Markwirtschaft und im Kapitalismus auch bei der politischen Integration keinen Stillstand, keine Stagnation geben kann: es gibt Zerfall, Desintegration, oder es gibt

Integration. Das oszilliert auch, aber es kann keinen Status quo geben. Wenn ich sehe, daß von den 17 neuen KSZE-Staaten die Mehrzahl im Krieg oder im Bürgerkrieg oder in bewaffneten Grenzkonflikten oder im Inneren mit sezessionistischen Bewegungen lebt, daß es rund 20 neue Armeen in Europa gibt, daß die zentrifugalen Kräfte rapidissimo zunehmen, wenn ich die lauter werdende nationale Rhetorik in allen Ländern, sogar in den EU-Kernländern Deutschland und Frankreich, höre – dann denke ich mir, daß das einzige geschichtsmächtige Projekt dagegen die Europäische Integration ist, mit all ihren Problemen. Das wird ein sehr schmerzlicher Prozeß, mit vielen Rückschlägen. Und es ist nicht sicher, ob das große Einigungsprojekt, die Vereinigten Staaten von Europa, am Ende Europa nicht mehr spalten wird als zusammenführen. Die immer noch vorhandene Strahlkraft der EU nach Zentral- und Osteuropa enthält aber noch gewisse bescheidene Elemente prekärer Stabilität in einem bedrohlich unruhigen Kontinent.

Der vierte von Ihnen erwähnte, neu zu schließende Vertrag ist wohl der umstrittenste, ein Migrationsvertrag.

MARIN: Europa wächst viel langsamer als die Weltbevölkerung insgesamt, aber wir wachsen sehr viel schneller als Nordamerika. Das ist nicht trivial in unserem dichtbesiedeltsten Kontinent. Seit 1960 hat Europa um 175 Millionen mehr Einwohner, Nordamerika um 75 Millionen. Europa ist der größte Migrationskontinent, ist zum größten multiethnischen Schmelztiegel geworden. Die Tragik ist, daß unser Selbstbild geschlossener und homogener Gesellschaften und unsere Politik mit den neuen demographischen Realitäten in keiner Weise mehr übereinstimmen. Ausländer stellen überall einen immer größeren Bevölkerungsanteil, denn Einwanderer werden langsamer eingebürgert als in Nordamerika. Sie sind daher Bürger zweiter Klasse, haben das typische Problem, daß die erste Generation politisch entrechtet ist und die zweite Generation sozial depraviert. Die erste Generation hat einen Job, aber kaum Bürgerrechte, die zweite Generation hat Bürgerrechte, aber kaum Arbeitsplätze. Trotzdem ist selbst der Anteil der eingebürgerten Einwanderer in vielen europäischen Ländern wie Frankreich, Deutschland, Luxemburg, Belgien, Schweden, Schweiz oder Österreich mittlerweile höher als in klassischen, erklärten Einwanderungsländern wie den USA. Die Idee von fixen Integrationskapazitäten, diese berühmten fünf oder acht oder zwölf oder 15 Prozent, das ist kindisch, nicht durchführbar. Einwanderung ist ein soziales Problem, nicht eines der Polizei. Wenn die sozialen Umstände danach sind, helfen auch keine Hundestaffeln, Patrouillenboote, elektrischen Zäune, das sieht man an der amerikanischen Südgrenze zu Mexiko. Man hat in Europa dieses Problem den Polizeiministern überlassen, allenfalls den Arbeitsmarktbehörden, nur in Holland ist das Wohlfahrts-, Gesundheits- und Kulturministerium zuständig. Das sagt auch einiges. Polizei und Arbeitsmarktbehörden allein sind einfach überfordert. Die Sache ist kompliziert, viele innenpolitische Maßnahmen bewirken das Gegenteil von dem, was sie bewirken sollten: Verschärfung der Asylbestimmungen und Grenzkontrollen in einem Land führten zu einer Verlagerung der Asylwerber auf andere Länder – oder erhöhten die Preise der organisierten Schlepper. Im Gegensatz dazu hat die Freizügigkeit des Personenverkehrs innerhalb der nordischen Länder oder innerhalb der EU die Migration zwischen diesen Ländern trotz anhaltender Disparitäten nicht verstärkt. Die Welt entspricht nicht einem Uhrmacher-Weltbild, wo man an Knöpfen dreht, und dann alles nach einem Wecker rennt. So funktioniert eine komplexe, offene Gesellschaft nicht, übrigens nichts Soziales außerhalb von Kasernenhöfen.

Die Quantifizierung von Bevölkerungsgruppen mittels Quoten entspricht ja eher einem mechanistischen, frühaufklärerischen Weltbild.

MARIN: Das klassische Weltbild der Uhrmacher und Dampfmaschinen. Darin ist nichts Soziales vorhersagbar. Man hat Arbeitsmarktrekrutierungen nach der großen Rezession der siebziger Jahre gestoppt, trotzdem sind durch beschleunigte Familienzusammenführungen mehr Leute denn je eingewandert. Das ist ein sehr komplexes und heikles Feld, politisch ist allergrößte Behutsamkeit angesagt. Von Österreich aus gesehen gibt es zwei Armutszonen um uns: die erste besteht aus Polen, Tschechien, Slowakei, Ungarn, ich würde auch Slowenien dazuzählen. Dort gibt es eine Lohndifferenz zu uns zwischen 1 : 5 und 1 : 10, das ist noch nicht weiter schlimm. Die Dramatik kommt aus dem zweiten Zirkel der Länder, aus der Ukraine, Rumänien, Bulgarien, Albanien usw., wo die Lohndifferentiale bis zu 1 : 100 betragen. Das Armutsgefälle wäre gar nicht so schlimm, wenn die Leute „eingesperrt" blieben wie in alten Kalten-Kriegs-Zeiten, denn ihr Lebensstandard ist weit weniger unter unserem, als die Währungsrelationen, die nur globale Nachfragedifferenzen anzeigen, vermuten ließen. Wenn es aber eine offene Wirtschaft gibt, wo man von Bukarest nach Wien oder von Haiti nach

Florida oder von Mexiko nach Kalifornien gehen kann, wo z. B. vier Millionen Illegale unter 35 Millionen Einwohnern leben, so zerstört das eine Gesellschaft wirklich an den Fundamenten. Und führt dazu, daß es 70-Prozent-Mehrheiten gibt für Aussagen, bei denen vielleicht auch ein Haider erröten oder erblassen würde. Polen mit seiner 18prozentigen Arbeitslosenrate braucht bis 1995 nur aufgrund der Geburtenüberschüsse 650.000 neue Jobs, jetzt kommen die Babyboom-Jahrgänge auf den Arbeitsmarkt. So viele kleine Läden und Firmen können gar nicht entstehen, daß diese 650.000 Jungen und Mädchen einen Job kriegen, also werden sie sich in Brüssel, in Berlin oder in Wien herumtun. Zu beschwichtigen, es sei bis jetzt noch nicht so arg gekommen wie befürchtet, ist naiv. Natürlich kommen nicht 300 Millionen Russen, aber es genügen auch ein paar 100.000 Schwarzarbeiter in einer Stadt wie Wien, um das soziale Gefüge umzudrehen. Neue gesellschaftliche Verträge müssen international geschlossen werden, auf gesamteuropäischer Ebene.

Es ist nicht nur die merkbare Hilflosigkeit in der Migrationsdebatte, national wie international, die die Frage nahelegt: Wer soll überhaupt auf all diese Umbrüche reagieren, wer hat überhaupt noch gesellschaftliche Perspektiven, Integrationskraft und Legitimation dafür? Wer kann überhaupt sprechen? Oder wer sollte sprechen und spricht nicht?

MARIN: Ein beträchtlicher Teil der Interessen, auf die es ankommt, hat keinen Anwalt. Frauen haben gerade die Frauenministerin. Wer vertritt außerdem welche Fraueninteressen? Die Kindergartenmisere ist eine kleinere Katastrophe, und doch kaum ein öffentliches Thema. In England gibt es fast sieben Millionen pflegende Angehörige, die haben sich in einem Verband zusammengeschlossen, sind eine politische Kraft auf lokaler und nationaler Ebene geworden. So was gibt es bei uns nicht. Überhaupt: In keinem der Länder, wo ich länger gelebt habe, gibt es so wenig lebendige Demokratie wie im deutschsprachigen Raum, das gilt nicht für die Schweiz. Es fehlt an politischem Streit, an großen öffentlichen Debatten – sogar jetzt vor dem EU-Beitritt, breite Bürgerbeteiligung auch in Schicksalsfragen bleiben seltene Sternstunden. Daher fällt mir halt, phantasielos, wie ich bin, nur noch das alte Hofnarrenmodell ein: Man hat ein paar kluge Narren bei Hofe, denen hört man zu oder nicht zu, und setzt das dann halt um oder nicht. Warum zum Beispiel die Sozialpartner nicht ununterbrochen nachdenken über die Pensionsreform, warum sie keine Arbeitsgruppe über Arbeitszeitfragen haben, ist mir ein Rätsel. Ich glaube, es könnte nur eine ganz große Koalition etwas bewirken, quer zu den Parteien, quer zu den Fronten zwischen Regierung und Opposition. Kann man sich die jetzige Resignation zum Beispiel gegenüber dem Anstieg der Arbeitslosigkeit à la longue leisten? Kühnheit, Mitgefühl und Tüchtigkeit sind gefordert, nicht Rat- und Einfallslosigkeit, Schwäche und Kälte. Politik braucht Visionen *und* Realpolitik, Experimente *und* pragmatische Lösungen. Sie braucht leidenschaftliche Anteilnahme, aber auch Augenmaß, Kühle und Härte in der Umsetzung.

DIE PLAGEN DER INDUSTRIELLEN LEBENSWEISE

WAS HEISST LEBENSWEISE?

Lebensweise wird hier als umfassender Begriff verstanden, dem keine menschlichen Tätigkeiten fremd sind. Er umschließt alles, vom Kinderkriegen bis zum Sterben, vom Schlafen bis zum Essen, vom Sprachgebrauch bis zur Gewalt, von Sexualität bis zu Religion. „Lebensweise" als Konzept von Sozialforschung faßt mit strukturellem Blick nicht *das System* ins Auge, sondern „die prozessuale Ausgestaltung der mehr oder minder alltäglichen Verläufe, die durch diese Strukturen bedingt werden und sie gleichzeitig generieren" (Marina Fischer-Kowalski*).
Lebensweise wird hier also im Sinne des englischen *culture* gebraucht, das sich schwerlich mit „Kultur" übersetzen läßt, weil dieser Begriff bei uns ganz anders aufgeladen und zugleich viel enger gefaßt ist. Auch mit dem geschlossenen Konzept der Habermas'schen Lebenswelt, die als „kognitives Bezugssystem" des einzelnen dient, in dessen Horizont er kommunikativ handelt, hat „Lebensweise" nichts zu tun.
Gemeint ist im Anschluß an Marvin Harris vielmehr ein kulturanthropologischer Zugang, der „Lebensweise" als das jeweilige Verhältnis von Fortpflanzungsweise, Produktionsweise und (natürlichen) Ressourcen, also der drei Grundelemente einer Gesellschaft, versteht. Unter industriellen Bedingungen sind wir gern geneigt zu vergessen, daß Gesellschaft eine Veranstaltung zwecks Überleben der an ihr Beteiligten darstellt. „‚Culture' oder Lebensweise beschreibt dann das jeweilige Arrangement dieser Elemente, das ‚Wie'" (Marina Fischer-Kowalski).

Dieses Kapitel beruht im wesentlichen auf einem Gespräch mit den beiden „Themen der Zeit"-Berichterstattern Univ.-Doz. Marina Fischer-Kowalski (Institut für interdisziplinäre Forschung und Fortbildung, Wien) und Univ.-Prof. Heinz Steinert (Johann-Wolfgang-Goethe-Universität, Frankfurt) sowie auf von ihnen zur Verfügung gestellten Arbeitsmaterialien.

* Quellenhinweise am Ende des Kapitels

DIE INDUSTRIELLE LEBENSWEISE

„Die industrielle Lebensweise besteht darin, über lange Phasen des Lebens sehr viel und sehr diszipliniert zu arbeiten, und sich für die dabei auftretenden Entbehrungen durch den Konsum von Gütern zu entschädigen“ (Marina Fischer-Kowalski/Heinz Steinert). Mehrere pathogene Prinzipien der industriellen Lebensweise lassen sich festhalten:

- □ Disziplinierung in allen Formen
- □ soziale Ausschließung, nach innen und nach außen
- □ Verbrauch materieller Güter als Reaktion auf alle Arten von Bedürfnisdefiziten
- □ exzessiver Verbrauch von Ressourcen
- □ Stoffwechselstörungen aller Art zwischen Gesellschaft und Natur (bis zur Ausrottung anderer Lebewesen)

DIE DISZIPLINIERTE LEBENSWEISE

„Disziplin läßt sich beschreiben als eine Lebensweise, die in zyklisch wiederkehrende Routinen geordnet ist“ (Heinz Steinert). Unser ganzes Leben zerfällt in kleinere und größere derartige Routinen, welche um die zentralen Institutionen Arbeitsplatz und Haushalt kreisen. Aus routinierten Stunden- und Tages-Klein-Abläufen setzen sich größere Zyklen zusammen. Wochen- und Jahreszyklen wiederum addieren sich zu Lebensphasen, zu Kindheit, Jugend, Ausbildungszeit, zu Partnerschaften, Arbeitskarrieren etc.

Zusammen bilden sie einen Lebenslauf, der sich aus Entwürfen oder Projekten zusammensetzt, welche den Rahmen für die Routinen abgeben, die sich darin entwickeln. „Eine sehr enge Routine des Lebens läßt keine Wahl von Projekten und wenig nicht von Routinen beherrschte Zeit übrig“ (Heinz Steinert). Routine macht das Leben eng, vermeidet Neues und Ungewöhnliches, aus der Wut über versäumten Ausbruch wird Ressentiment. Andererseits verschafft Routine, gekonnter Umgang mit dem Lebensplan, gewisse Spielräume, Möglichkeiten, mit dem Lebensablauf souveräner umzugehen, schließlich auch, Alternativen zu diesen Umgangsformen zu entwickeln.

In der industriellen Lebensweise ist Disziplin, also die „Organisation von Routinen“ (Heinz Steinert), zu einer beträchtlichen Koordinationsaufgabe gewachsen. Transporte von Menschen und Waren sind täglich termingerecht zu absolvieren, Leistungen pünktlich zu

erbringen, dazu soll auf die Motivation der näheren Umgebung Rücksicht genommen werden. Was wie die Aufgabenbeschreibung eines Industriebetriebs klingt, meint aber den Alltag eines Durchschnittsmenschen.
Immense Verkehrswege müssen zwischen Heim, Kindergartenplatz, Arbeitsstätte, Einkaufszentrum und wieder Heim in gewissen Zeiten effizient zurückgelegt werden. Um sie zu bewältigen, muß Disziplin in einem hohen Maß internalisiert sein. Wie weit diese Internalisierung forgeschritten ist, merkt man etwa, wenn man zu Hause aus der Küche etwas holt und dabei überlegt, was man auf dem Weg noch mitnehmen kann, um Zeit und Energie zu sparen, nicht „zweimal gehen zu müssen".
Entstanden ist die disziplinierte Lebensweise in den Klöstern des Mittelalters, also in Anstalten, wo die dauernde Sichtbarkeit der Teilnehmer ihre Überwachbarkeit garantierte. Spätere geschlossene Anstalten, in denen sich die Lebensweise musterhaft heranbilden konnte, waren Kasernenhof, Fabrik und nicht zuletzt das Gefängnis. Durch die Fabrik wurde diese Lebensweise unter dem Diktat der Maschine verallgemeinert, der alte, agrargesellschaftliche Zyklus eines Lebens und Arbeitens mit den Jahreszeiten wurde ersetzt durch eine mechanische Disziplin der Zeit.

WIE UMFASSEND IST DIE DISZIPLINIERTE LEBENSWEISE?

Der moderne Mensch freilich hat die Supervision des Klosters oder der Kaserne weit hinter sich gelassen; besser gesagt, er hat sie in sich hineingenommen, er hat sie internalisiert. An die Stelle religiöser Trainingsprogramme traten zuerst „Trainingsprogramme mit Eigensupervison", wie von Max Weber am Beispiel Benjamin Franklins beschrieben: „Die methodische Lebensführung wird durch Selbstbesinnung, Tagebuchschreiben, abendliches Sündenregister, detaillierte Vorhaben für den nächsten Tag und ähnliche Techniken von dem zu Disziplinierenden selbst administriert" (Heinz Steinert). Das Zeitalter von Filofax und Notebook begann in der Aufklärung.
Heute erzwingt die Warenförmigkeit aller Dinge die regelmäßige Beschaffung von Geld, um sie kaufen zu können. Disziplin stellt sich so automatisch über geregelte Arbeit her. Das Resultat: Waren am Ende des Zweiten Weltkriegs rund 40 Prozent der Menschen während ihres ganzen Lebens nie – und sei es für kurze Zeit – im Verhältnis der Lohnarbeit gestanden, sind es heute nur noch zwei

Prozent. Die industrielle Lebensweise hat sich also verallgemeinert; allerdings nur in unserem Teil der Welt, bei etwa einem Drittel der Weltbevölkerung.
Dennoch gibt es selbst im hochentwickelten Kapitalismus Bereiche, in denen sich kapitalistische Organisationsprinzipien nicht durchgesetzt haben: Teilkulturen, die der Ausbreitung dieser Prinzipien Widerstände entgegengesetzt haben (Maschinenstürmer) und entgegensetzen (Subkulturen). Eine der wichtigsten davon ist der Haushalt, ohne dessen Gratisarbeit das System zusammenbräche. Allerdings muß angemerkt werden, daß auch die Teilkultur Haushalt zwar nicht mit Lohnarbeit, aber doch in ihren Abläufen mit Formen der disziplinierten Lebensweise zu tun hat: Hausarbeit und Kinderbetreuung sind ein Anwendungsfeld moderner Disziplinierung, Hausarbeit folgt nicht mehr Kriterien der Tradition, sondern solchen der Effizienz.

DIE PLAGEN DER INDUSTRIELLEN LEBENSWEISE

Halten wir zwei Hauptmerkmale fest. Die industrielle Lebensweise ist geprägt von Ausschließung in Form von Ghettos, der „Ausgrenzung der Armut nach innen“. Typisch ist auch die „Ausschließung durch Einschließung“ in Form von Gefängnissen (Heinz Steinert). Dazu kommt die Abgrenzung nach außen, in Krisenzeiten auch, in Form von Fremdenfeindlichkeit, nach innen.
Und sie ist geprägt durch den Verbrauch materieller Güter als Antwort auf so ziemlich alle Bedürfnislagen und Entbehrungen. „Daß gegen einen Ehekrach ein neues Kleid hilft, gegen eine Demütigung ein tolles Auto und gegen Einsamkeit ein neuer Videorecorder, ist zwar gebräuchlich, aber in seinen Nebenfolgen pathologisch und weder die einzig mögliche noch eine besonders wirksame Abhilfe“ (Marina Fischer-Kowalski/Heinz Steinert).
Diese beiden Hauptmerkmale verbinden sich in der Tatsache, daß industrielle Lebensweise nur existieren kann, wenn sie ihre Probleme exportiert. Sei es durch soziale Ausweisung, sei es durch Export aller unerwünschten materiellen Folgen dieser Art des Fortkommens. „Es gibt immer einen Bereich, wohin diese Lebensweise die Schäden, die sie hervorruft, externalisiert“ (Marina Fischer-Kowalski). Diese Schäden lassen sich unter der Perspektive der Disziplin beschreiben, aber genausogut aus einem ganz anderen Blickwinkel.

DIE ENTDECKUNG DER STOFFSTRÖME

Die sozialökologische Forschung arbeitet seit einigen Jahren mit dem Begriff des Stoffstroms. Damit wird der Materialdurchsatz pro Einwohner einer Gesellschaft untersucht, alle Materialien, die wir der Natur entnehmen und dann in umgewandelter Form an sie abgeben, werden gemessen. Ein gewisses Minimum dieses Stoffdurchsatzes ist von der Natur vorgegeben, die Summe unserer zur Ernährung und zu unserer Erwärmung nötigen Biomasse, nämlich Wasser und Luft.

„Als Durchsatz gilt der Fluß von Materialien und Energie, der durch ein System von den Quellen (Ursprung der Materialien) zu den Senken fließt (Senken bezeichnen das Ende der Materialflüsse). Dabei werden die Materialien vielfach verändert und umgewandelt durch Konstruktion, Recycling, chemische Umwandlung, Energieumsetzung etc. Im menschlichen System bestimmt weitgehend die Größe des Durchsatzes die Grenzüberziehung (also das Überschreiten der Ertragskapazität der Umwelt)“ (Donella und Dennis Meadows).

Die Menschen der Frühgeschichte (aus Jäger- und Sammlerkulturen) kamen mit drei Kilo Biomasse, zwölf Liter Luft und 20 Liter Wasser am Tag aus. Gegenüber diesen 35 kg des frühgeschichtlichen Jägers und Sammlers (immerhin derzeit noch etwa fünf Prozent der Erdbevölkerung) verwandelt der moderne Österreicher jeden Tag 1.325 kg Material von einem Zustand in einen anderen, und zwar 55 kg feste Stoffe, 120 Liter Luft und 1.150 Liter Wasser.*

Pro Jahr fließen durch die österreichische Wirtschaft vier Milliarden Tonnen Material. Davon sind 88 Prozent Wasser (aus Flüssen für die Kühlung von Aggregaten und zur Versorgung von Industrie, Landwirtschaft und Haushalten mit Trinkwasser), acht Prozent Luft (für Verbrennung) und vier Prozent feste Stoffe (für alle Güter, die wir benötigen). All das entnehmen wir der Natur innerhalb Österreichs, bis auf einen mengenmäßig unbedeutenden (aber funktionell höchst wichtigen) Importstrom von fossilen Brennstoffen und anderen Gütern. Und wir geben es in umgewandelter Form (verschmutzt, chemisch oder physikalisch geändert) wieder an die Natur ab. Dieser Materialdurchsatz beträgt – bei nur wenig gestie-

---

* Mitgeteilt von *Marina Fischer-Kowalski,* nach eigenen Berechnungen und nach: *Anton Steurer,* Stoffbilanz Österreich, 1988 (1992)

gener Einwohnerzahl – das Zehn- bis Zwanzigfache des Jahres 1200 und nahm allein in den letzten zwanzig Jahren noch um ein Viertel zu.

Die Betrachtung der Stoffströme erweist sich als die brauchbarste und umfassendste Art, die ökologische Gesamtfunktionsweise und die Belastung eines Landes (und des Planeten) darzustellen. Die gern – und auch in diesem Buch an anderen Stellen – von Umweltökonomen erhobene Forderung nach ökologischer Kostenwahrheit scheint Marina Fischer-Kowalski wenig erfolgversprechend. Gegen die Praktikabilität dieser Methode spreche, daß zu kalkulierende Folgekosten immer hypothetisch seien und zudem je nach Märkten variieren.

Weil die Stoffstromanalyse die aussagekräftigste Art ist, unsere menschlichen Wirkungen auf die Natur zu beschreiben, entwickelt sie sich zum Verknüpfungspunkt zwischen Umweltpolitik und Wirtschaftspolitik (Deutschland hält Bundestage zum Thema ab, in Holland gibt es einschlägige Programme). Das Ziel sozialökologischer Politik muß es sein, die Stoffströme zu reduzieren.

Österreich konkret (nach Informationen des IFF): Wir entnehmen im Jahr der Natur 117 Millionen Tonnen feste Stoffe und importieren dazu 40 Millionen Tonnen Material. Per Luftfracht werden 27 Tonnen außer Landes geweht, als Abwässer schwimmen sieben Millionen Tonnen davon. 16 Millionen Tonnen gehen als Exportgüter wieder über die Grenzen. In Österreich bleiben 101 Millionen Tonnen, und zwar 52 Millionen Tonnen als Nettozuwachs bei Bauten (Häuser und Straßen), 24 Millionen Tonnen als landwirtschaftlicher Dünger und 25 Millionen Tonnen als Abfall.

Was sagen diese beeindruckenden Gewichte, die wir bewegen, ausscheiden und anhäufen, tatsächlich aus?

□ Sie zerstören Raum.
□ Sie konsumieren Energie.
□ Sie konkurrenzieren andere Lebewesen durch Vernichtung von Biomasse.

Der Trick der industriellen Lebensweise besteht unter anderem darin, aus der Balance mit anderen Lebewesen auszusteigen, indem subterrestrische Ressourcen genutzt werden. In der Agrargesellschaft war darauf Rücksicht zu nehmen, daß die Balance zwischen Ackerbau und Viehzucht aufrecht blieb: Zuviel Vieh bedeutete zuwenig Pflanzen als Nahrung und Futter und umgekehrt. Die Biomasse diente als limitierende Schranke. Erst durch Ausnutzung der

subterrestrischen Reserven wurde das massive Wachstumsprojekt der menschlichen Spezies möglich.
Wie alle tierischen Lebewesen leben auch wir Menschen von Biomasse; allerdings nur noch zu einem Drittel. Die anderen zwei Drittel unseres energetischen Bedarfs decken wir aus fossilen Beständen, dazu zehn Prozent aus Wasserkraft. Dennoch schöpfen wir in Österreich die Hälfte der vorhandenen Biomasse ab, entweder indem wir sie verbauen, oder indem wir sie ernten. In zugespitzter Formulierung könnte man sagen: Wir gerieren uns als Schmutzkonkurrenz und fressen allen anderen Lebewesen die Existenzgrundlage weg. Die Debatte, ob wir diese Lebewesen tatsächlich brauchen, soll an dieser Stelle unterbleiben; wer Öko-Moralismus wittert, kann sich mit dem Argument beruhigen, daß wir auch uns selbst Konkurrenz machen – nicht nur bei globaler Betrachtung, sondern in Ansehung unserer eigenen Lebensqualität, die längst unter dem angeschwollenen Stoffstrom leidet.
Der kritische Blick der Ökologen ist oft auf Emissionen fixiert, nicht – wie in Agrargesellschaften – auf Knappheit. Statt das Problem aber nur in Kategorien der Emission darzustellen, kann man sagen: Wir Österreicher brauchen im Jahr 65 Millionen Tonnen Energieträger (im weitesten Sinn), um 52 Millionen Tonnen Baumaterial (Nettozuwachs!) und 15 Millionen Tonnen Gebrauchsgüter zu bewegen (IFF). Das macht offenkundig volkswirtschaftlich wenig Sinn, ebensowenig wie die Tatsache, daß in der Landwirtschaft 1,2 Kalorien aufgewendet werden, um eine Kalorie an Nahrung zu gewinnen, während eine Jäger- und Sammlergesellschaft aus einer aufgewendeten Kalorie zwanzig Kalorien gewinnt (Marina Fischer-Kowalski). Und die Kurve des Materialdurchsatzes steigt unverdrossen weiter.

LEBENSWEISE ALS AUSWEG-WEISER?

Materialverschwendung widerspricht selbstverständlich der Logik kapitalistischer Produktion. Der dort herrschende Effizienzdruck hat denn auch in den letzten dreißig Jahren zu einer Verringerung des Stoffdurchsatzes pro aufgewendetem Schilling geführt. Dennoch steigt in den Industriestaaten der Materialumsatz pro Einwohner, und zwar unabhängig vom BIP, was den Schluß nahelegt, nicht nur in der Produktion, sondern auf der Ebene der Lebensweise den Hebel anzusetzen.

Kosten der Arbeit senken

Im Produktionsprozeß werden zirka drei Viertel des aufgewendeten Materials „durchgeschleudert“, also durch schlechte Energieausnützung, schlechte Materialverwertung, schlechte Lagerhaltung, unnütze Transporte etc. uneffizient eingesetzt. Dies geschieht nicht zuletzt des hohen Preises der Arbeit wegen. 50 Prozent dieses Preises sind derzeit politisch hochgehalten, während der Wert naturentnommener Güter politisch gedrückt wird.

Statt jedoch nur die Materialkosten zu erhöhen, meinen Marina Fischer-Kowalski und Heinz Steinert, sollte man die (politisch festgelegten Neben-)Kosten der Arbeit senken. Derzeit wird Intelligenz im Produktionsprozeß nicht aufgewendet, um billiges Material zu sparen, sondern um teure Arbeit zu ersetzen.

Gefragt ist auch eine ökologische Steuerreform im Sinne Ernst-Ulrich von Weizsäckers, welche zurechenbare Folgen den Verursachern aufrechnet. Weizsäcker dazu im Worldwatch Institute Report: „Preise sagen nicht die ökologische Wahrheit.“ Die Strukturen der gesamten Produktion würden sich durch gesenkte Arbeitskosten verändern, mehr Dienstleistungen und weniger Grundgüter würden produziert. Freilich muß sich Politik auch mit den Folgen auseinandersetzen: arbeitslose Stahlarbeiter, ins rechtsradikale Lager getriebene Frustrierte etc. Hier hat sie das Problem, „daß es derzeit nicht gelingt, das für die Entwicklung der Gesellschaft auch nur mittelfristig Notwendige mit kurzfristigen Interessen möglichst vieler und vor allem von Leuten in unterschiedlichen sozialen Positionen zu verbinden“ (Marina Fischer-Kowalski/Heinz Steinert). Marina Fischer-Kowalski vergleicht die notwendige Öko-Steuerreform mit der Einführung der Lohnsteuer. „Die war eine Erfindung des Faschismus, keine Naturnotwendigkeit. Aber möglicherweise bedarf es ähnlich dramatischer Ereignisse, um unser Steuersystem umzubauen.“

Miniaturisierung und Entmaterialisierung

Dieser Prozeß ist voll im Gang, man betrachte nur die Unterhaltungselektronik- oder die Computerbranche. Dienstleistungen nehmen ebenfalls mehr und mehr den Platz physischer Güter ein. Beide Prozesse wirken zwar abschwächend auf die Zunahme der Stoffströme, führen aber nie zu deren Rückgang: Häuser und Straßen lassen sich nicht miniaturisieren.

Verlängerung der Verweildauer von Masse im Gesellschaftssystem
Recycling verbraucht viel Energie; zur Vermeidung giftiger und in der Gewinnung zerstörerischer Stoffe ist es wichtig, zur Verringerung der Massenströme weniger. Marina Fischer-Kowalski äußert sich zur gängigen Wiederverwertungsidylle ziemlich skeptisch: Ein paar Prozent Reduktion seien so zu erreichen, mehr nicht.

LEBENSWEISE UND ARBEIT: FLEXIBILISIERUNG

Die Fragestellung lautet hier ebenso knapp wie eindeutig: Ist es möglich, von der eingangs beschriebenen Disziplinierung wieder ein Stück wegzukommen, die Arbeit – kombiniert mit Kostenverteilungsmodellen – anders aufzuteilen, als es die protestantische Ethik und das 19. Jahrhundert der Fabriken uns lehrten? Die Spaltung zwischen Hochdruckarbeit der Überarbeiteten und Unterbeschäftigung der Arbeitslosen und Frührentner aufzuheben?
Die Akzeptanz einer ungeahnt langen Pensionsphase läßt darauf schließen, daß wachsende Freizeit nicht nur zum sozialen Problem würde, sondern – abgesehen vom Hoffnungsmarkt der Freizeitindustrie – tatsächlich ein Potential für Aktivitäten neuer Art öffnen könnte, beispielsweise für Aktivitäten, die nicht nur über Waren, sondern tatsächlich über Gemeinschaftserlebnisse vermittelt wären. Auch wenn man die Zunahme an Arbeitsproduktivität den Menschen in Zeit, nicht in Geld auszahlt, reduziert man Stoffströme.
Die Neuverteilung von Arbeit unter diesem Gesichtspunkt ist eine entscheidende Aufgabe von Politik.

LEBENSWEISEN ÄNDERN: EIN PROJEKT DER POLITIK?

Wie bereits erwähnt, differiert der Stoffdurchsatz pro Einwohner in Industriestaaten auch bei unterschiedlichem BIP nicht. Reiche verursachen natürlich mehr Stoffströme als Arme. Möglicherweise kann die Wirtschaft durchaus „wachsen“, während die Stoffströme abnehmen. Die politischen Ziele sind also klar: Senkung des Energie- und Rohstoffverbrauchs, weltweit die Senkung der Belastung von ökologischen Systemen.
Ein ganz selbstverständliches, politisch zwar beschlossenes, aber einfach nicht durchgeführtes Nahziel ist die Erstellung von Stoffbilanzen. Die Ökologisierung der volkswirtschaftlichen Gesamtrechnung wurde zwar im Parlament beschlossen, aber bisher nicht durchgeführt, und selbst die Vorarbeiten dazu stagnieren.
Das Motiv einer weltweiten Verteilungsgerechtigkeit darf zwar

nicht aus den Augen verloren werden; es scheint aber unmöglich, den Wohlstand der privilegierten 30 und bald nur mehr 20 Prozent der Bürger von Industriestaaten zu verallgemeinern. Was tun? Marina Fischer-Kowalski: „Zumindest in den Industriestaaten Verhältnisse herstellen, die sich den anderen gegenüber vertreten lassen."

Mit Einwirkungen auf die Produktionssphäre allein werden die genannten Ziele nicht zu erreichen sein. Es geht tatsächlich darum, daß sich das Verhalten der Menschen ändert. Welche Möglichkeiten der Steuerung stehen der Politik dabei zur Verfügung? In den letzten Jahrhunderten, vor allem aber in den letzten Jahrzehnten hat sich das Spektrum gesellschaftlicher Steuerungsmittel verschoben: „Weg von Zwangsmitteln hin zu normativen (Erziehung, Verrechtlichung) und schließlich zu Mitteln der Verführung einerseits, weg von direkten zu kontextuellen andererseits. Direkte Zwangsmittel wurden weitgehend aus dem Verkehr gezogen (etwa in Familie, Schule, Arbeit), die verbleibenden Anwendungsfälle wurden staatlich monopolisiert. Kontextuelle Zwangsmittel, etwa Sicherheitsvorkehrungen oder einschränkende Straßenraumgestaltung, treffen eher auf Akzeptanz, sollen sich aber möglichst auf den Umgang mit ‚Außenseitern' bzw. äußeren Grenzen beziehen" (Marina Fischer-Kowalski).

Staatliche Steuerungsmittel hingegen bleiben weitgehend auf Zwang und öffentliche Institutionen (Heer, Schule etc.) beschränkt, „deren Charakter dafür bürgt, daß sie eher als umstrittene Zwangsmittel denn als willkommene ‚opportunity structures' erlebt würden" (Marina Fischer-Kowalski). Die Normensetzung des Staates wird eher als bürokratische Schikane und unverständliche Gesetzesflut aufgefaßt. Gesetzliche Vorschriften zur Änderung der Lebensweise enden im undurchschauten Chaos, wie jüngst im Fall der Mülltrennungsverordnung zu beobachten war.

Das Territorium der „Verführung" überläßt die Politik weitgehend der Ökonomie, wohl aus der Einsicht, daß sie selbst – auf Meinungsumfragen zwecks Wahlgewinnung fixiert – zur Produktion gesellschaftlicher Wunschbilder nicht mehr imstande ist. Dennoch geht es genau darum. „Da die politischen Kräfte, solange es demokratische Verhältnisse gibt, sich der Notwendigkeit, mit Verführungsstrategien zu arbeiten, nicht entziehen werden können, wird es Zeit, hier Research-and-Development-Strategien zu entwickeln – für Produkte, die man unter dem Titel ‚Lebensweisen' führen kann" (Marina Fischer-Kowalski).

Mit anderen Worten, Politik hat die Subkulturalisierung der Gesell-

schaft zu fördern, indem sie alternative Modelle, aber auch flexiblere Modelle bestehender Institutionen ermöglicht, das heißt, indem sie Rahmenbedingungen und Gelegenheiten („opportunity structures") schafft, unter denen sich gesellschaftliche Alternativen auch marktmäßig behaupten können. Was in Ansätzen bei der Schulautonomie und im Bereich biologischer Landwirtschaft existiert, bei flexibleren Arbeits- und Lebenszeitmodellen, bei Alternativenergien ebenso wie bei Ernährungsweisen, im Verkehr und in der Raumordnung, muß gefördert und begünstigt werden, damit es von seinem Teilbereich aus gesellschaftliche Wirkung gewinnt. Würden sich beispielsweise 50 Prozent der Österreicher vegetarisch ernähren, sänke der Stoffdurchsatz des Landes um 25 Prozent.
Neben diesen materiellen Folgen kann Lebensweise Ausschließung von Andersartigen, aber auch mögliche Solidaritäten mit Schwächeren, Fremden, Alten, Benachteiligten bewirken. Die scheinbar disparaten ökologischen und sozialen Interessenlagen bündeln sich in der Frage nach der Lebensweise. Diese aber existiert keineswegs nur als isolierte Entscheidung des einzelnen. „Lebensweisen als Vermittlung zwischen Produktionsweise und Individuum sind daher Gegenstand von Politik – und haben grundlegende Änderung dringend nötig" (Marina Fischer-Kowalski/Heinz Steinert).

LITERATUR

Norbert Elias, Über den Prozeß der Zivilisation. Suhrkamp 1976
Marina Fischer-Kowalski, Arbeitspapier
Marina Fischer-Kowalski/Heinz Steinert, Thesenpapier zu „Themen der Zeit", 1993
Michel Foucault, Überwachen und Strafen. Suhrkamp 1976
Michel Foucault, Sexualität und Wahrheit. Suhrkamp 1977
Jürgen Habermas, Theorie des kommunikativen Handelns. Suhrkamp 1981
Marvin Harris, Cultural Anthropology. Harper & Row 1987
Institut für interdisziplinäre Forschung und Fortbildung Wien (IFF), Schriftenreihe Soziale Ökologie Nr. 34/1993
Donella und Dennis Meadows, Jørgen Randers: Die neuen Grenzen des Wachstums. DVA 1992
Heinz Steinert, Die disziplinierte Lebensweise stellt nicht nur hohe Forderungen, sie fördert dazu soziale Ausschließung. Arbeitspapier
Zur Lage der Welt 1992, Worldwatch Institute Report. Fischer 1992

HUMANISIERUNG DER LEBENSRÄUME

Dieses Kapitel schließt in gewisser Weise an das vorhergehende an; der Versuch, Lebens*räume* menschlicher zu gestalten, hat offenbar mit der Lebens*weise* der darin Lebenden zu tun. Im ersten Teil dieses Kapitels geht es um eine an die Analyse der Stoffströme anschließende Bestandsaufnahme sowie um den Versuch, daraus den Handlungsrahmen einer ökologischen Steuerreform abzuleiten, also eine Makrostrategie.

Lebensräume – die Mehrzahl deutet es an – umfassen nicht nur das globale Umweltproblem der erschöpften Ökosphäre. Thematisiert wird gleichermaßen der lokale, engere Lebensbereich der Staatsbürger – vom Straßenverkehr bis zum Wohnbau, von Zuwanderungsfragen bis zum Staatsdienst für jedermann.

Der zweite Teil des Kapitels befaßt sich mit den Schwierigkeiten dieser Konkretion. Wie macht man tatsächlich einen Lebensraum menschlicher? Ist es möglich, in kleinen, überschaubaren Bereichen Modelle zu schaffen, in denen stärker gewordene Individuen für sich einen neuen Zugang zu politischer Verantwortlichkeit gewinnen können? Die provokanten Denkmodelle zielen auf das Generalthema „mündiger Bürger in einer partikularisierten Gesellschaft“ und auf die Generalfrage, wie Politik diese Mündigkeit auf kreative Weise befördern und dabei für sich selbst eine neue Rolle finden kann, also auf eine Mikrostrategie.

Es soll nicht verhehlt werden, daß die Berichterstatter dieses Kapitels durchaus divergierende Ansichten über Lösungsmodelle der diagnostizierten ökologischen Probleme haben. Dem von Erhard Glötzl vehement begründeten staatlichen Protektionismus und den notwendigen tiefgreifenden Änderungen unseres Wirtschaftssystems setzen Caspar Einem und Dietmar Steiner den Versuch entgegen, „den einzelnen Bürgern mehr Rechte zur Durchsetzung ihrer

---

Dieses Kapitel beruht auf Gesprächen mit Univ.-Doz. Erhard Glötzl (Technischer Vorstandsdirektor der Linzer Stadtbetriebe) (für Teil 1) sowie Dr. Caspar Einem (Leiter des Geschäftsbereiches Gas bei der ÖMV, Wien) und Mag. Dietmar Steiner (Publizist und Leiter des Architekturzentrums Wien) (Teil 2) und auf Arbeitspapieren von Glötzl und Einem.

Umweltansprüche in die Hand zu geben" (Caspar Einem*). Das Agieren auf dem Markt der Umweltgerechtigkeit, behaupten sie, könne nur funktionieren, wenn man die Teilnehmer stärke, ihnen also mehr Rechte gebe, damit sie der „rettenden Hand des Staates" nicht bedürften. Dennoch finden sich die Diskutanten in der Einsicht, daß Mikro- und Makrostrategie einander wechselseitig bedingen und benötigen.

DER ÖKOLOGISCHE PARADIGMENWECHSEL

Beim erreichten Grad gesellschaftlicher Vernetzung sind die Ursachen vieler Mißstände gar nicht mehr zweifelsfrei lokalisierbar. Erhard Glötzls Diagnose: Der einzelne sei sich über die Konsequenzen seines Handelns nicht mehr im klaren, weil er sie nicht mehr überblickt; der gesellschaftliche Druck auf Ausübung von Solidarität sinke, Neoliberalismus als organisierter Egoismus mache sich breit. Das Wertesystem der Gesellschaft insgesamt sei von Erosion bedroht. Die durch das Vordringen des Neoliberalismus ausgelöste Entsolidarisierung führe zur Verunsicherung, damit zur Anfälligkeit für autoritäre Ordnungen und bereite den Boden für Fundamentalismus.

Daß die beschriebenen Prozesse differenziert gesehen werden müssen, bestreitet niemand: So ist Individualismus ein notwendiges Moment bei der Durchsetzung demokratischer gegen obrigkeitsstaatliche Systeme und internationale Vernetzung eine Grundlage friedlichen Zusammenlebens. Dennoch sieht Erhard Glötzl den Raum für die Erhaltung „humaner Grundwerte" in einer Welt der „unstrukturierten Vernetzung und unkontrollierten Komplexität" bedroht. Seine Vorschläge für eine Gegenorientierung:

- □ abgestufte Hierarchien
- □ Vorrang der Politik über die Wirtschaft (nicht der Mensch hat sich der Wirtschaft unterzuordnen, sondern die Wirtschaft dem Menschen)
- □ Wille zu mehr politischer Gestaltung auf allen Ebenen
- □ mehr Selbstbestimmungsrecht für die abgestuften Hierarchie-Ebenen (mehr Protektionismus)

---

* Quellenhinweise am Ende des Kapitels

VOR DER ÖKONOMISCHEN WENDE?

Wir stehen vor einem Umbruch des Wirtschaftssystems, einem Paradigmenwechsel, der dem zu Beginn der achtziger Jahre gleicht, als der Umweltschutz gesellschaftsfähig wurde. Erhard Glötzl ist überzeugt davon, daß „die öffentliche Meinung in zwei Jahren kippt" und die Schwächen unseres marktwirtschaftlichen Systems einer Revision nicht entgehen. Diese Schwächen sind:

- ungebremstes Wachstum und das Anschwellen der Stoffströme
- Zweidrittelgesellschaft (Starke werden stärker, Schwache schwächer)
- Nord-Süd-Konflikt (Staatliches Analogon zur Zweidrittelgesellschaft)
- Arbeitslosigkeit (Substituierung der Arbeitskraft durch Rohstoffe und Energie macht das Problem unbeherrschbar)

Die Stimmen mit grundsätzlichen Bedenken gegen unser derzeitiges Wirtschaftssystem mehren sich auch in der Literatur. So meint etwa Hermann E. Daly, ein leitender Wirtschaftswissenschaftler der Weltbank: „In der Regel ignorieren Wirtschaftsforscher die versteckten Kosten, die ein deregulierter Welthandel der Umwelt und dem Gemeinwesen aufbürdet."

Einer der schärfsten Marktkritiker zeichnet die Weltmarktpyramide so: „Japan und die BRD stehen an der Spitze; dennoch haben sie ihre eigene innere Massenarmut erzeugt. Diesen Gewinner-Nationalökonomien folgt die zweite Garnitur der G7, wo Armut und Zerstörung nicht nur auf breiterer Front erscheinen, sondern auch die einzelnen Landesregionen, Stadtteile usw. noch viel schroffer in Gewinner und Verlierer auseinanderfallen. Noch größer ist der Abstand zur kapitalistischen Peripherie, deren Nationalökonomien sich im Laufe der achtziger Jahre, von touristisch begünstigten Regionen abgesehen, immer mehr den Verhältnissen der dritten Welt angenähert haben. Den Sockel der Pyramide bilden schließlich die ‚Weltsozialfälle' Afrikas, Lateinamerikas und anderer Elendsregionen der dritten Welt, deren Lage sich dramatisch verschlechtert hat und in denen jene Hungerkatastrophen bereits Alltag geworden sind, die von der sowjetischen Presse noch als Menetekel an die Wand gemalt wurden" (Robert Kurz).

20 Prozent der Weltbevölkerung verbrauchen zirka 80 Prozent der Ressourcen und teilen sich 80 Prozent des Welteinkommens. Dazu die Belastungen der Ökosphäre: Treibhauseffekt, Ozonloch, saurer Regen, Sturmkatastrophen, Erosion, Rückgang der Artenvielfalt

und Zerstörung der Regenwälder – kein besonders schönes Bild, das unser System bietet. Dieses System ist bekanntlich wirtschaftlich und längst nicht mehr politisch dominiert.

EINE LANZE FÜR DEN PROTEKTIONISMUS

Preise müssen die Wahrheit sagen, sonst schwenkt ein System in die falsche Richtung. Akzeptiert man diese Prämisse, läuft derzeit einiges schief. Denn die Preise lügen. „Die Preise für den Umweltgebrauch sind heute wegen der Nichtbeachtung der externen Effekte wenigstens um einen Faktor fünf zu niedrig" (Ernst Ulrich von Weizsäcker). Sie werden nicht einzelnen wirtschaftlichen Tätigkeiten zugeordnet, sondern verschwinden quasi in den von der Allgemeinheit zu tragenden Kosten. Kurzfristige Erfolgsrechnungen sind für das einzelne Unternehmen das einzige Erfolgsrezept, sich am Markt zu halten. Langfristige Überlegungen können als unwirtschaftlich keinen Eingang in die Kalkulation finden und werden an den Staat ausgelagert.

Gegen den klassisch-liberalen, ökonomischen Merksatz, privater Eigennutz bringe dennoch, durch den Markt vermittelt, der Gemeinschaft höheres Wohl als öffentliche Eingriffe, hält Glötzl ein überraschendes Argument für den Protektionismus bereit. Die Kernzellen des Wirtschaftssystems, die Betriebe selber, verhalten sich nämlich protektionistisch, argumentiert er anhand der „Make-or-buy-Entscheidungen", die täglich in jedem Unternehmen fallen: „Steht ein Betrieb vor der Entscheidung, ein Produkt zu kaufen oder selbst zu produzieren, so muß er die eigenen Herstellkosten dem Marktpreis gegenüberstellen. Liegen die Herstellkosten höher als der Marktpreis, müßte der Betrieb eigentlich in jedem Fall das Produkt zukaufen. Tatsächlich gehen in die Entscheidung des Betriebs mehr als nur die Vollkosten ein, es gehen darüber hinaus ein: Auslastungsfragen, Umstrukturierungskosten, Devestitionskosten, Zusatznutzen, strategische Überlegungen oder einfach nur Grenzkostenüberlegungen. Es liegt also ganz allein in der Hand des Betriebs, diese zusätzlichen Randbedingungen zu bewerten und danach zu entscheiden."

Was für Betriebe vernünftig ist, kann für die nächstgrößere Einheit, die Volkswirtschaft, nicht falsch sein, argumentiert Glötzl. Im Fall von Milchimport müßten analog die Kosten für die Auflassung der Almen und für die Neuschaffung von Arbeitsplätzen, der Zusatznutzen (Fremdenverkehr) und strategische Überlegungen (Eigenbedarfssicherung) berücksichtigt werden. Es sollte daher ganz in der Hand einer Volkswirtschaft liegen, über ein Milchprodukt zu entscheiden.

STABILE SYSTEME BENÖTIGEN NEGATIVE RÜCKKOPPLUNG UND DÄMPFUNGSELEMENTE

Jedes dynamische System benötigt für seine Stabilität negative Rückkopplungen und Dämpfungselemente. Der heutigen Marktwirtschaft fehlen solche Elemente weitgehend. Der Ruf nach Deregulierung, Privatisierung, „mehr Markt“ und nach freierem Welthandel schafft die letzten derartigen Elemente ab und führt daher geradewegs zu noch mehr Destabilisierung.
Eine systemnotwendige negative Rückkopplung ist zum Beispiel die Umverteilung (von reich zu arm, stark zu schwach, groß zu klein). Umverteilung wird also nicht als moralische Notwendigkeit betrachtet, sondern im Sinn der Eingangsbemerkungen als systemstabilisierende Maßnahme, um zu verhindern, daß sich das System in die Katastrophe hochschaukelt.
Als Beispiele von systemnotwendigen Dämpfungselementen seien Energiesteuer bzw. ökologische Steuerreform oder Protektionismus und Gemeinwirtschaft genannt. Die Notwendigkeit von Dämpfungselementen läßt sich am besten am Beispiel des Stoßdämpfers eines Autos verstehen. Auf den ersten Blick erscheint ein Stoßdämpfer, der ja gezielt Energie vernichtet, genauso unsinnig wie etwa eine Energiesteuer und Protektionismus, die Wirtschaftsabläufe eher behindern und bremsen. Bei genauerer Betrachtung ist die Funktion des Stoßdämpfers genauso notwendig wie dämpfende Elemente im Wirtschaftssystem, um ein unkontrolliertes Aufschaukeln zu verhindern.

KONTUREN EINES „NEUEN WIRTSCHAFTSSYSTEMS“

Gründe, ein neues Wirtschaftssystem zu fordern, gibt es genug.

- □ Ökonomische: Selbst der Wechsel von „quantitativem“ zu „qualitativem“ Wachstum wird weder selbsttätig noch ohne wesentliche Änderung bestehender Steuerungsmechanismen zustande kommen.
- □ Ökologische: Die anthropogenen Stoffströme müssen weltweit mindestens um 50 Prozent reduziert werden, um die Ökosphäre zu stabilisieren.
- □ Historische, wie von Weizsäckers These: „So wie das 19. Jahrhundert das Jahrhundert der Nationalstaaten oder das 20. Jahr-

hundert das Jahrhundert der Ökonomie genannt werden könnte, wird das 21. Jahrhundert das Jahrhundert der Ökologie sein."

Es versteht sich, daß im Rahmen dieses Buches kein neues Wirtschaftssystem dargestellt werden kann. Ähnliche Überraschungen wie die des Zusammenbruchs realsozialistischer Planwirtschaften sollte sich die Wirtschaftswissenschaft aber ersparen. Erhard Glötzl formuliert folgende Punkte, die in diesem Sinn als Diskussionsanregung gedacht sind:

- Soziale Steuerreform: Zumindest als Gedanke sollte – bei aller Schwierigkeit der Durchführung – am Konzept der Preiswahrheit festgehalten werden, die auch volkswirtschaftliche Folgekosten beinhaltet.
- Umverteilung: Sozialabbau ist, da destabilisierend, kein Ausweg aus der Krise.
- Ökologische Steuerreform: Der schrittweise Ersatz heutiger Steuern durch Umweltsteuern muß aufkommensneutral und sozialverträglich sein und muß in einer Geschwindigkeit erfolgen, die auf Machbarkeit von Änderungen Rücksicht nimmt. „Kernstück einer ökologischen Steuerreform müßte die Einführung einer Energiesteuer sein, welche die Endverbraucherpreise von nicht erneuerbaren Energieträgern um jährlich fünf Prozent real erhöht. Der Nutzen aus der dadurch ausgelösten Effizienzrevolution überwiegt bei weitem den Nachteil höherer Ressourcenpreise und führt daher nicht zu einem Wohlstandsverlust" (Ernst Ulrich von Weizsäcker).

Erhard Glötzl merkt an, in den vergangenen 120 Jahren sei die Arbeitsproduktivität um den Faktor 20 erhöht worden, weil der Preis der Arbeit aufgrund von Sozialgesetzen auch die sozialen Kosten beinhaltete und deshalb ständig stieg: „Dies führte letztlich zu einer immer weitergehenden Substitution von Arbeit durch Energie und Rohstoffe . . . Die drastische Erhöhung der Energie- und Rohstoffkosten durch die Internalisierung der Umweltkosten aufgrund einer ökologischen Steuerreform wird ohne Wohlstandsverlust zur Substitution von Energie und Rohstoffen durch Information (bessere Technologien) und damit einer wenigstens 90prozentigen Reduzierung der Materialintensität von Produkten und Dienstleistungen führen. Nur so können die anthropogen verursachten Stoffströme drastisch verringert und kann eine Zerstörung der Lebensgrundlagen vermieden werden."

DIE PHANTASIE AN DIE FRONT: DENKMODELLE

Die Notwendigkeit umfassender ökologischer Maßnahmen ist hinreichend argumentiert. Sie wird nirgendwo bestritten; allerdings stellt sich die Frage nach ihrer Durchsetzbarkeit. Die Grundfrage dieses Buchs nach den Möglichkeiten von Politik läßt nur den Schluß zu, Politik könne weder mit Zwängen und Normen agieren noch mit großen Welterklärungen oder gar als übergelagertes Steuerungssystem.

Wie also, wenn Widerstand gegen Veränderung gerade dann vorherrscht, wenn diese Veränderung zwar für notwendig erachtet, im eigenen Lebensbereich jedoch keineswegs gewünscht wird? Wenn man gleichzeitig Veränderungswünsche an „die Politiker" und „die Instanzen" delegiert, deren „Untätigkeit" aber mit Ressentiment quittiert? Emotionalisierung und Personalisierung der Politik sowie Fragmentierung und Segmentierung der Kommunikation, die beiden Seiten des gleichen Prozesses, bilden nur mehr den politischen Rahmen einer Gesellschaft, in der die Frage offenbleibt, wie sich politische Veränderung in ihr tatsächlich durchsetzen kann.

Die Einsicht, daß nur stärkere – und das heißt in den meisten Fällen gestärkte – Individuen zu diesen Veränderungen fähig sind, steht über den Überlegungen von Caspar Einem und Dietmar Steiner sozusagen als herzustellende Voraussetzung geschrieben: „Vom Bürger als Konsument von Staatsdienstleistungen zum Bürger als Souverän: Soll und kann Politik nicht etwa dadurch von der zunehmenden Schwierigkeit, komplexe Fragen zu lösen, entlastet werden, indem das Politikhandeln von seiner materiellen Überfrachtung entlastet wird und sich auf die Regelung von Handlungsrahmen für seine Bürger beschränkt, während gleichzeitig den Bürgern mehr und bessere Instrumente in die Hand gegeben werden, sich selbst zu helfen?"

Zu diesem Zweck sollen „Denkmodelle" entwickelt werden, die in einzelnen Bereichen Lösungsmöglichkeiten für verschiedene Probleme mit verschiedenen Zielsetzungen durchspielen, um zu konkreten Perspektiven zu gelangen.

Aus einem Netz solcher punktuell praktisch zu erprobender Denkmodelle ergibt sich ein pragmatischer Ansatz zu einer Veränderung, der den gestellten Diagnosen und den erkannten Anforderungen Rechnung trägt und diesseits eines Systemumsturzes sofort machbar ist. So gesehen erhielte pragmatische Politik eine ganz neue

Wendung: Pragmatische Politik wäre phantasievolle Politik, in kleinen, überschaubaren Bereichen hätte politische Veränderung ihren Ort. Politik hat anzuregen und Rahmenbedingungen zu sichern, nicht defensiv vom Prinzip der Machterhaltung, sondern nach dem Prinzip der Subsidiarität von Machtverteilung auszugehen.

Im Rahmen des „Themen der Zeit"-Projektes entstanden neben anderen (es ist hier nur möglich, eine Auswahl zu bringen) folgende Denkmodelle:
- □ Entgelt für Verkehrsbelastung
- □ Präventivwirkungskette
- □ Alternativen zur Ausländerbeschäftigungspolitik
- □ Wohnbausteuer
- □ Allgemeiner Staatsdienst / Beamte auf Zeit

ENTGELT FÜR VERKEHRSBELASTUNG

Ausgehend von der Einsicht, daß der belastenden Riesenminderheit der Autofahrer die weit größere Mehrheit der belasteten Nichtautofahrer gegenübersteht, stellt sich die Frage, wie sich die Mehrheit dem Diktat der gutorganisierten und von machtvollen Lobbies (Autoindustrie, Straßenbau) gestützten Minderheit entzieht.
Verkehrsfragen werden dadurch kompliziert, daß jeder Autofahrer zu Zeiten zum Nicht-Autofahrer wird. „Was fehlt, ist die Gruppe der von Lärm und Abgasen Betroffenen. Sie sind es, die mehr Parkgaragen im Zentrum zu spüren bekommen, weil so mehr Autos hineinfahren können – an ihren Häusern vorbei. Es gilt, diese Betroffenen in den Prozeß einzubeziehen und zugleich ein Steuerungsmittel zu finden, das in die richtige Richtung weist" (Caspar Einem).

Denkmodell

In jedem Straßenabschnitt wird jedes Auto mittels elektronischer Kennmarke individuell gezählt. Die Anrainer des jeweiligen Abschnitts erhalten ein Entgelt, das aus der Steuer der Autobesitzer finanziert wird. Die Folgen:
- □ Es profitieren die Nichtautobesitzer.
- □ Am meisten zahlen die Bewohner ruhiger Wohngegenden, die viel (woanders) Auto fahren.
- □ Wird weniger gefahren, zahlen alle weniger.
- □ Die größte Gruppe wird bevorzugt.

Denkbar wären auch Modellversuche, etwa in stark belasteten Ge-

genden, deren Bewohnern dann natürlich höhere Kompensationen aus der Kfz-Steuer zustünden. Sie könnten ihre Wohnungen schalldicht machen etc. Oder es würden Benachteiligte hinziehen, die es vorziehen, Lärm zu ertragen und dafür ihr Einkommen aufzubessern. Der Unterschied zu heute: Derzeit erhalten sie keine Geldkompensation für Lärm und Abgase.
Denkbar wäre auch, Ortsumfahrungen, die nicht durch bewohntes Gebiet führen, von der Regelung auszunehmen.
Jedenfalls würde Bewußtsein verändert. Das pädagogisch spannende an diesem Modell: Da viele Menschen gleichzeitig Autofahrer und Bewohner sind, könnten sie gleichzeitig an beiden Enden ihres Tuns dessen Wirkungen spüren.

PRÄVENTIVWIRKUNGSKETTE

Caspar Einem berichtet von einem in empirischer Untersuchung (Institut für Gesellschaftspolitik) festgestellten Phänomen, das sich bei Versuchen von Verbrauchern zeigt, die ihre Rechte durchsetzen wollen, wenn von ihnen gekaufte Produkte oder Dienstleistungen nicht funktionieren. Vorerst wurden bei aller Verschiedenheit der untersuchten Fälle drei Typen von Konsumenten identifiziert:

- □ Hilflose Konsumenten (29 Prozent der Gesamtstichprobe). Sie reagieren ängstlich, suchen bei sich selbst die Schuld für fremde Fehler und denken nicht daran, zu Gericht zu gehen.
- □ Beharrliche Konsumenten (29 Prozent). Meist selbstbewußte Frauen. Diese Gruppe wendet sich zuerst an das Unternehmen, führt das nicht zum Ziel, bald aber auch an Institutionen. Beharrliche Konsumenten haben oft Erfolg, auch bei Gericht, wenngleich sie sich mitunter auf dem Weg der „Kulanz" an Kosten beteiligen.
- □ Durchreißer (19 Prozent). Meist Männer aus gehobener Schicht mit bester Gesetzeskenntnis. Sie machen das Unternehmen verantwortlich, gehen aber „aus guten Gründen" oft nicht zu Gericht.

Es ging den Konsumentenschützern darum, Maßnahmen zu schaffen, die der schwächsten Gruppe helfen. Weil diese Gruppe die Schuld bei sich selbst sucht, mußten dies präventive Mittel sein, die den Beschwerdefall möglichst gar nicht eintreten lassen. Die zweite Gruppe bedurfte hingegen verbesserter Durchsetzungsinstrumente, weil sie am ehesten bereit war, vor Gericht zu gehen, während die dritte Gruppe aufgrund ihrer Bildung sich darüber im klaren war, daß sich die Risiken vor Gericht schwer abschätzen ließen. „Kennt-

nis der Gesetze und der Gerichtspraxis führt zu einer eher geringeren Bestimmtheit des Auftretens" (Caspar Einem, 2).
Daraus folgte der Vorschlag, die rechtliche Lage für die Wissenden zu verbessern, statt über Instrumente für die Schwächsten nachzudenken. Denn „erst, wenn sich die Lage für den Wissenden tatsächlich verbessert, bekommt die Drohung mit dem Gericht auch für den weniger Wissenden den Charakter eines gut (und gefahrlos) einsetzbaren Instruments" (Caspar Einem, 2). Die Präventivwirkungen, die entstehen, wenn die zweite und dritte Gruppe ihr Recht anwendet, kommen automatisch der ersten Gruppe zugute.

ALTERNATIVEN ZUR AUSLÄNDERBESCHÄFTIGUNGSPOLITIK

Derzeit werden Ausländer aufgrund staatlicher Kontingentierung bestimmten Firmen zugeteilt, oder sie erhalten nach längerer Verweildauer einen Befreiungsschein und dürfen sich ihren Arbeitgeber selber suchen. Daraus folgt eine Klasseneinteilung der Arbeitnehmer in:

1. Inländer (am besten gestellt: männliche Angestellte, am schlechtesten Arbeiterinnen)
2. berechtigte Ausländer (am besten gestellt: Deutsche, am schlechtesten Türken)
3. unberechtigte, sofort abschiebbare Ausländer (am besten gestellt: Asylanten, am schlechtesten Wirtschaftsflüchtlinge)

Klassenlöhne zeichnen diese Einteilung präzise nach, Lohndumping entsteht genauso wie Angst vor diesem Dumping bei den noch nicht davon Betroffenen. Zugleich werden die Grundlagen von Solidarität und damit auch der Kern der Gewerkschafts- und Arbeiterbewegung zerstört.

Denkmodell

Das Ausländerbeschäftigungsgesetz entfällt ersatzlos; dafür wird eine Reihe von Maßnahmen vorgenommen:

- □ Lohnansprüche verjähren erst sechs Monate nach Ende des Beschäftigungsverhältnisses (derzeit verjähren sie mit dessen Ende, was Klagen ausschließt: denn wer bei bestehendem Lohnverhältnis klagte, würde gekündigt). Präventivwirkung: der lohnkürzende Arbeitgeber ginge ein Risiko ein.
- □ Die Abtretung des Klagsanspruchs wird erweitert: von ÖGB und Kammer auf Vereine („Verein der Bosnier" vertritt die Rechte der Bosnier).

- Es gibt ein Klagsrecht für ÖGB und Arbeiterkammer auch ohne Auftrag durch den Betroffenen sowie Weiterbeschäftigungspflicht für den vom Klagsanlaß Betroffenen (der sonst sofort gekündigt würde. Das Klagsrecht soll die Belegschaft vor Dumping im Betrieb schützen).

Folgendes Ergebnis ließe sich von diesen Maßnahmen erwarten:

- „Es könnten nicht mehr Ausländer als bisher beschäftigt werden.
- Die Kollektivvertragsbedingungen könnten für alle Arbeitnehmer (nicht bloß ausländische) wirksamer (durchsetzbar) werden.
- Es würden Bedingungen geschaffen, in denen die Rechtssubjekte selbst handeln können und nicht auf den Staat angewiesen sind.
- Es würden sowohl subjektiv als auch objektiv Voraussetzungen für solidarisches Handeln geschaffen: „WIR" wären wieder alle Arbeitnehmer.
- Vielleicht wäre das Konzept auch mehrheitsfähig, stellte man es in einen entsprechenden Rahmen. Dagegen kann jedenfalls nicht leicht argumentiert werden" (Caspar Einem).

WOHNBAUSTEUER

Ein wesentlicher Grund für die Verknappung des Wohnungsangebots wurde bei der Erstellung aller Wohnbauprogramme schlicht übersehen: Von 1971 bis 1989 nahm die Zahl der pro Kopf in Anspruch genommenen Quadratmeter von 25 auf 32, also um 38 Prozent zu. „Die Neubauleistung in diesem Zeitraum blieb etwa 50 Prozent hinter der so indizierten Notwendigkeit zurück" (Caspar Einem).

Für den Hauptanteil dieser Zunahme ist eine wohlhabende Minderheit durch ihre Zweithäuser und ihre größeren Wohnungen verantwortlich. Diese neuen, privilegierten Formen des Wohnens belasten die öffentliche Hand mit Zusatzkosten für Straßen, Kanalisation und Infrastrukturen neuer Siedlungen. Da derzeit aus politischen (Schutz der Hausherren) oder aus sozialen Gründen (kein Eingriff in bestehende Verträge) niemand das Wohnrecht anzutasten wagt, wird folgendes Denkmodell zur Debatte gestellt:

Denkmodell

- Besteuerung „exzessiver" Inanspruchnahme von Quadratmetern.
- Pro Kopf 30 Quadratmeter steuerfrei, darüber hinausgehende Quadratmeter werden mit monatlich 10 Schilling belastet.

□ Die Steuer könnte Zwecken der Wohnbauförderung gewidmet werden.

Diese Maßnahme würde den Armen nicht schaden (es wären Ausnahmeregelungen für Alte in großen Wohnungen, nach Wegzug der Kinder oder Tod der Angehörigen erforderlich), träfe die Richtigen und wäre durch zusätzliches Steueraufkommen eine wichtige Unterstützung des öffentlichen Wohnbaus und der benötigten Infrastrukturen.

ALLGEMEINER STAATSDIENST/BEAMTE AUF ZEIT

Ausgangspunkt war die Überlegung, daß es nur durch Erfahrungen von Gemeinsamkeit oder Gleichbehandlung gelingen kann, die für das Funktionieren eines Staatswesens notwendige gemeinschaftliche Basis herzustellen. Die einzige derartige Erfahrung, zu der sich wenigstens Männer aller Schichten und Klassen zusammenfinden, stellt derzeit das Bundesheer dar, das jedoch zugleich mit der positiven Erfahrung der Mischung von Schichten (Gemeinschaftsgefühl) auch die negative Erfahrung einer staatlichen Zwangsinstitution mitliefert.

Denkmodell

Das Konzept lautet: Beamte auf Zeit. Es sieht vor, die maximal im Staatsdienst mögliche Zeit zu limitieren, andererseits sollte jeder einmal Staatsdiener sein und sich somit mit dem Staat identifizieren können (auch indem er oder sie mithilft, ihn zu verändern). Andererseits sollte eine verkrustende Bürokratie durchlässiger gemacht werden, indem man lebenslängliche Bürokratenkarrieren verhindert.

Es besteht keine Pflicht, Staatsdiener zu werden. Der Staat hingegen hat die Pflicht, Leute auf dem Arbeitsmarkt zu suchen, darf sie jedoch keinesfalls länger als 10 oder 15 Jahre lang beschäftigen. Natürlich müßten Qualifikationen dabei berücksichtigt werden: Anwälte etwa könnten als Richter arbeiten, Architekten als Baupolizisten etc.

Die Bürokratie sieht sich dadurch gezwungen, statt ihre Regeln lustvoll immer weiter zu komplizieren, sie zu vereinfachen, damit bei dieser allgemeinen Job-rotation die Übergabe funktioniert. Die Hoffnung auf eine immanente Verwaltungsreform hat sich bisher als Schimäre erwiesen. „Der Apparat wird nur mit einer ganz anderen Methode als mit Verwaltungsreform zu reformieren sein. Ver-

waltungsreform wird immer ein Teil der Verwaltung sein“ (Caspar Einem).
Als Vorbild mag der sogenannte Mittelbau im Universitätsbereich dienen, wo dessen Mitgliedern klar ist, daß nicht alle von ihnen Professoren werden können, sondern daß die meisten nach einer Frist ihren Arbeitsplatz mit einem anderen vertauschen werden. Außerdem führt das radikale Rotationsmodell zur Überlegung, welche Funktionen der Staat tatsächlich ausüben muß, also käme es notwendigerweise auch auf diesem Weg zu einer Entschlackung. Einkommensfragen spielen ebenfalls keine Rolle, da das Einkommen von Beamten im Lebensdurchschnitt über dem von Angestellten liegt.

So könnte also eine neugestaltete Politik aussehen: Sie schlägt Modelle vor, innerhalb derer es den Betroffenen möglich ist, sich selbst über ihre Probleme zu verständigen. Diese Rolle der Politik hätte sowohl den Effekt, Teilkulturen zu ermutigen, wie im Kapitel über die Lebensweise angeregt, wie sie auch den Anforderungen eines zeitgemäßen Gerechtigkeitsbegriffs entspräche.
Darüber hinaus hätten die an der Austragung ihrer Lebensprobleme in Denkmodellen Beteiligten durch den offenen Charakter dieser Modelle die Möglichkeit, ein Stück ihrer Bürgersouveränität auf spielerische Weise zurückzugewinnen, statt sie von einem anonymen Staat gewährt zu erhalten. Der Staat, so die Hoffnung, würde damit zu ihrem Staat. Erst dann könnte man behaupten, ihr Lebensraum sei menschengerecht.

LITERATUR

H. E. Daly, Die Gefahren des freien Handels. In: Spektrum der Wissenschaft, Januar 1994

Caspar Einem, Materialienband zu „Themen der Zeit“

Caspar Einem (2), Präventivwirkung und Solidarität, Manuskript

Erhard Glötzl, Arbeitspapier zu „Themen der Zeit“

Erhard Glötzl, Neue Partnerschaft in der Marktwirtschaft oder ökologische Selbstzerstörung, Arbeitspapier, April 1993

Institut für Gesellschaftspolitik, Das Konsumentenschutzgesetz in der Praxis, 1987

Robert Kurz, Der Kollaps der Modernisierung. Eichborn 1991

Ernst Ulrich von Weizsäcker, Erdpolitik. Wissenschaftliche Buchgesellschaft 1992

DIE MEDIENWELT

MEDIEN GEGEN POLITIK: DIE AUSGANGSLAGE

Bei allen österreichischen Besonderheiten gilt auch hierzulande der international zutreffende Befund: Zunehmende Diversifizierung prägt die Kommunikationskultur Österreichs. Das Informationsangebot der breit und gründlich informierenden Tageszeitungen und Nachrichtenmagazine wird durch das unterhaltende Angebot von TV, Radio, Illustrierten und Boulevardmedien infiziert: Die meisten Tageszeitungen werden Magazinen ähnlicher; an nachhaltiger Information interessierte Leser bleiben auf Spezialmedien verwiesen.

Diese Ausdifferenzierung der publizistischen Landschaft entspricht der Partikularisierung der Gesellschaft; gerade die Politik, die es gewohnt war (und ist), über einige wenige Leitmedien ihre Botschaft zu plazieren, sieht sich mit einer neuen, schwierigeren Situation konfrontiert. Wir verwenden absichtlich das Wort „plazieren", da die Rede vom „Transport" von Botschaften suggeriert, diese kämen unverändert und unbeschädigt beim Betrachter an, als wären Medien neutrale Spediteure und nicht Apparate mit deutlichem Eigeninteresse.

Das Problem der fragmentierten Öffentlichkeit bekommt übrigens auch die Werbeindustrie zu spüren, die ebenfalls nicht mehr mit „flächendeckenden" Medien auskommt, sondern mehr und mehr dazu übergehen muß, sich aus verschiedenen kleinen Publika das fürs jeweils beworbene Produkt geeignete Publikum quasi in Puzzle-Arbeit zusammenzusetzen, während sie sich früher darauf verlassen konnte, daß Werbung „im Fernsehen" oder in der auflagenstärksten Tageszeitung eben wahrgenommen wird.

FRAGMENTIERTE WELTSICHT

Die zunehmenden Verhaltensoptionen der einzelnen führen nicht nur zu einer Differenzierung der publizistischen Landschaft, son-

---

Dieses Kapitel entstand nach einem ausführlichen Gespräch mit Univ.-Prof. Holger Rust (Institut für Publizistik, Universität Wien), aufgrund einer Analyse von Holger Rust für „Themen der Zeit" und aufgrund eigener Vorarbeiten zum Thema.

dern auch zu einer fragmentierten Weltsicht. Folgende Symptome lassen sich nach Holger Rust* nennen:

- □ ein enges Nationalbewußtsein als (Angst-)Reaktion auf übergeordnete, undurchschaute Gebilde wie etwa „Europa";
- □ wachsender Regionalismus;
- □ lokaler „Tribalismus" mit Vergangenheitsorientierung, Abwälzung gesellschaftlicher Verantwortung aus dem Nahbereich auf ein halluziniertes Ganzes (EU, „das" Ausland);
- □ mentaler „Tribalismus", also Gruppenidentitäten mit modischen Kürzeln und Ausgrenzungen;
- □ Vereinzelung, besonders von Alten und Jungen;
- □ wirtschaftliche Segmentierung von Gruppen mit starker und Gruppen mit schwacher Teilhabe am Konsum;

Diesen verschiedenen Ebenen der Alltagswahrnehmung und des Alltagshandelns (die durchaus in einer Person gleichzeitig vorhanden sein können!) entsprechen jeweils unterschiedliche mediale Angebote. Sie lassen sich nach folgendem Schema gegliedert darstellen:

<table>
<tr><td colspan="2" rowspan="2"></td><td colspan="3">Charakteristik der Horizonte diverser Medien</td></tr>
<tr><td>General Interest</td><td>Special Interest</td><td>Very Special Interest</td></tr>
<tr><td rowspan="3">Horizonte diverser Publika</td><td>General Interest</td><td>Allgemein informierende Medien für ein allgemein interessiertes Publikum</td><td>Thematisch eingegrenzte Medien für ein allgemein interessiertes Publikum</td><td>Hoch-spezialisierte Medien für ein allgemein interessiertes Publikum</td></tr>
<tr><td>Special Interest</td><td>Allgemein informierende Medien für spezifische Publikums-segmente</td><td>Thematisch eingegrenzte Medien für spezifische Publikums-segmente</td><td>Hoch-spezialisierte Medien für spezifische Publikums-segmente</td></tr>
<tr><td>Very Special Interest</td><td>Allgemein informierende Medien für hochselektive Publikums-segmente</td><td>Thematisch eingegrenzte Medien für hochselektive Publikums-segmente</td><td>Hoch-spezialisierte Medien für hochselektive Publikums-segmente</td></tr>
</table>

* Quellenhinweise am Ende des Kapitels

MEDIEN, DAS KREUZ DER POLITIK

Die Funktion von Medien hat sich grundlegend verändert. Ihr Zweck ist nicht mehr die Aufklärung, nicht mehr die Übermittlung einer Botschaft an ein Publikum, ihr Zweck besteht vielmehr darin, dieses Publikum an sich zu binden, um es einem anderen Publikum, den Werbetreibenden nämlich, als Adressaten für deren Produktbotschaften weiterzuleiten. Der Anteil der Einnahmen aus Werbung an der Finanzierung von Medien wächst ständig: bei elektronischen Medien beträgt er nicht selten 100 Prozent. Der neue Zweck von Medien besteht nicht mehr in der Aufklärung, sondern im Verkauf. Und zwar an zwei Käufer gleichzeitig: einerseits an Leser, Hörer, Seher und andererseits an die werbetreibende Wirtschaft.

Daraus folgt, daß etwa der Zweck von Magazinen vor allem für jugendliche Zielgruppen nicht „in der allgemeinen demokratiepolitischen Unterweisung zu kritischem Bewußtsein, sondern in erster Linie in der Konsumschulung" (Holger Rust) besteht. Die Marktforschung unterstützt die Spezialisierung der Medien, indem sie die Bedürfnisse immer spezieller werdender Zielgruppen erhebt. Diese Zielgruppen wiederum beziehen aus den auf sie genau zugeschnittenen Produktbotschaften Illustrationen und Vorbilder ihrer Lebenswelten.

Der Wettbewerb zwischen Medien wird um Werbeetats geführt. Dabei werden nicht nur Wettbewerbsbedingungen durch Dumping bei Werbepreisen, durch Gewinnspiele etc. verzerrt, nein, damit werden die wirtschaftlichen Grundlagen des gesamten Mediensystems unterminiert. Nur die kapitalstärksten Medien können sich entsprechende Reichweiten erkaufen.

Außerdem tritt Qualitätsjournalismus als Etatbringer gegenüber „Promotion"-Aktivitäten zurück. Allerlei Mischformen greifen Platz; vor allem bei der Wahl der Themenfelder regiert längst nicht mehr das Maß der Gesellschaftskritik, sondern fast nur noch das der Werbeträchtigkeit.

Zugespitzt könnte man das politische Problem, das sich aus dieser Sachlage ergibt, so formulieren: Medien sind maßgeblich am Prozeß jener gesellschaftlichen Fragmentierung beteiligt, der integrative Politik vor immer größere Schwierigkeiten stellt. Gleichzeitig kommt Politik, will sie ihren integrierenden Anspruch wahren, nicht an den Agenten dieses Fragmentierungsprozesses, den Medien, vorbei. Sie bedarf der Medien, um ihre Anliegen bekanntzumachen. Keine Frage, daß diese Bekanntmachung aufgrund der veränderten sozialen und medialen Tatbestände nicht mehr wie gewohnt vor sich gehen kann.

Für übergreifende Botschaften ist kaum Platz; höchstens ökologische oder geschlechtsspezifische Fragen (Frauenfrage) bieten die Chance zu integrativen Ansätzen. „Die publizistische Umsetzung integrativer Politik steht also im Gegensatz zur Entwicklung und zur Interessenlage großer Teile des Mediensystems. Dies gilt auch für die Entwicklung bei den als Integrationsmedien angelegten Sektoren von Rundfunk und Fernsehen" (Holger Rust).

Man sollte allerdings weder die positiven Aspekte noch die Komplexität des angedeuteten Fragmentierungsprozesses übersehen. In ihren Teilbereichen werden die Bürger mündiger und gewinnen mehr Übersicht und Souveränität; gerade aus diesem Mehr an Kompetenz erwächst aber ihre Schwäche dem Ganzen gegenüber. Interessen werden nur mehr in alltäglichen Kommunikationszusammenhängen und fast nur nach egoistischen Motiven formuliert. „Die Mitglieder sozialer Milieus suchen Alltagssituationen auf, in denen Kommunikationsmöglichkeiten zu ähnlichen Menschen zu erwarten sind, und sie meiden Situationen, in denen sie den Kommunikationserwartungen von Menschen anderer Milieuzugehörigkeit ausgesetzt wären. Das zerklüftet auf höchst folgenreiche Weise den sozialen Raum" (Sinus-Studie).

Politische Kultur hat unter den skizzierten Bedingungen der Segmentierung immer weniger mit Alltagskultur zu tun. Das Publikum als solches existiert nicht mehr, es existieren nur noch Menschen, „denen die freie Auswahl an vordergründigen Stilformen wichtiger ist als das Engagement in integrativen Fragen von politischer Bedeutung" (Holger Rust). Die Parteien verstehen es kaum, auf die neue Lage einzugehen, mit der Folge, daß der Entfremdungsprozeß zwischen Wahlpublikum und Parteien sich unaufhaltsam verstärkt.

DREI HEMMNISSE DER RATIONALITÄT

Erstens drängt nicht nur das vielfältige Medienangebot Menschen in den privaten Rückzug, die vielzitierte allgemeine Unübersichtlichkeit der Verhältnisse trägt zu diesem Rückzug bei. Jeder lernt in seiner Umgebung, Informationen milieugerecht zu selektieren; gerade durch diese geübte Selektion verlernt das Publikum den politischen Diskurs.

Zweitens scheitern rationale Argumente der Politik an der zunehmenden Emotionalisierung und Personalisierung der Medien. Ent-

scheidungen, obgleich rational argumentiert, werden schließlich von Emotionen entschieden.
Drittens läßt die thematische Unübersichtlichkeit, die Vielfalt der Alternativen, die Komplexität der Probleme den einzelnen tatsächlich verzweifeln. Die Vielfalt der Entscheidungsmöglichkeiten, Entscheidungshilfen, also der „rational overchoice“ (Holger Rust) läßt beispielsweise ein überkomplexes Thema wie Österreichs Beitritt zur EU oder die Ausländerproblematik schließlich zur Belästigung verkommen, die man vor sich herschiebt.

AUSSEN- UND BINNENPLURALISMUS BEI ÖSTERREICHS MEDIEN

Österreich ist eine Insel. Nicht nur des bekannten päpstlichen Diktums wegen, sondern auch aufgrund von Besonderheiten seiner Medienentwicklung hat es sich dieses Prädikat redlich verdient. Erst gegen Mitte der neunziger Jahre, also fast ein Jahrzehnt nach Deutschland, beginnt in Österreich die Ära des dualen Systems, in dem private neben öffentlich-rechtliche Anbieter von Hörfunk- und Fernsehprogrammen treten (Karl Korinek, Michael Holoubek).
Dennoch herrscht in Österreich bekanntlich „faktischer Dualismus“ (Holger Rust), da über Satellit und Kabel das kommerzielle Fernsehen längst mit dem öffentlich-rechtlichen koexistiert; ähnliches gilt für Privatradios, die, jenseits der Landesgrenzen installiert, nach Österreich senden.
Gleichzeitig erleben wir in Österreich bei den Printmedien durch den Zufluß deutschen Kapitals seit Ende der achtziger Jahre eine verschärfte Konkurrenzsituation und eine Reihe von Neugründungen („Standard“ und „News“ mit Springer, „Kapital“, die „Ganze Woche“ und „Täglich alles“ mit Kurt Falks Privatvermögen, das aber erst durch die Übernahme der „Krone“ durch die deutsche WAZ-Gruppe in Gründerdimensionen anwuchs). Die meisten Printmedien drängen – begünstigt durch medienpolitische Weichenstellungen – auch in die elektronischen Medien, beteiligen sich an Lokalradio-Projekten, und die mächtigeren unter ihnen bereiten sich auf die Aufhebung des Fernsehmonopols vor.
Man kann die Situation mit dem Begriffspaar Außenpluralismus gegen Binnenpluralismus charakterisieren. Das binnenpluralistische System (das österreichisch-öffentlich-rechtliche) geht davon

aus, durch Berücksichtigung aller gesellschaftlich relevanten Gruppen in seiner Konstruktion sämtliche Informations- und Unterhaltungsbedürfnisse zu befriedigen. Außenpluralistische Systeme vertrauen auf die Fähigkeit des Markts, die Konkurrenz und die Auswahlfähigkeit des Publikums.
„Die Verfechter des außenpluralistischen Systems sehen durch die substantielle Vervielfältigung des Angebots auch das inhaltliche Spektrum erweitert“ (Holger Rust). Gleichzeitig steht hinter der binnenpluralistischen Konzeption der beinahe schon vergessene Gedanke, die Inhalte von Medien seien keine Waren gewöhnlicher Art, sondern als Meinungsäußerung geschütztes Menschenrecht. Diese Überlegung hat im übrigen auch in Deutschland bei Einführung des dualen Systems die Regierungen dazu veranlaßt, den kommerziellen Anbietern inhaltliche Auflagen nicht zu ersparen und den öffentlich-rechtlichen Anstalten eine Bestandsgarantie zu geben.
Die mächtigen Printmedien, bei denen die Subtilität ihrer Argumentation mit der Größe ihre Reichweite in umgekehrtem Zusammenhang zu stehen scheint, haben stets behauptet, das ORF-Monopol widerspreche den Menschenrechten („Albanien ist fortschrittlicher als Österreich“*). Der Europäische Gerichtshof hat ihnen recht gegeben und das ORF-Monopol für menschenrechtswidrig erklärt. Unter Menschenrecht auf Meinungsfreiheit verstehen österreichische Medien freilich vor allem Befestigung und Ausbau ihrer Marktposition.
Die entscheidende Frage ist jedoch, wie weniger Marktmächtige Zutritt zum Meinungsmarkt finden. Beim Thema Meinungsfreiheit kann nicht von Fragen der Distribution und Produktion abstrahiert werden, das widerspräche elementaren Grundsätzen der Gerechtigkeit. Die Kontrolle über Druckereien und Vertriebe muß bei solchen Erörterungen ebenso mit bedacht werden wie der Vorteil großer, konzentriert auftretender Bewerber auf dem Anzeigen- und Werbemarkt sowie deren Zugang zu Finanzierungsmöglichkeiten. Tatsächlich behindern die bekannten oligopolistischen Strukturen in Österreich die Meinungsfreiheit, indem sie kleinen Mitbewerbern den Marktzutritt erschweren.
Auf dem österreichischen Printsektor herrscht seit jeher schon das

* Beispielsweise Hans Mahr, Geschäftsführer der Kronen Zeitung: „Ich habe das erste Mal vor fünf Jahren davon gesprochen, daß Österreich ein Medien-Albanien wird ...“ (In: Fernsehdämmerung über Österreich)

außenpluralistische System; hier griff und greift Politik mit Presse- und Arbeitsmarktfördung ein, um das Diktat des angeblich sich selbst regulierenden Markts zu mildern.

WIRKUNGEN UND TENDENZEN DER KOMMERZIALISIERUNG

Politik muß sich in Österreich also nun mit den neuen Gegebenheiten durchkommerzialisierter Öffentlichkeit auseinandersetzen. Politik konnte bisher darauf zählen, über das flächendeckende Medium des Fernsehens zu verfügen; diese Tatsache half ihr über jede Unbill hinweg, die sie von anderen Medien zu erdulden hatte.

Dieses öffentlich-rechtliche Reservat ist bedroht. Nicht nur durch den Dualismus à l'Autrichienne, also durch die bereits bestehende Konkurrenz von Anstalt, Kabel und Schüssel, sondern im Gefolge der Privat-Radio-Lösung wohl durch eine dritte Variante, das österreichische Privatfernsehen. Optimisten erhoffen sich von dessen Einführung, daß Politik zumindest aus den deutschen Vorbildern lernt und gewisse programmpolitische Mindestauflagen formuliert:

- □ Das Potential österreichischer Produzenten muß bedacht werden. (Es wäre zu überlegen, warum die Luxemburger und die Holländer es zu einer europaweit dominierenden Stellung bei der Programmproduktion und -distribution gebracht haben, die Österreicher aber ihre Medientalente exportieren. Leicht belegbare Kurz-Erklärung: weil der ORF Bürokratie, nicht aber Kreativität produziert.)
- □ Österreichische Printmedien wären in Form sinnvoller Fenster mit einzubeziehen.
- □ Nichtkommerzielle Alternativen müßten ihren sinnvollen Platz haben.

Die kommerziellen Anbieter reizen das bestehende Angebot von Unterhaltung bis Talkshow und seriösem Magazin mit der beträchtlichen Kapitalpower der Medienkonzerne aus. Viel Spielraum für neue Formen bleibt nicht; Optimisten setzen auf eine Diskussion über nationale Identität, die unter diesen Bedingungen einsetzen könnte. Freilich müßte sie dabei von den billigen, gängigen Klischees gamsbärtiger Gemütlichkeit, ulkiger Sprachfärbung und einem operettenhaften Stolz auf die eigene Museumsreife absehen.

Da ein Verdrängungswettbewerb eines österreichischen privaten Anbieters gegen den ORF nicht sinnvoll scheint, drängt sich als wahrscheinlichste dritte Variante neben den beiden bestehenden TV-Varianten (ORF und ausländische Sender) ein Ballungsraum-TV im überregionalen Verbund auf, welches allerdings den ORF wiederum auf dem Gebiet seiner Regionalstudios konkurrenzieren würde. Privatfernsehen ohne beschädigten ORF aber gliche der bekannten Pelzwaschung ohne zugehörige Pelznässung.

DER GRUNDSÄTZLICHE WANDEL DER TV-LANDSCHAFT

Entscheidend für medial vermittelte Politik aber scheint der Strukturwandel des TV-Angebots; möglicherweise steht uns hier durch die Digitalisierung der Fernsehübertragung die avancierteste Fragmentierung bevor. Holger Rust: „Reichweiten werden kleiner. Die ganz großen Medien gibt es nicht mehr. Es gibt nur noch die ganz großen Medienereignisse." Die durchgeschaltete, zeitsynchrone Nachrichtensendung, vor der ein homogenes Publikum verharrt, wird abgelöst von den Programmsurfern, die sich selbst eine persönliche „just-in-time"-Informationspolitik zurechtlegen und in Sendungen je nach persönlichen Bedürfnissen einsteigen. Die Welt der 500 TV-Kanäle, die mit der Technik der digitalen Kompression ab 1995 verfügbar sein wird, hält aber nicht nur für die Politik eine neue Situation bereit.

Auch die Medien müssen ihre Marktforschung intensivieren, da sie sonst der Werbewirtschaft kein Publikum mehr nachweisen können. „Das Publikum wird sich in eine Reihe sehr kleiner Segmente auflösen, die in unkalkulierbarer Weise zu beliebigen Zeiten aus dem hochdiversifizierten Angebot von Fernsehsendungen wählen werden" (Holger Rust). Manche Stationen (wie RTL 2) reagieren darauf, indem sie denselben Film dreimal am Tag anbieten. Schichtarbeiterprogramm für alle.

Jedenfalls wird es großer Marketing-Aufwendungen eines Mediums bedürfen, um große Publikumsgruppen zur gleichen Zeit vor dem Fernseher zu versammeln. Auch hier sind die Zugangschancen äußerst ungleich verteilt. Eine größere Öffentlichkeit hat bald nur noch, wer sie sich leisten kann.

Zugleich mit der Diversifizierung des Programms wird auch das Heim sein Empfangsmonopol verlieren: Supermarktkassen, Flughäfen, Hotelhallen, Bahnhöfe etc. dienen dank neuer Sende- und Empfangstechniken als Empfangplätze. Auch hier also Fragmentierung.

In Anbetracht all dessen gilt mehr denn je Max Horkheimers Satz

aus den fünfziger Jahren, daß die Produkte der Unterhaltungsindustrie immer stärkerer Reize bedürfen. Gerade weil das Publikum im Konkurrenzkampf mit allen Mitteln vor den Schirm gelockt werden muß, haben wir in der kaum geregelten Konkurrenz des Privatfernsehens mehr als nur eine bedenkliche Innovation – von Reality-TV bis zu exhibitionistischen Exzessen bei Bekenntnis-Shows – erlebt. Dennoch läßt sich als Hoffnungsschimmer eine Publikumsmüdigkeit bei einigen dieser Formen erkennen, etwa bei Soft-Sex-Shows, so daß mittlerweile eine Art seriöser Nachholphase bei Privat-TV-Anbietern eingesetzt hat.
Hinzuweisen bleibt nur auf den pikanten Widerspruch, in dem sich konservative Politiker wiederfinden, wenn sie einerseits den schrankenlosen Marktliberalismus predigen und sich andererseits im Fall des Privatfernsehens mit einer Werteproduktion konfrontiert sehen, welche die von ihnen gern bei jeder festrednerischen Gelegenheit verteidigten abendländischen Werte Lügen straft.

BOULEVARDISIERUNG: NUR NEGATIV?

Der Trend zur Boulevardisierung scheint international – seit 1982 die in den Vereinigten Staaten national verbreitete Tageszeitung „USA Today“ erstmals erschien – kaum aufzuhalten. Er erfaßt nicht nur Tageszeitungen, Magazine und das Fernsehen, sondern er setzt auch seriöse Blätter unter den Druck der von diesem Prinzip etablierten Rezeptionsgewohnheiten.
Boulevard bedeutet in letzter Konsequenz die Abschaffung der Literalität als journalistisches Medium, und zwar bei deren physischer Beibehaltung. Man sieht Sprache, aber was zählt, ist die Bildgeschichte. „Die Verknappung der Sprache, die zunehmende Durchdringung mit Journalismus-Substituten (Umfragen, Tabellen, demoskopische Daten) und die wachsende Bedeutung der redaktionellen Fotografie verengen die publizistische Funktion der Medien auf die optisch und grafisch ansprechende Präsentation des Vorfindlichen“ (Holger Rust). Journalismus als ein sprachliches Projekt zur Ausschaltung der Sprache – der Österreicher Karl Kraus hat es vorausgewußt; den rückwärtsgewandten Haß aller publizierenden Gegenwärtigen hat er sich dadurch verdientermaßen gesichert.
Boulevard bedeutet aber auch ein Nachgeben gegenüber den Bedürfnissen des Publikums um jeden Preis. Ein Resultat ist Sensationalismus. Schließlich geht es darum, möglichst viele Einheiten der Aufmerksamkeit des Publikums zu binden, um diese der Anzeigen-

wirtschaft weitervermitteln zu können (Georg Franck). Redaktion auf dem Boulevard hat mit der Vermittlung von Inhalten immer weniger zu tun. Sie liegt näher beim Marketing, denn es geht nicht um Argumente, sondern um den Verkauf von Medien. Somit werden Boulevardmedien zu Waren ganz gewöhnlicher Art; warum sie noch den gesetzlichen Schutz jener Waren besonderer Art genießen, der einst für die vom Menschenrecht der Meinungsfreiheit geschützten, analysierenden, informierenden und argumentierenden Medien gedacht war, wird sich die Politik ebenfalls beizeiten zu überlegen haben.
Politik steht allerdings in Österreich zum Boulevard in einem Sonderverhältnis: Der Boulevard, vor allem die „Kronen Zeitung" (vgl. Peter A. Bruck), ist hier politikmächtig wie kein anderes Medium. Dies aufgrund ihrer weltweit einzigartigen Reichweite, die allen auch hier vorgetragenen Segmentierungstheorien widerspricht, aber auch der Beeindruckbarkeit von Politik und des Fehlens bedeutender Qualitätszeitungen wegen.
Es lassen sich jedoch auch der Boulevardisierung positive Aspekte abgewinnen. Beispielsweise hat der Meinungsforscher Ernst Gehmacher schon vor Jahren darauf hingewiesen, die „Kronen Zeitung" müsse als ein Projekt zur Alphabetisierung der Österreicher betrachtet werden; ähnliches ließe sich vermutlich von „Täglich alles" behaupten. Holger Rust stellt fest, daß Momente von Emotionalisierung, „die zu einer Auseinandersetzung mit politischer Alltagsarbeit führen, ein ernsthaftes Stilmittel journalistischer Aufklärung sein können". Auch für bloße Erstinformationsvermittlung eigneten sich die verkürzten Formen des Boulevards bestens.
All die positiv wertbaren Merkmale des Boulevards gelten jedoch nur unter der Voraussetzung, daß allgemein zugängliche Alternativen für Information und Meinungsbildung existieren. Und davon kann in Österreich, das aus den verschiedensten Gründen kaum international renommierte Tageszeitungen besitzt, keine Rede sein.

AUFGABEN DER MEDIENPOLITIK

Das Argument der Freunde eines freien Fernsehmarkts lautete, durch mehr Angebot würden Vielfalt und Pluralismus wachsen. Die Tatsachen belehren uns des Gegenteils: Konsumenten wählen aufgrund ihrer „partikularen Kompetenz" (Holger Rust) immer nur mehr vom Gleichen aus. Die Aufgabe von Medienpolitik besteht also neben der Schaffung adäquater Marktrahmenbedingungen vor allem in der Stützung von Strukturen, welche die „integrative Kompetenz“ der Konsumenten fördern. Dies kann durch folgende Maßnahmen geschehen:

- □ Presse- bzw. Medienförderung nach Kriterien, die eine gezielte Förderung der beschriebenen Kompetenz ermöglichen.
- □ Medienpädagogische Erziehung: Verlebendigung des vorhandenen Unterrichtsprinzips durch Angebote bei der Lehrerfortbildung und Beiziehung schulfremder Experten.
- □ Verbesserung der betriebsexternen Journalistenausbildung.
- □ Schaffung adäquater arbeitsrechtlicher Verhältnisse, um Zwitter wie „fixe freie“ Mitarbeiter auf eine für Journalisten und Medienunternehmen akzeptable Basis zu stellen.

ORDNUNGSPOLITIK: VON DEUTSCHLAND LERNEN

Drängender als diese nicht ganz neuen, aber stets aktuellen und gebetsmühlenartig wiederholten Forderungen scheint die nach ordnungspolitischen Vorgaben. Aus Steuermitteln werden Infrastrukturen wie Kabelnetze und terrestrische Frequenzen geschaffen, die sich Privatfernsehen und Privatfunk zunutze machen. Im bevölkerungsreichen deutschen Bundesland Nordrhein-Westfalen zum Beispiel verknüpfte die zuständige Landesregierung die Zuteilung terrestrischer Frequenzen an den privaten Betreiber RTL an die Bedingung, Produkte von Alexander Kluges Produktionsfirma DCTP wie „Spiegel TV“ zu senden. Diese Sendungen haben sich mittlerweile auch zu erfolgreichen Werbeträgern entwickelt, sind also integrierte Programmbestandteile geworden (was nicht bedeuten soll, daß erst dieser Erfolg die politische Vorgabe legitimiert).

Umgekehrt hat das Land im Frühjahr 1993 den Fernsehsender SAT 1 bei Androhung des Verlustes der terrestrischen Frequenz beauftragt, seine Eigentümerstruktur zu entflechten, weil an SAT 1 die marktmächtigen Konzerne Springer und Kirch wesentlich beteiligt sind. Diese relativ effiziente deutsche Medienpolitik wurde freilich erst durch die Einrichtung unabhängiger Landesrundfunk- oder Landesmedienanstalten möglich.

Um beim Beispiel Nordrhein-Westfalen zu bleiben. Die dortige Landesanstalt für Rundfunk hat neben anderen folgende Aufgaben:

- □ privaten Veranstaltergemeinschaften die Zulassung für die Veranstaltung von Rundfunk zu erteilen;

- die Weiterverbreitung von Rundfunkprogrammen in Kabelanlagen zu regeln;
- bei Rechtsverstößen abgestufte Sanktionen vorzunehmen;
- Veranstalter, Anbieter, Betreiber von Kabelanlagen und andere, deren Rechte und Pflichten das Landesrundfunkgesetz regelt, zu beraten;
- Veranstaltern die von der Deutschen Bundespost nach Maßgabe der Rechtsverordnung zur Verfügung gestellten Übertragungskapazitäten zuzuweisen;
- offene Kanäle zu fördern;
- an der Medienforschung mitzuwirken;
- die erforderliche technische Infrastruktur zur terrestrischen Versorgung des gesamten Landes gemäß dem Rundfunkstaatsvertrag zu fördern.

DIE GLOBALE INFORMATISIERUNG

Alltags- und Massenkommunikation lassen sich tendenziell immer weniger von Kommunikation im Beruf trennen. Das Verlangen nach Effizienz und Produktivitätssteigerung führt zur weltweiten Vernetzung von Informationssystemen; in der Folge erleiden mittelständische Industrien einen Verlust an Autonomie, individuelle Arbeit gerät in Gefahr, diskreditiert zu werden, eine Abwertung von Arbeitskultur insgesamt steht zu befürchten.
Innerbetriebliche Kommunikationsabläufe unterliegen mit zunehmender Internationalisierung immer mehr global gültigen systemarchitektonischen Normen. Weltweiter Anschluß an das Integrated Services Digital Network (ISDN), internationale Expertensysteme und Netzwerke sind nur im internationalen Standard zu haben. Lokale Märkte lösen sich tendenziell von ihren regionalen Traditionen ab. „Bei der geplanten Eröffnung der ersten elektronischen Autobahnen, die den Telekontinent der weltweiten Telekommunikation versorgen sollen, geht es um nichts anderes als um die mögliche Errichtung eines Weltreichs, das die Unterwerfung unserer Gesellschaften unter die kybernetischen Technologien einer weltweiten Information anstrebt. Sie hat absolut nichts mehr mit den traditionellen Funktionen der Presse oder des Verlagswesens gemein. Sie ähnelt auffallend totalitären Regimen." Soweit der apokalyptische Befund des französischen Theoretikers Paul Virilio.

Am Beispiel der Reservierungssysteme großer Fluglinien läßt sich beobachten, wie der Zwang, sich in das internationale Netzwerk einzupassen, bei lokalen Dienstleistern wie Hotels und Reisebüros zu einem Verlust gestalterischer Möglichkeiten kleinerer und mittelständischer Unternehmen führt. Gelingt es ihnen nicht, ihre „spezifische kulturelle Funktion mit den Charakteristika der Netzwerkarchitektur zu verbinden“ (Holger Rust), hat sich das abstrakte Netzwerk Markt durchgesetzt, und sie selbst fungieren nur noch als lokale Anhängsel dieser globalen Struktur.
Dabei nimmt man beispielsweise in Kauf:

- den Verlust ortsbezogener Identität von Unternehmen und Menschen,
- den Verfall der Identifikation mit Arbeit,
- die Erosion der Solidarität unter Betriebsmitgliedern,
- eine neue Taylorisierung der Arbeit,
- die Zerstörung der Autonomie einzelner Unternehmen.

KULTURELLE SELBSTBESTIMMUNG VERSUS GLOBALE ENTFREMDUNG

Demgegenüber gälte es die Werte kultureller Selbstbestimmung und einer weiterhin sinnstiftenden Funktion von durchaus regional und lokal geprägter Arbeit zu behaupten. Um beim Beispiel der Medien zu bleiben, die ja als Wirtschaftsunternehmen ebenfalls dem Diktat von Effizienz unterliegen: Journalistische Arbeit wird nicht nur im beschriebenen Sinn durch Marketingarbeit abgelöst, sie sieht sich genauso von technischer Rationalisierung bedroht. Aus Effizienzgründen werden bei Radiostationen Nachrichtenredakteure bereits durch automatisiertes „news gathering“ ersetzt, und selbst beim öffentlich-rechtlichen ORF werden Popmusikprogramme weitgehend nicht mehr von Redakteuren, sondern von einem selektierenden Computerprogramm zusammengestellt.
Fragen der Technik stehen nur noch als Fragen des Umgangs mit Technik auf dem Programm. Es geht darum, „die Konzentration auf die aktive Gestaltung sozialverträglicher Alternativen zu richten, die exportiert werden können“ (Holger Rust). Mit einem Projekt des „kulturell legitimierten Protektionismus“, wie es vor allem in Frankreich (auch vom zitierten Paul Virilio) immer wieder gefordert wird, soll der Gefahr entgegengewirkt werden, daß neben die Reduzierung gesellschaftlicher Kommunikation auf Unterhaltung auch die Sinnentleerung der Arbeit tritt, womit Politik jeden Ansprechpartner verloren hätte.

Wobei wie bei allen Programmen regionaler Identität die Gefahr zu beachten ist, daß Abkoppelung von globalen Prozessen mit dem Verlust des Anschlusses an technischen Fortschritt bestraft wird. Denkbar wäre ein Projekt, das Impulse für die Hersteller von Systemarchitekturen entwickelt und seinen Ausgangspunkt in der Motivation der betroffenen Arbeitnehmer findet. Jedenfalls ist Politik aufgefordert, auch in diesem Bereich über ordnungspolitische Maßnahmen nachzudenken, die eine weitere Desintegration gesellschaftlicher Kommunikation aufhalten. Tut sie es nicht, wird sie schließlich sprachlos einer Gesellschaft gegenüberstehen, die ihre Sprache nicht mehr versteht.

LITERATUR

Peter A. Bruck, Das österreichische Format. Edition Atelier 1991

Norbert Bolz, Am Ende der Gutenberg-Galaxis. Wilhelm-Fink-Verlag 1993

Hans Magnus Enzensberger, Mittelmaß und Wahn. Suhrkamp 1988

Hans-Heinz Fabris/Fritz Hausjell, Die vierte Macht. Verlag für Gesellschaftskritik 1991

Berthold Bodo Flaig, Thomas Meyer, Jürgen Ueltzhoffer, Sinus-Milieustudie 1993

Georg Franck, Ökonomie der Aufmerksamkeit. In: Merkur Nr. 9/10 (Sonderheft Medien), Klett-Cotta 1993

Jo Hochgerner et al. (Hg.), Wohnen und Arbeiten im Global Village, Falter 1994

Karl Korinek, Michael Holoubek (Hg.), Österreich auf dem Weg zum dualen Rundfunksystem. Verlag Medien und Recht 1991

Ferdinand Maier (Hg.), Fernsehdämmerung über Österreich, Medien und Recht 1993

Marshall McLuhan, Die Gutenberg-Galaxis, Econ 1968

Peter Pelinka/Wolfgang Duchkowitsch/Fritz Hausjell, Zeitungs-Los. Otto-Müller-Verlag 1992

Holger Rust, Arbeitspapier für „Themen der Zeit“

Armin Thurnher, Schwarze Zwerge. Österreichs Medienlandschaft und ihre Bewohner. Sonderzahl 1992

Paul Virilio, Utopie oder Telekopie? Süddeutsche Zeitung, 12. 10. 1993

KUNST

KUNST IN DER SYMBOLISCHEN KONKURRENZ

Künstler erkannte man in Österreich lange Zeit an ihrem schlechten Benehmen, ja man konnte mit Recht behaupten, wer sich zu benehmen wisse, der könne kein Künstler sein. Solche Denk- und Verhaltensmuster stammen aus einer Zeit, da Staat und Politik tatsächlich ein hegemoniales Milieu bildeten, das in seiner Geschlossenheit und Muffigkeit jede Art avantgardistischer Kunstäußerung bedrohte und seinerseits ein Milieu offizieller Kunst pflegte, dessen Reste noch immer als sogenannte Hochkultur den Löwenanteil der Kunstbudgets für sich in Anspruch nehmen.
Die Exponenten dieses Milieus wußten und wissen sich zu benehmen; gleichzeitig ärgerten sich die Vertreter der Avantgarde darüber, daß ihre Leistung, weltweit längst als die gängige, ja einzig legitime Form zeitgenössischer Kunstproduktion akzeptiert, hierzulande weiterhin mit Ausschluß bestraft wurde.
Ihr schlechtes Benehmen war also nicht zuletzt eine Folge staatlicher Ausschlußverfahren und eine empörte Reaktion darauf, daß der Staat kulturpolitisch mehr oder weniger die Kontinuität des nationalsozialistischen Erbes pflegte, die bereits damals Ausgeschlossenen draußen hielt und mit den Anwesenden bestens auskam*, während die verfemten Künstler ihrerseits den Anschluß an internationale Standards längst gefunden zu haben meinten.
Bekanntlich hat der muffige Charme dieser Isolation eine besondere Form künstlerischer Gegenwehr, nämlich die österreichische Avantgarde, hervorgebracht. Diese Zusammenhänge wurden oft dargestellt. Uns interessieren jedoch weniger die historischen Details als die Folgen dieses Vorgangs. Als nämlich die Sozialdemokratie allein an die Macht gelangte, war es ihr Sonnenkanzler, der mit strategischem Blick der Kunst gab, was der Kunst war, und

---

Dieses Kapitel entstand aufgrund von Gesprächen mit Dr. Ernst Strouhal (Hochschule für angewandte Kunst, Wien), Dr. Wolfgang Kos (Ausstellungsgestalter, Publizist und Leiter der Radiosendung *Diagonal*) und Prof. Manfred Wagner (Hochschule für angewandte Kunst, Wien) sowie aufgrund diverser beigesteuerter Arbeitspapiere.

* Diese Vorgänge sind bestens dokumentiert bei Matejka, Fabris/Hausjell, Amann etc.

für Recht erkannte: „In der Kulturpolitik hat Radikalität ihren Platz."
Nichtsdestotrotz mußten auch in dieser Ära Minister sich von Stardirigenten demütigen lassen und ihre Berater zum Rücktritt zwingen, wenn sich die im Ton vergriffen (Unterrichtsminister Sinowatz degradierte seinen Berater Herrmann, als dieser Herrn von Karajan mit „wascht sein' Arsch im Goldlavur" beleidigte). Das kam davon, weil sich auf Goldlavur – trari-trara – die Hochkultur reimte.
Mittlerweile hat sich das alles geändert, und Radikalität hat tatsächlich ihr Platzerl gefunden. Die sich an Regierungsmacht gewöhnende Sozialdemokratie übernahm nämlich die Schutzherrschaft über die verfolgten und bedrohten Künste, so daß die Avantgardisten von einst selbst zu Staatskünstlern geworden sind.
Das macht kleinere Schwierigkeiten, denn ihre Rhetorik haben sie beibehalten. Aber an pragmatisierte Anarchisten, Staatsfeinde mit lebenslanger Staatsstellung, hat man sich im Kulturbereich längst gewöhnt. Wenn möglich noch paradoxer als diese sind die Kulturkämpfe, die als sublimierte Reste von Klassenkampf verstanden werden dürfen.
Die Schutzherrinnenfunktion der Sozialdemokratie über die bedrohte Avantgarde entspricht vermutlich nicht unbedingt dem Mehrheitswillen ihrer Wähler. Aber die Partei hatte die Rolle der Progressiven übernommen, was nicht nur inhaltliches Anliegen war, sondern auch in ihre Modernisierungsstrategie paßte. Ihr gegenüber steht eine inhomogene Gruppe von Konservativen, die ein Konzept von Bürgerlichkeit verteidigt, dem kein soziales Korrelat mehr entspricht.
Die sich immer wieder entzündenden Kulturkämpfe dürfen in der Tat paradox genannt werden: Auf beiden Seiten steckt man in einer Rüstung, in der man, stark bewegungsgehemmt, um die Besetzung symbolischer Bastionen kämpft. „Die Roten" holten Claus Peymann ans Burgtheater, um dort symbolisch einen „Progressiven" zu installieren. „Die Konservativen" bekämpfen ihn genau deswegen seit seiner Bestellung vehement.
Was „die Konservativen" wollen, ist, laut eigener Beteuerung, ein Burgtheater, das die Klassiker pflegt, ein Burgtheater, das im deutschen Sprachraum eine führende Rolle einnimmt. Genau das garantiert jedoch Peymann, seine Gegner haben es nur nicht bemerkt. Was sich „die Roten" von ihm versprachen, hat Peymann aber ebenfalls eingelöst: Er hat ein fremdenverkehrstechnisch und kul-

turpolitisch brauchbares Zeichen dadurch gesetzt, daß er da ist und von hier aus die deutschen Feuilletons mit Burgtheater füllt. Nicht deswegen aber wird er in Schutz genommen, sondern weil er eben als zu verteidigender Progressiver gilt. Mit sachlichen Argumenten hat das nichts zu tun, und schon gar nichts mit Kunst. Ob Peymann gutes oder langweiliges Theater macht, interessiert in diesem Konflikt niemanden.

Ironie ist hier wohl billig zu haben. Dennoch muß festgehalten werden, daß diese symbolischen Kämpfe eine wichtige Rolle bei der gesellschaftlichen Durchsetzung von Liberalität und Toleranz spielen. Die Erringung politischer Hegemonie wird bekanntlich durch die Besetzung kultureller Felder vorbereitet. Um so wichtiger wäre es, diese symbolischen Kämpfe nicht nur als Stellvertretergefechte zu führen, sondern als Auseinandersetzungen um die Substanz dessen, um das es geht – nämlich um Kunst.

MEHR KUNST: EINE ERFOLGSSTORY

Die lange Vorgeschichte sollte dazu dienen, die Situation anzudeuten, in der sich die Sozialdemokratie befand, als sie sich in den siebziger Jahren unter dem Eindruck gesellschaftlicher Umbrüche anschickte, auch ihre Kunstpolitik umzugestalten. In einer gewissen Weise, nämlich quantitativ betrachtet, ist das, was seither geschah, unbestreitbar eine beeindruckende Erfolgsstory.

„Die Mittel für das zeitgenössische Kunstschaffen wurden zum Teil wesentlich ausgeweitet, die Transparenz der Mittelvergabe wurde eingeführt sowie mit der Schaffung von Beiräten die fundierte Entscheidungsfindung verbessert" (Hilde Hawlicek, zitiert nach Manfred Wagner*).

Neue Formen der Förderung in allen Bereichen der Kunst brachten eine vielfältige Kulturszene und ein reichhaltiges Veranstaltungsangebot hervor. Beispielsweise verzeichnete der Veranstaltungskalender der Wiener Stadtzeitung „Falter" in der ersten Märzwoche 1984 39 Ausstellungen und 62 Termine aus Musik, Theater, Literatur usw. (ohne Kino), in der ersten Märzwoche 1994 hingegen bereits 128 Ausstellungen und 152 Termine (ebenfalls ohne Kino). Das Angebot hat sich also in nur zehn Jahren verdreifacht, und über das

---

* Quellenhinweise am Ende des Kapitels

Angebot noch einmal zehn Jahre früher kann man sich schon deswegen nicht so einfach einen Überblick verschaffen, weil es die entsprechenden Orientierungsmedien nicht gab. (Heute kommt keine Tageszeitung ohne ihren Veranstaltungsteil, ihr eigenes Veranstaltungsmagazin aus.)
Nicht nur dieses heftige und durchaus politisch gewünschte und begünstigte Wachstum ist zu konstatieren, sondern auch das Anwachsen kultureller Aktivitäten (oder vielleicht besser Gelegenheiten) insgesamt: Die Zahl der Zeitschriften und Fernsehkanäle, der insgesamt zur Verfügung stehenden Medien (bis hin zur interaktiven Computertechnologie) ist zu einer sich immer mehr spezialisierenden und nicht mehr überblickbaren Informationsflut angeschwollen.
Eine „Erfolgsstory des Mehr“ nennt Ernst Strouhal diese Flut und konstatiert gleichzeitig mit vielen anderen „ein gewisses Unbehagen“ daran. Es herrsche eine Art rasender Stillstand. In den letzten acht Jahren haben sich die Kunstbudgets von Bund und Ländern ungefähr verdoppelt. Diese Budgetsteigerungen haben nicht nur zu einer „Festivalisierung“, sondern auch zur Schaffung neuer Spielstätten und Infrastrukturen geführt, die ihrerseits Budgets binden. Eine Art „Unernst, eine Casinostimmung“ von Projektanten und Projektfinanciers aus Bund, Ländern und Gemeinden bemerkt Wolfgang Kos.
„Eine Massenverabredung von Leuten, deren Interesse nicht erwiesen ist“, erkennt er darin und betrachtet diese Austauschbarkeit der modernen, als Kulturtechnologen geschulten Kunstmanager (und weniger die Fülle der Kunstereignisse) als Hauptgrund für die „eigentümliche Kraftlosigkeit“ vieler zeitgenössischer Kunstveranstaltungen.

KUNSTPOLITIK ALS SOZIALPOLITIK

Einst euphorisch begrüßte Resultate von Kulturpolitik werden also zunehmend als hohl empfunden, als „Kartenhaus, das zusammenklappt, sobald der Subventionsmarkt einmal etwas enger wird“, konstatiert Ernst Strouhal. Gestiegene Kulturbudgets bringen die Kunstpolitik unter Legitimationszwang – zumal in Zeiten „durchforsteter“ Sozialbudgets und drohender Finanzierungsgrenzen – und können so tatsächlich einen Druck auf Kunst hervorrufen. Dieser trifft naturgemäß gefährdete (prekäre, experimentelle, der Öffentlichkeit nicht erklärbare – also wahrscheinlich künstlerisch interessantere) Projekte, weniger jedoch große, abgesicherte Institutionen. Aus Ehrfurcht vor Kunst wird überdies allzu schnell „Wut auf Kunst“ (Benjamin Henrichs).

Man darf nicht vergessen, daß Kunstpolitik – ob beabsichtigt oder nicht – mehrere soziale Funktionen erfüllt, ja von Sozialpolitik in Teilbereichen kaum zu unterscheiden ist. Auch diese sozialen Funktionen gilt es zu bedenken, ehe man leichtfertig ans Durchforsten geht. Kunstpolitik

- □ schützt gesellschaftliche Minderheiten,
- □ beschäftigt indirekt durch ihre Förderung eine Szene rund um die Kunst, in der nach deutschen Untersuchungen etwa 8–10 Prozent der (städtischen) Bevölkerung beschäftigt sind, bei Medien und in Ausbildungsinstitutionen, in Spielstätten, Buchhandlungen, Videotheken usw.,
- □ hilft mit, die Akademikerarbeitslosigkeit durch Bereitstellung von Ausbildungsplätzen in der Kunstszene zu dämpfen,
- □ kann auch in einem weiter gefaßten Sinn Sozialpolitik sein: wenn sie tatsächlich zur Kulturpolitik wird und die Erprobung neuer Lebensweisen ermöglicht, indem sie deren Artikulation diverse Bühnen bietet.

DEFIZITE DER KUNSTPOLITIK

Da die öffentliche Finanzierung in Österreich historisch besondere Bedeutung hat, kommt bei der Beobachtung politischer Defizite auch der Verwaltung besondere Bedeutung zu. Ernst Strouhal nennt folgende Problemkreise:

1. Kunstpolitik lähmt sich selbst durch das System der Kameralistik. Dieses Finanzverwaltungssystem sieht im wesentlichen jährliche Abrechnung vor und verhindert längerfristige Finanzierungen ebenso wie Evaluierungen von Projekten.
2. In der Kunstfinanzierung kommt es zur Atomisierung von Verantwortung. Der Minister unterschreibt, informierte oder weniger informierte Beamte bereiten den Akt vor, beschlossen hat die ministerielle Zustimmung de facto ein Beirat. Wer ist verantwortlich? Mit diesem Beiratssystem sollte eine transparentere Entscheidung erreicht werden. Die Entscheidungsstruktur wurde aber auch anonymisiert.
3. Trotz oder wegen dieser Atomisierung kennt die Kunstverwal-

tung die direkte Politikanbindung. Aufgrund der Letztverantwortung des Politikers kommt es zu einer nie abebbenden Woge von Interventionen. Kunstpolitik hat keine Möglichkeit, sich dem Kunstbetrieb gegenüber distanziert zu verhalten.
4. Ressortzersplitterung: Mindestens sechs Ministerien haben Kulturagenden, auf Länderebene verhält es sich nicht anders. Diese Zersplitterung kann Vorteile haben (Ausgewogenheit, Teilfinanzierung), einheitliche Programme jedoch sind nicht möglich.

DIE OHNMACHT DER KUNSTPOLITIK

Kunstpolitik ist dem teilweise selbstgeschaffenen Betrieb kaum gewachsen. Ihre Kriterien findet sie zwangsläufig am ehesten in Medienresonanz, am wenigsten in der Wirkung beim einzelnen. Die Medienfixierung der Kunst aber führt zu einer Art Vorankündigungspolitik. Die Ereignisse selbst bräuchten gar nicht mehr stattzufinden, solange nur die entsprechende Resonanz da ist. In dieser Resonanz, nicht im Ereignis selbst, findet Kunstpolitik oft ihre Rechtfertigung. Die Anklage lautet, daß sie zwischen „Scheinkunst, statistischer Kunstproduktion" (Wolfgang Kos) und förderungswürdiger Kunst nicht mehr unterscheiden kann, ja, daß unter ihren sorgenden Händen Kunst zur „Als-ob-Kunst" wird und sich schließlich in Form der „Erlebniskunst" (Gerhard Schulze) ganz verflüchtigt. Und daß Kulturpolitik, „läßt sie den kennerischen einzelnen zugunsten der großen Zahl allein, Gefahr läuft, das innere Gewebe einer Kulturlandschaft zu zerstören" (Wolfgang Kos).
Der ehemalige Kulturreferent von München, Jürgen Kolbe, hat von den Hervorbringungen (durchaus auch seiner eigenen) sozialdemokratischen Kunstpolitik als von „teuer geklotzten, wenngleich spurlosen Ereignissen" gesprochen. Die einzelnen als Ziel von Kunstpolitik kommen dabei notgedrungen zu kurz: Sie aber, der Kunstsammler mit kleinstem Budget, die Leserin, die gespannt auf das Erscheinen eines neuen Romans wartet, der Konzertbesucher, der Hunderte Kilometer einer Uraufführung nachreist – sollten nicht gerade sie die Adressaten von Kunstpolitik sein?
Die Medienfixierung der Kunstpolitik erklärt sich einerseits aus ihren Legitimationsbedürfnissen, andererseits vielleicht auch aus ihrer Unterlegenheit den Medienkonzernen gegenüber, die in Fragen kultureller Bewußtseinsbildung längst den Ton angeben.
Schließlich steckt dahinter ein Problem der Kunst selbst, das der Kunsttheoretiker Boris Groys folgendermaßen umreißt: Das Ziel

der Kunst „ist nicht mehr Einmaligkeit, Originalität und Differenz im musealen Vergleich, sondern mediale Verbreitung und Wirksamkeit. Die kulturelle Politik von heute soll selbstverständlich diesem vornehmlich ereignishaften Charakter der Kunst Rechnung tragen."

WAS TUN? PERSPEKTIVEN DER KUNSTPOLITIK

Mit Groys' Statement ist eine Alternative von Kunstpolitik markiert: aus ihrem größten Problem eine Stärke zu machen.

KUNSTPOLITIK ALS MEDIENPOLITIK

Kunstpolitik könnte sich beispielsweise der bewußten Pflege von Öffentlichkeit widmen. Kunstkennerschaft kann nur gedeihen, wenn dafür geeignete Diskussionsforen funktionieren, wenn die Medienveranstaltungen rund um Kunst nicht bloße Ankündigungen ohne ernsthafte kritische Auseinandersetzung darstellen. Die Feuilletons der Zeitungen und Magazine sind praktisch dadurch abgeschafft worden, daß sie sich in bloße Aufbereitungsteile von Ereignissen verwandelt haben.

Kunstpolitik könnte versuchen, Presseförderung als Aufgabe von Kulturpolitik zu verstehen. Sie könnte Kriterien für eine sinnvolle Verteilung dieser Mittel aufzustellen versuchen. Also: Zeitungen mit anspruchsvollem Rezensionsteil haben Anspruch auf mehr Förderung, bloße Dienstleistungsteile allein reichen dafür nicht aus.

Kunstpolitik könnte sich in die medienpolitische Debatte bei der Vergabe von Sendefrequenzen für elektronische Medien einschalten. Gerade Kulturpolitik könnte innovative Fenster für Kulturvermittlung als Auflage von Lizenzerteilung urgieren.

Kunstpolitik könnte sich überlegen, wie das Milieu für Debatten anzuregen und zu pflegen wäre, in denen sich Urteilsfähigkeit, die Grundlage von Kunstkennerschaft, überhaupt ausbildet. Während „Künstler relativ privilegiert mit einer von der Kunstbürokratie garantierten Mindestexistenz rechnen können, stehen freiberufliche Wissenschaftler oder Kopfarbeiter vor dem Nichts" (Wolfgang Kos).

Kunstpolitik könnte auf neue Tendenzen innovativ reagieren. „Die Gestaltung elektronischer Räume halte ich für kulturpolitisch eine der wichtigsten Fragen" (Ernst Strouhal). Der Weg in die interaktiven Räume der Begegnung von morgen führt über elektronische

Super-Highways. Wer wird sie gestalten? Bleiben sie dem Kommerz überlassen? Ist die Gestaltung elektronischer Räume nicht ebenso wichtig wie die Gestaltung der Bundestheater?

KUNSTPOLITIK ALS KUNSTPOLITIK

Als erstes steht die Frage im Raum: Soll Kunstpolitik überhaupt Ziele haben, oder soll sie sich darauf beschränken, möglichst gerechte Verteilungsbedingungen für ihre Mittel zu schaffen? Teilt man die Diagnose von der drohenden Hohlheit des Kunstbetriebs, erweist sich die Frage als rhetorisch.

Kunstpolitik hat als erstes Ziel die Aufgabe, sich selbst effizienter zu machen. Das hieße zuerst, ihre Ziele jenseits bloßer „Erbauungsaussagen" zu präzisieren, um tatsächlich „politisch-gestaltenden Stellenwert" (Ernst Strouhal) zu erhalten. Effizienz hieße mindestens, das anstehende Problem als eines der bloßen Ausweitung von Quantität zu erkennen und qualitativ gegenzusteuern. Das kann bedeuten:

- □ mehr Sensibilität und Genauigkeit (und bessere Instrumente) für die Überprüfung der Ergebnisse eigenen Förderns.
- □ Verbesserung der Kunstbürokratie (Abschaffung der Kameralistik, weniger direkte Politikanbindung).
- □ Verbesserung der Kommunikation unter Behörden (gerade in größeren Städten kooperieren Stadtplanung und Kulturämter mangelhaft).
- □ Erkennen der Schule als wichtigstes Handlungsfeld.
- □ Reamateurisierung im Sinn eines Zurückdrängens cooler Kulturprofis zugunsten von Leuten, die die Sache Kunst lieben. (Diese naiv anmutende Forderung wird als Heilmittel gegen die beklagte Hohlheit immer häufiger und immer vehementer erhoben, also sollte sie nicht einfach beiseite gewischt werden.)

Das Nichtfestlegen von Zielen scheint der Kunstbürokratie geradezu immanent zu sein. Bei der Planung neuer Kulturinstitutionen wird allzuoft von der Fassade und vom Prestigewert ausgegangen (Wolfgang Kos spricht von „dummen Gründungen") statt von deren innerer Logik. Bauherren und Kulturbehörden geben die Ziele oft so vage vor, daß deren Konkretion dann dem Architekten obliegt. Wolfgang Kos nannte diesen Vorgang bei einem Vortrag in Linz den „Pyrrhussieg der Außenhaut über das Innere".

Wenn von Effizienz die Rede ist, ist Selbstüberprüfung gemeint und nicht Durchforsten der Landschaft. Diese legendäre Holzfällertätig-

keit dürfte erst ausgeübt werden, nachdem tatsächlich jedes einzelne Kunstprojekt auf seine Sinnhaftigkeit beurteilt wurde, was wiederum einer persönlicheren Wahrnehmung der Bürokratie bedürfte. Dafür genügen allgemeine Unterstützungserklärungen für eine Avantgarde – so wichtig sie noch immer sind – längst nicht mehr. „Abzulehnen ist eine schematische Forderung nach einer ‚Abschlankung' des Kunstbereiches. Erstrebenswert ist aber ein Genauerwerden kultureller Projekte" (Wolfgang Kos).
Selbstüberprüfung meint die Ergebnisse von Kunst, aber auch die von Kunstvermittlung. Wo sind die neuen Ideen eines Museums, hat es einen neuen wissenschaftlichen Zugang spannend präsentiert oder bloß sein Budget für mehr PR-Arbeit verbraucht? Durchforsten im Sinn des Sparens darf im übrigen keinesfalls Beschränkung auf einen heilige Kanon von Kunst bedeuten, wie sie konservative Kritiker vom Schlag eines George Steiner fordern. Im Gegenteil: „Unübersichtlichkeit (im Sinn einer Gleichwertigkeit von ‚Hoch'- und ‚Sub'kultur) ist lebenswichtig" (Wolfgang Kos).

KUNSTPOLITIK ALS WIRTSCHAFTS- UND GESELLSCHAFTSPOLITIK

Eine Vorbemerkung zum Thema wirtschaftliche Gerechtigkeit: Ganze Sekundärindustrien leben von der Kunst, während die Künstler selbst übergangen werden. Beispiel: Eine internationale Kunstausstellung mit einem in Millionenhöhe geförderten Katalog. Es nehmen ihren Teil der Subvention: die veranstaltende Institution samt Kuratoren, Spedition und Versicherung, Grafiker und Katalogdesigner, der Verlag, die Druckerei, diverse Medien, in denen inseriert wird, Werbeagenturen und Schwarzplakatierer, die Fluglinie, das Hotel und diverse Restaurants. Der Künstler selbst, der Anlaß der geschaffenen Öffentlichkeit, wird mit – Öffentlichkeit entlohnt. Für bloße Ausstellung seiner Kunst steht ihm kein Honorar zu.
Mit Wirtschaft wird Kunstpolitik landläufig nur beim Thema Standortpolitik in Verbindung gebracht. In der Metropolenkonkurrenz der achtziger Jahre schienen Investitionen in Kunstinfrastruktur einen Standort attraktiv zu machen. Diese Denkweise litt unter der hier kritisierten Haltung, daß es nur um das Äußere, nicht aber um das Wesen der Kunstsache ging; dementsprechend halbherzig oder „spurenlos" waren ihre Resultate. Im übrigen gefährdet die Argumentation mit Umwegrentabilität stets die Kunst selbst.
Andererseits erkennt man die typisch westliche Metropole eben nicht zuletzt an ihrem Kunstangebot, seien es nun Museen, Bauten,

Orchester, Galerien, Theater oder Kinos. Jenseits der bloßen Rolle des Imagebringers (die Kunst wohl auch erfüllt), geht es jedoch um die wesentliche Rolle von Kunst für Wirtschaft und Gesellschaft: ihre Innovationsfähigkeit. Kunstpolitik muß diese zentrale Fähigkeit von Kunst zu fördern trachten und versuchen, der Gesellschaft zu erklären, daß nur Innovationsfähigkeit in einer mehr und mehr dienstleistungsorientierten Welt ihr Überleben sichern kann.
Politische Artikulationen pflegen auf Kunst zu verzichten (es sei denn, man denkt an das Erscheinen von Politikern bei Kunstereignissen, um sie zu eröffnen). Warum kommt Politik so selten auf den Gedanken, Künstler in ihr Tun mit einzubeziehen? Nur ein aktuelles, triviales Beispiel: Warum wurde die Gestaltung der Mülltonnen der unglückseligen Mülltrennungsaktion anonym vergeben? „Mülltrennung als gesellschaftliches Problem hat doch seine ästhetische Seite. Das hätte man als europäischen Wettbewerb ausschreiben können" (Manfred Wagner).
Warum duldet man Kunst gerade als Behübschung am Bau, zieht aber keine Künstler bei der Planung öffentlicher Bauten, Plätze, Wohnbauten zu Rate? Warum verzichtet die Republik auf eine Corporate Identity, deren Gestaltung aus vielen Gründen leichter und auch sinnvoller zu diskutieren wäre als die vielbesprochene österreichische Identität? Müssen die Uniformen unserer Polizisten, unsere Briefmarken, Geldscheine und Formulare nach wie vor ästhetischen Muff vermitteln? Immerhin sind auf diesem Gebiet Ansätze zu bemerken.
Österreich führt Rohstoffe (Holz) aus und Fertigwaren (Möbel) ein. Das wäre anders, besäße Österreich hochstehende Holzdesigner. Es wäre ein Projekt der Kunstpolitik, innerhalb von fünf Jahren solche Designer auszubilden. Dem steht entgegen, daß bei uns „der Künstlertypus des 19. Jahrhunderts dominiert, der geniale Dilettant, während wir genau sehen, daß nur Künstler mit einer soliden handwerklichen Grundausbildung erfolgreich sein können" (Manfred Wagner).

PROJEKT KUNST UND SCHULE

Kunst könnte Wirtschaft und Gesellschaft noch ganz anders dienen: indem diese ihre Fähigkeit nützen, direkt und spielerisch an Dinge und Prozesse heranzugehen. Kunstrezeption aktiviert beide Gehirn-

hälften und lehrt so ganzheitlichen Umgang mit der Realität. Manfred Wagner argumentiert auf Basis dieser Erkenntnis ein Projekt für Kunst in der Schule. Ausgangslage: 50 Prozent der Schulen Österreichs haben keinen Kunstunterricht. (Die Argumentation folgt dem Papier „Kunst und Schule“ von Manfred Wagner.)
Wir begegnen Kunst, alter und neuer, öfter als wir denken und vor allem auch bemerken. Manfred Wagner: „Ein wesentlicher Teil dieser Begegnung aber kann nur im Erlernen von kunstautonomen Regeln begriffen werden.“ Dieses Lernen aus der Schule zu weisen, „bedeutet Zerstören der Wurzeln der eigenen Identität, das Nichtverstehen der Gegenwart, das schnell zum Nichtverstehen der Geschichte eskaliert“.
Kunst ist ein wirksames Instrument zur Behandlung des Faktischen:

- Als Symbolisierung historischen Wissens faßt sie in verknappter Aussageform Tatbestände zusammen.
- Kunst funktioniert als Erklärungsfaktor.
- Kunst hat sich auf kritische Sichtweise spezialisiert.
- Kunst generiert als Instanz spezifische Weltanschauungen.
- Kunst steht für das Thema Freiheit.
- Kunst lehrt aufgrund ihrer Mehrschichtigkeit ein Weltverständnis in verschiedenen Modellen.
- Kunst weist auf die Bedeutung vorhandener Begabung hin, leitet aus deren Ausbeutung aber keine Ungleichwertigkeit, sondern eine Anderswertigkeit ab.
- Kunst steht unter dem Primat des Individuellen, gegen Anonymität, für individuelle Emanzipation.
- Kunst weist eine multikulturelle Dimension auf, nicht als Vermischung, sondern als Nebeneinander verschiedener Ansatzpunkte, hat in der Anerkennung des anderen auch eine therapeutische Funktion.
- In der Suche nach nichtmateriellen Wertnormen kann Kunst einiges anbieten: Achtung vor dem Material, Bewußtsein von Werthierarchien, ökologisches und konzeptionelles Bewußtsein.
- Kunst liefert den Vorschlag zu gesellschaftlicher Geschmacksbildung.

Wenn, so Wagner, Schule nicht nur als Ausbildungsinstrument geistiger und manueller Fähigkeiten verstanden werden soll, muß sie „die soziale Fragestellung in ihr Vermittlungskonzept einbauen und nach geeigneten Vermittlungsmedien Ausschau halten. Die Beschäftigung mit Kunst – also der Kunstunterricht – bietet für eine

Reihe brennender Probleme . . . spannende und glaubwürdige Lösungen an . . . Die Kunst kann klarmachen, worin Probleme entstehen, wie sie veränderbar sind oder in welcher Verschiedenheit Antworten auf Fragen gegeben werden können“ (Manfred Wagner). Daraus leitet Wagner die Forderung eines Unterrichtsprinzips Kunst ab. Unterrichtsprinzip heißt, jeder Lehrer darf darüber reden, und jeder über die Kunst reden, die er mag. In jeder Schulstufe jeder Schule sollten grundsätzlich zwei Wochenstunden Kunst vorgeschrieben sein.
Das wäre eine Unternehmung zur Aktivierung einer neuen Kommunikations-, Artikulations- und Lernfähigkeit. Österreich – das Land, das mittels seiner Kunst beide Gehirnhälften aller seiner Schüler zu aktivieren versucht – wenn das kein nationales Projekt ist! Dann hätte Kunstpolitik tatsächlich und ganz ohne Ironie die Schirmherrschaft übernommen – und zwar über ein ganzes Land.

LITERATUR

Boris Groys, Die Herstellung des Anderen. Das Museum als Schnittstelle zwischen politischer und ästhetischer Repräsentation. Vortrag, gehalten im Rahmen von „Themen der Zeit“ am 3. 12. 1993 an der Hochschule für angewandte Kunst in Wien

Benjamin Henrichs, Beruf: Kritiker. Hanser 1978

Boris Groys, Über das Neue. Hanser 1992

Walter Grasskamp, Die unästhetische Demokratie. C. H. Beck 1992

Wolfgang Kos, Kultur braucht Überzeugungstäter, Referat. Linz 1993

Gerhard Schulze, Auf der Suche nach dem schönen Leben. Vortrag für „Themen der Zeit“, gehalten am 9. 12. 1993 in Wien

Manfred Wagner, 100 Jahre Kunstpolitik der Sozialdemokratie, In: M. W.: Kultur und Politik – Politik und Kunst, Böhlau 1991

Manfred Wagner, Kunst und Schule. Arbeitspapier

DIE SUCHE NACH GLÜCK

WAS HEISST EIGENTLICH „GLÜCK"?

Bei keinem Gespräch zu den „Themen der Zeit" sind wir so oft auf Ratlosigkeit, Achselzucken, ein Gemisch aus „No na"-Gehabe und Verlegenheit gestoßen. Noch immer scheint die „Suche nach Glück" etwas zu sein, das in der scheinbaren Subjektivität der Fragestellung Intellektueller, speziell „politischer" Intellektueller, fremd bleibt, vielleicht sogar bedrohlich, das „richtige" Leben in Frage stellend. Provokant dazu Edmund Keck: „In dieser Szene ist es nahezu verpönt, glücklich zu sein. Und noch verpönter, ohne jeden Grund glücklich zu sein. Die klassischen Glücksideologien zerfallen immer schneller, weil sie von Kirche und Staat zu einseitig besetzt waren. Denn Glück war immer der heimliche Erfüllungsgehilfe für offizielle und kollektive Manipulation. Unsere Kultur befreit sich vom heimlichen Unglückszwang, der das höchste Ideal der intellektuellen Kaste war."
Eine gewisse Abwehr des Themas ist verständlich, auch „objektiv": Glück wird immer unterschiedlich und relativ empfunden, ist eine Frage höchst persönlicher Bedürfnisse und Werthaltungen, die sich auch in den einzelnen Lebensläufen und -phasen ganz unterschiedlich entwickeln können. Außerdem wurde die Suche nach Glück oft genug von Rattenfängern mißbraucht.
Aristoteles nannte Glück das Hauptziel des Menschen, das einzige, das um seiner selbst willen angestrebt werde. Später prägte der Versuch, ein kollektiveres Glücksgefühl zu erzeugen, Utopien (vom Urchristentum bis zu den Frühsozialisten, von Platon bis Morus), Ideologien und Systeme, in demokratischen Varianten (so etwa die austromarxistische Suche nach dem „neuen Menschen" oder das jesuitische „Heilige Experiment") ebenso wie in totalitären (Faschismus, „realer Sozialismus").

Dieses Kapitel entstand unter anderem auf der Basis von Gesprächen mit und Materialien von den beiden „Themen der Zeit"-Berichterstattern Univ.-Doz. Christian Fleck (Soziologe an der Universität Graz, derzeit Harvard, USA) und Edmund Keck (Werbeagentur Haslinger & Keck) sowie eines Gesprächs mit Dr. Alfred Pritz (Präsident des österreichischen Berufsverbandes der Psychotherapeuten).

Die historischen Bezugsrahmen waren freilich unterschiedlich: „Im Gegensatz zur griechischen Sozialphilosophie bezieht sich Glück seit dem 18. Jahrhundert nicht mehr auf einen ganzen Lebensentwurf. Vielmehr wird der Verlauf des individuellen Lebens danach bewertet, ob die einzelnen Phasen ein nach dem Modell von Waren konzipiertes Glück vermehren oder nicht. Die Moderne stellt den einzelnen ins Zentrum des sozialen Geschehens. Anders als traditionale Gesellschaften, die sich von Kräften gelenkt sehen, die jenseits der Verfügbarkeit von Menschen angesiedelt sind, zeichnet sich die Neuzeit dadurch aus, daß das Maß aller Dinge das Individuum ist. Das richtige Leben wird unter Bezugnahme auf Ansprüche des Individuums entworfen. Bei der Suche nach einer leitenden Idee zur Bezeichnung der normativen und vor allem der evaluativen Ansprüche griff die Aufklärungsphilosophie eine antike Idee wieder auf: das Glück. Dabei wird die regulative Idee der modernen Ökonomie, Zählbarkeit, Addierbarkeit und Vergleichbarkeit auf die Glücksbilanz des Individuums angewandt. So wie man wohlhabender wird, wenn man mehr Güter (oder Kapital) ansammelt, kann man auch glücklicher werden, indem man sich mehr Einheiten von Glück aneignet" (Christian Fleck).

Eine bezeichnende Widerspiegelung des zentralen Charakters der Glückssuche findet sich in Märchen. Dazu Charles Dickens über eine Empfindung in seiner ersten Lebensphase: „Rotkäppchen war meine erste Liebe. Ich wußte: Hätte ich Rotkäppchen heiraten können, so wäre mir vollkommene Glückseligkeit zuteil geworden" (zitiert nach Bruno Bettelheim). An die letzten Lebensphasen erinnern die Glücksphantasien der Gebrüder Grimm: „Sie lebten glücklich bis ans Ende ihrer Tage – und wenn sie nicht gestorben sind, so leben sie noch heute". Das verweist nicht zufällig aufs Metaphysische: Der christliche „Himmel" ist nichts anderes als die Verheißung ewigen Glücksgefühls. Die Suche danach behielt aber stets auch irdische Dimensionen: „Seit Thomas Jefferson und der Amerikanischen Verfassung von 1776 zählt das Streben nach Glück zumindest in einem Teil der westlichen Welt zu einem der Grundrechte. Und es spricht nichts dafür, daß das Streben selbst in den letzten zwei Jahrhunderten schwächer geworden wäre oder daß das Prinzip an Bedeutung verloren hat" (Christian Fleck). Im Gegenteil: Nach dem tatsächlichen oder vermeintlichen Scheitern diverser kollektiver Glücksversprechungen in Theorie und Praxis „boomen" in der Postmoderne die individuellen Glücksverheißungen und -prophetien: „In den letzten Jahren häufen sich die Signale in Europa und Amerika, die darauf hinweisen, daß sich die Ideologie verändert. Die westliche Welt ist dabei, ein Glück zu finden, das sich vom bisherigen christlichen Hintergrund ablöst. Auffällig dabei ist, daß die professionellen Glücksideologen, zum Beispiel die Religionen, in diesem neuen Spiel nicht mehr vertreten sind. Der Tenor der neuen Glücksdefinition lautet: Das neue Glück ist privat und weitestgehend von kollektiven Strategien abgekoppelt" (Edmund Keck).

INDIVIDUALISIERUNG UND NEUE WERTMUSTER

Ulrich Beck weist darauf hin, daß es schon immer Individualisierungen gab, bei den alten Griechen, in der Renaissance, in der höfischen Kultur des Mittelalters. Das Spezifikum des jetzigen Individualisierungsschubs sieht er in dessen „Massencharakter, Weitläufigkeit und Systematik": „Dieser vollzieht sich als Nebenfolge langfristig angelegter Modernisierungsprozesse in reichen westlichen Industriegesellschaften. Es handelt sich um eine Art Arbeitsmarkt-Individualisierung, die nicht zu verwechseln ist mit der Wiederauferstehung des legendären bürgerlichen Individuums nach seinem vieldokumentierten Ableben. Waren es in früheren Jahrhunderten kleine Gruppen, elitäre Minderheiten, die sich den Luxus individueller Entfaltungswünsche leisten konnten, so werden heute die riskanten Chancen von Individualisierungsprozessen demokratisiert."* Ambivalente Folge- und Begleiterscheinungen dieser Entwicklung sind im „privaten" Bereich ebenso zu beobachten wie in den „öffentlichen" gesellschaftlichen Entwicklungen.

DIE FOLGEN DER NEUEN INDIVIDUALISIERUNG

Neue Lebenschancen schaffen neue Frustrationen. Mit der Auflösung anderer traditionell gewachsener Bindungen, mit dem Verlust „natürlicher" Erklärungs-, Deutungs- und Glaubensmuster und dem Zuwachs an Lebens- und Bildungschancen verliert die unmittelbare Existenzsicherung ihren zentralen, fast ausschließlichen Bedeutungscharakter. Gleichzeitig wächst die Relevanz von Fragen nach dem „Sinn des Lebens" – und eine neue Frustration: „Heute sind

* Quellenhinweise am Ende des Kapitels

wir nicht mehr wie zur Zeit von Freud mit einer sexuellen, sondern mit einer existentiellen Frustration konfrontiert. Und der typische Patient von heute leidet nicht so sehr wie zur Zeit von Adler an einem Minderwertigkeitsgefühl, sondern an einem abgründigen Sinnlosigkeitsgefühl, das mit einem Leergefühl vergesellschaftet ist – einem existentiellen Vakuum" (Viktor Frankl).

Individualisierter Ausdruck dieses Vakuums ist unter anderem die narzißtische Persönlichkeit, in modernen Industriegesellschaften ein Massenphänomen, insbesondere unter den „Machern" in Politik, Kultur und Wirtschaft: „Obwohl die Persönlichkeiten nach außen gut funktionieren, zeigen sie einen hohen Grad an Selbstbezogenheit und ein übergroßes Bedürfnis, geliebt und bewundert zu werden; außerdem ist bei ihnen häufig extremes Schwanken zwischen Selbstüberschätzung und totalem Nichtigkeitsgefühl zu beobachten. Ihr emotionales Leben ist hohl, schattig, und sie sind unfähig, sich in andere einzufühlen. Sie idealisieren Menschen, von denen sie narzißtische Zufuhren erwarten, und verachten solche, bei denen das nicht der Fall ist. Ihre Beziehungen sind ausbeuterisch und parasitär; oft verbergen sie hinter einer Maske von Charme und Engagement Kälte" (Hans Strotzka). Sie suchen ihr Glück auf Kosten anderer, sind durch ihre Anpassungsfähigkeit kurzfristig „prädestiniert", Macht auszuüben – und untergraben in Demokratien durch ihre spürbare Nichtauthentizität langfristig die Basis dieser Macht, nämlich die Zuneigung der „Beherrschten". Der bösartig-narzißtische Charakter führt unter bestimmten historischen Bedingungen zu jenen „Führern", die ihr Volk oder gleich die ganze Welt tendenziell vernichten wollen.

Jene, die ihre Beziehungsunfähigkeit nicht so „erfolgreich" sublimieren können, werden in zunehmendem Maße „traditionell" psychisch krank. Dazu zählen die Drogenabhängigen, die Alkoholkranken, die Spieler, die Freß- und Magersüchtigen, die klinischen Psychotiker und die „normalen" Neurotiker, die scheinbar grundlos „durchdrehenden" Amokläufer, die Depressiven und die Selbstmörder. Ihre Schar wird in allen modernen Gesellschaften größer, die Grenze zur „normalen" Bevölkerung ist fließend. Auch in Österreich wird die Zahl jener, die psychotherapeutischer Betreuung bedürften, auf bis zu eine Million – jeder fünfte Erwachsene – geschätzt.

Die technologische Entwicklung verschärft Unübersichtlichkeiten und Unsicherheiten. Die „Postmoderne", in der Beliebigkeit und

Gebrochenheit herrscht, ist auch ein Produkt der Datenexplosion, vieler neuer Informations- und Kommunikationstechnologien. Der „Medienökologe“ Neil Postman malt schwarz: Wir amüsieren uns vor den TV-Apparaten und Computern zu Tode, haben die Kindheit verraten. Tatsächlich fällt es immer schwerer, Wichtiges von Unwichtigem zu unterscheiden, Meldung von Manipulation, facts von fiction. Die neuen Kommunikationstechnologien, vor allem in der Form des interaktiven Fernsehens, bieten immense Chancen, für den Konsumenten ebenso wie für die Konzerne. Der Data-Superhighway ist nach den Worten von US-Vizepräsident Al Gore der wichtigste Markt des 21. Jahrhunderts. Allein 1994 werden in den USA über 90.000 Kilometer Glasfaserkabel verlegt. Alles wird über den TV-Schirm möglich sein, Einkaufen, Kommunizieren, Daten- und Zeitungsaufruf. Die Ambivalenz solcher Entwicklungen existiert aber schon heute, angesichts der noch vergleichsweise bescheidenen Entwicklungsstufe. „Daß Kinder heute stundenlang mit Computern spielen, mit Computern lernen, viel fernsehen und wenig lesen, macht mir keine Angst, selbst wenn Lesen als Kulturtechnik bald komplett von der Bildinformation abgelöst werden sollte. Wahr ist nämlich auch, daß die Computerwelt unglaublich kreativ sein kann, daß Kinder auch miteinander kommunizieren können. Was mich bisweilen aber ängstigt, ist die Schnelligkeit dieses Prozesses. Da erinnere ich mich dann an Peter Rosegger und seine Schilderung, wie Höllenangst aufkam, als die erste Dampflok mit 40 Stundenkilometern in den Tunnel fuhr. Und heute fährt der Technologiezug nicht mit 40, sondern mit 240 Stundenkilometer“ (Alfred Pritz).

Dazu kommen im wahrsten Sinne des Wortes lebenseingreifende, lebensverändernde Technologien, hoffnungsgebend (immerhin leben in Österreich mehr als zehn Prozent der Paare gegen ihren Willen ohne Kinder) und angsteinflößend (wer bestimmt, welches Leben unter welchen Umständen „lebenswert“ ist?): „Doppelhelix, Genomanalyse, Gentherapie, heterogene und homogene Befruchtung heben in einer Explosion der Möglichkeiten die bisher für alle Epochen und Kulturen geltende anthropologische Konstante von Mutterschaft und Vaterschaft auf . . . Im genetischen Paradies sind nicht nur die krummen Hölzer, wie der alte Kant die Menschen nannte, begradigt worden, nach Wunschvorstellungen, die aus den Hirnen, Ideologien und Ängsten der Menschen stammen. Verlockender vielleicht mag es noch sein, daß die vorgegebenen Verflech-

tungen von Liebe und Fortpflanzung, Elternschaft und Zuneigung aufgelöst wurden" (Elisabeth Beck-Gernsheim).
Die Angstgefühle nehmen zu, und es wird immer schwieriger, sie feinsäuberlich „objektiv" in „berechtigt"-rationale und „falsche" irrationale zu unterscheiden. Nur ein Beispiel: Vor Tschernobyl hielt der Kern einer knappen Hälfte der Österreicher die Mehrheit des anderen Teils, die vor der „friedlichen Nutzung der Atomenergie" schlicht und einfach Angst empfand, zumindest für seltsam, wenn nicht für psychopathisch. Heute empfinden es wohl fast hundert Prozent der Österreicher vielleicht erklärlich, aber jedenfalls unentschuldbar, wenn Tschechen angeblich keine Angst vor Temelin haben. Nach Hiroshima, Golfkrieg, Ölpest und Ozonloch empfinden „Frauen, Jugendliche, Kinder, allmählich auch in wachsender Zahl Männer untergründig eine wachsende Unsicherheit. Es ist das dumpfe Gefühl, daß die mütterliche Erde nicht mehr ohne weiteres und für alle Zeiten Leben ernährt und schützt, daß ihre Regenerationskraft begrenzt ist, daß sie immer weniger die Gewalt verzeiht, die man ihr antut" (Horst Eberhard Richter). Andererseits finden sich immer wieder politische wie publizistische Angstmacher, die aus Unsicherheiten und latenten Ängsten vor Veränderungen und Unübersichtlichkeiten politisches Kapital schlagen wollen – indem sie etwa die Angst vor dem Fremden zur Angst vor den Fremden manipulieren wollen. Auch in solchen Fällen und gegen solche Demagogen hilft keine bloße Negierung, keine Abwehr, keine Verdrängung: „Um unser Verhalten im Alltag, in der Familie, in Gruppen und Institutionen und schließlich als politische Wesen genauer zu verstehen, müssen wir überall mit unserer Angst rechnen, mit unserer Angst vor Isolation, vor Versagen, vor Verletzung, vor Strafe, vor unserem Gewissen und vor dem Tod. Je hartnäckiger Angst verleugnet wird, um so eher bahnt sie sich mit Hilfe undurchschauter Mechanismen schädliche Wege" (Horst Eberhard Richter).

DIE SEHNSUCHT NACH GLÜCK

Das Bedürfnis nach „echter" Identität wächst und überfordert die persönliche Partnerschaft. Ehen und andere Partnerschaften verlieren ihren Dauer- und Ausschließlichkeitsanspruch (auch in Österreich wird jede dritte Ehe geschieden, in den USA schon jede zweite), gewinnen gleichzeitig aber an Bedeutung: „Im Austausch mit dem Ehepartner suchen wir uns auch selbst. Wir suchen unsere Lebensgeschichte, wollen uns aussöhnen mit unseren Enttäuschungen

und Verletzungen, wollen unsere Hoffnungen und Lebensziele entwerfen. Wir spiegeln uns im anderen, und das Bild vom Du ist wesentlich auch ein Wunschbild vom Ich . . . Liebe und Identität werden unmittelbar miteinander verwoben“ (Elisabeth Beck-Gernsheim). Andererseits: Je brüchiger die traditionelle Ehe wird, je klarer sie zur Lebensabschnittsgemeinschaft wird, um so weniger wird sie von unrealistischen Allerwartungsansprüchen überfrachtet. „Man kann ebensogut eine Leiter an den Himmel legen und im Wolkenkuckucksheim einziehen, wie sein Glück in Ehe und Familie suchen. Denn die Wunschrealitäten, aus denen praktische Familienverhältnisse heute und in Zukunft zusammengeflickschustert werden müssen, bauen auf dem Gegenprinzip auf, das die durchmarktete, vollmobile Technikgesellschaft für ihr Intimleben reserviert hat . . . Die Durchmodernisierung hebt die Grundlagen der modernen Kleinfamilie auf“ (Ulrich Beck). „Zweifellos wächst aber das Defizit an Liebesfähigkeit, im ursprünglichen wie im metaphorischen Sinn. Das betrifft auch gleichgeschlechtliche Freundschaften, mit einer positiven Ausnahme: Es gibt ein besseres Verhältnis der Geschlechter zueinander, ein Verdienst der Frauenbewegung: Die Männer bekommen mehr Respekt vor den Frauen, die Frauen können daher wieder netter zu den Männern sein“ (Alfred Pritz).
Die Beziehungen zu Kindern werden in jeder Hinsicht exklusiver. Es werden immer weniger Kinder geboren, die aber gewinnen immer mehr an Bedeutung für Mütter und Väter: „In der hochindustrialisierten Gesellschaft werden die Menschen dauernd eingeübt auf zweckrationales Verhalten, auf die Gebote von Konkurrenz und Karriere, Tempo und Disziplin. Das Kind aber repräsentiert die andere, die natürliche Seite. Damit entsteht eine eigentümliche Spiralenbewegung: Je weniger Kinder geboren werden, desto mehr Menschen schrecken aber auch zurück vor den enormen Aufgaben und Pflichten“ (Elisabeth Beck-Gernsheim). Es wächst auch die Bereitschaft zur Mutter-Kind-Familie, nicht als Fügung ins Unvermeidliche, sondern als bewußt herbeigeführter und trotz aller Probleme gerne gelebter Zustand. Eine andere Seite dieser Medaille ist die Überforderung mancher Elternteile. Die Folgen: Kindesmißhandlungen, Beziehungsunfähigkeiten und Verwahrlosungen verschiedenster Art, physische und psychische Brutalität.
Das Bedürfnis nach Bindungen bei gleichzeitiger Bindungsunfähigkeit eröffnet nach dem Zerfall traditioneller Glücksversprechen neuen Formen einen weiten Markt. „Der florierende Dienstlei-

stungssektor der Lebenshilfe konzentriert sich in seinen Entwürfen und Ratschlägen darauf, den einzelnen für das Glück fit, ja fitter zu machen und ihm so in Aussicht zu stellen, daß die Maximierung seiner Glücksbilanz gelingen kann“ (Christian Fleck). Dazu zählen Elemente der allumfassenden und allgegenwärtigen Werbung, Sekten und Gurus, Computersimulationssysteme (virtual reality) und Glücksdrogen (in den USA nehmen schon sechs Millionen Menschen das angeblich nebenwirkungsfreie Antidepressivum Prozac) – und in unseren Breiten besonders die Esoterik. „Das Raffinierte an dem Geschäft mit der Esoterik ist, daß mit unverfrorener Direktheit an den Narzißmus des Konsumenten appelliert und dieser Appell gleichzeitig verdeckt wird. Dem einzelnen wird das Gefühl vermittelt, im Zentrum des Kosmos zu stehen und diese Tatsache durch eine Tür, die am rationalen Bewußtsein vorbeiführt, lediglich entdecken zu müssen – schon naht Rettung. Der Weg zum Heil ist nicht mit Steinen, sondern mit Konsumangeboten gepflastert“ (Süddeutsche Zeitung, zitiert nach Eduard Gugenberger/Roman Schweidlenka). Das gemeinsame Glaubensbekenntnis der in sich widersprüchlichen „New Age“-Angebote liegt unter anderem in der Ablehnung menschlicher Eingriffsmöglichkeiten in die Geschichte, mithin in die Politik.

Die Suche nach Glück wird nur scheinbar individualisiert, es gibt gemeinsame Glaubensbekenntnisse: „Der Glaube an das unbedingte Heranwachsen des harmonischen, friedlichen Wassermannzeitalters aufgrund astrologischer Konstellationen . . . Die Menschen brauchen diese kosmische Veränderung nur zuzulassen – sie geschieht von selbst . . . Positives Denken wird geradezu zum Zwang . . . Der Glaube an Karma und Wiedergeburt dient oftmals der Rechtfertigung von Ungerechtigkeit und Leid und dem Rückzug von jeglichem politischem Engagement“ (Maria Wölflingseder, in: Eduard Gugenberger/Roman Schweidlenka).

Konsequent individualisiert ist dagegen das fernöstlich inspirierte „Flow“-Denken, freilich nur von der Entstehung, nicht von den gesellschaftlichen, durchaus altruistischen Konsequenzen her. Mihaly Csikszentmihaly richtet „Flow“ ebenfalls als Glücksempfehlung an den einzelnen, aber als aktivierende, aus dem eigenen Bewußtsein, dem eigenen Gehirn herstellbare Fähigkeit zum Genießen, zum In-sich-Ruhen: „Als Flow beschreiben Menschen einen Zustand in Augenblicken, in denen das Bewußtsein harmonisch geordnet ist und sie etwas um der Sache selbst willen tun.“ Edmund

Keck: „Wenn die mentale Glückskompetenz im Gehirn funktioniert, kann man aus dem Leben überall Glück herausziehen. Glück ist ein Zustand, der autonom ist. Glück, das immer von äußeren Ursachen abhängig ist, ist ein Programm, das den Menschen nur unglücklich macht." Während die „konservative, repressive Seite sich im neuen Bescheidenheits-Trend häuslich einrichte und die Ambition entwickle, auf Fortschritt und Innovation zu verzichten", habe die „progressive, moderne Seite" eine ganz andere Position zur Modernisierung: „Für sie ist der Fortschritt die alleinige Möglichkeit zur Verbesserung der gegenwärtigen Weltsituation. Deshalb gibt es eine ausgesprochen intensive Bejahung von Roboterisierung, Telekommunikation, also High-Tech. Die Bescheidenheit kristallisiert sich nicht in einer Fortschrittsablehnung wie bei den Konservativen. Genau das Gegenteil ist der Fall. Anstatt auf eine normale, durchschnittliche Karriere und ein normales, bürgerliches Konsumkonzept zu setzen, wird Selbstentfaltung zum wichtigsten Teil des Lebens." Dieses Glückskonzept versteht sich zum Unterschied vom esoterischen trotz oder gerade wegen seines individualistischen Ansatzes in der Konsequenz als gesellschaftlich, verantwortlich, „politisch" im Sinne eines radikalen Wertewandels nach den Zusammenbrüchen der totalitären Weltverbesserungs- und der egoistischen Yuppie-Ideologien: „Der Individualismus wird zu einem neuen Altruismus. Der neue Altruismus sagt: Wenn ich der Gesellschaft als Ganzes helfe, ist es gut für meinen egoistischen Vorteil. Es geht also hier nicht um die altmodische Interpretation des Wortes Altruismus, der eine Mischung aus Disziplin, Glauben und Verzicht war, sondern um einen sehr egoistisch orientierten Altruismus. Man hilft dem Ganzen, weil man weiß, wie sehr man vom Ganzen abhängig ist. Der neue Altruismus fördert eine höhere Form der Ethik. Individualismus und Egoismus verbinden sich immer mehr zu einer neuen globalen Verantwortlichkeit" (Edmund Keck).

TRENDPROGNOSEN

Diese Prozesse finden auch in den Veränderungen der Werteskalen und Lebensmuster und der darauf basierenden Trendprognosen ihren Ausdruck. Zwei Studien seien hier zitiert:

Christian Haerpfer, Leiter des ITK (Institut für Trendanalysen und Krisenforschung), hat im Rahmen seiner „40 Trends für Österreich" unter anderem folgende Trendhypothesen aufgestellt:

- Angst als kollektive Phobie: Zukunfts- bzw. Lebensängste und Gefühle der Entfremdung steigen trotz objektiv konstatierbarem materiellem Wohlstand, es kommt zum Rückzug (regressives Verhalten). Indikatoren: zivilisationsbedingte Verhaltensstörungen und Krankheiten werden verbreiteter, das Drogenproblem wird verschärft, synthetische Designerdrogen wie Extasy lösen teilweise die alten Suchtmittel ab.
- Cocooning (Einkapseln daheim): Indikatoren: höhere Investitionen in Wohnungs- und Hausinneneinrichtung, Homebanking, Phonebanking, Heimarbeit, Videokonferenzen, interaktives Fernsehen, Einsamkeit als Konsequenz.
- Instant-Abenteuer, das risikolose Risiko: Indikatoren: Markt für Videospiele vergrößert sich laufend, Telefonsex, Computersex sind in, steigende Verleihzahlen für Pornovideos; Vergnügungsparks, Fantasylands registrieren steigende Besucherzahlen. Passive Grundlebenshaltung: Voyeurismus, interaktiver, multimedialer Unterhaltungsmix, der Konsument nützt aber die Möglichkeiten der Technologie zur Mitsprache/Mitgestaltung/Mitentscheidung.
- Gesundheitsboom: Indikatoren: höherer Stellenwert für zunehmend biologische Ernährung, Fitneßwelle, Gesundheitschecks in Betrieben, Boom der Homöopathie, gesellschaftliche Ächtung der Raucher.
- Renaissance des Begriffs Familie: Der gesellschaftliche Stellenwert der Familie steigt erstmals seit dreißig Jahren, obwohl die Zahl der Single-Haushalte zunimmt. Die Familien werden kleiner, die Ablösung der Kinder erfolgt viel später als noch vor fünfzehn Jahren.
- Postemanzipatorische Phase: Die Frauen befinden sich auf dem Durchmarsch in wichtige Ämter und Positionen, der traditionelle Feminismus befindet sich gleichzeitig in einer Krise.
- Auf dem Weg zum Technopol: Die Elektronisierung und Digitalisierung schreitet fort, ökologische Probleme werden zunehmend auf High-Tech-Basis angegangen, die Bio- und Gentechnologie erlangt einen entscheidenden Stellenwert.
- Schließlich: Glück wird als verfügbar und käuflich präsentiert: „Wachsen die Bäume wirklich in den Himmel? Die Ära der Möglichkeiten bedingt auch immer höhere, von der Werbewirtschaft zusätzlich geschürte Erwartungen. Der reflexible Prozeß der Gesellschaft wird tempomäßig ausgeblendet. Die Orientie-

rung am Frommschen Habensmodus bewirkt einen ungesunden ‚Immer mehr'-Denkmechanismus. Der Gegensatz zwischen Kulturpessimismus und Optimismus verschärft sich parallel zum Gegensatz zwischen den Fehlentwicklungen unserer Gesellschaft und den Chancen, die ihr gerade der technologisch-informelle Umbruch bietet" (Christian Haerpfer).

In der aktuellsten Studie aus dem Jahr 1994 faßt der amerikanische Werteforscher Daniel Yankelovich für die liberale Washingtoner Denkfabrik „Brookings Institutions" im Auftrag der US-Regierung Umfrageergebnisse der letzten Jahre zusammen und interpretiert sie als Indikatoren eines umfassenden Wertewandels:

- weniger Pflichtbewußtsein: Moralischen Verpflichtungen anderen gegenüber wird ein geringerer Wert beigemessen;
- weniger Konformität: Der Blick über den Zaun des Nachbarn hat an Bedeutung verloren;
- weniger Repräsentativität: Symbole oder Verhaltensweisen lassen weniger als zuvor auf die Zugehörigkeit zu einer bestimmten sozialen Klasse schließen;
- weniger Opferbereitschaft: Das Opfer für andere als Selbstwert ist pragmatischen Erwägungen gewichen, ob ein Opfer angebracht ist;
- neue gesellschaftliche Moral: Die Regeln der Gesellschaft werden weniger stark verinnerlicht. Erlaubt ist alles, was das Gesetz nicht ausdrücklich verbietet;
- mehr Pluralismus: Unterschiede in ethnischer Herkunft und Lebensweise finden erhöhte Akzeptanz;
- mehr Selbstausdruck: Die Wertschätzung für den Ausdruck von Individualismus ist gewachsen;
- mehr Umweltschutz: Dem Respekt vor der Natur und der natürlichen Umwelt wird ein höherer Wert beigemessen;
- mehr Technologie: Technologische Lösungen für Probleme und Herausforderungen der Menschheit haben an Zustimmung gewonnen;
- mehr sexuelle Freiheit: Die moralische Wertzuweisung an „korrektes" Sexualverhalten läßt nach. Einige, wenn auch nicht alle Normen der Sexualmoral haben sich gelockert;
- mehr Lust: Die puritanischen, lustfeindlichen Werte haben an Einfluß verloren. Lust, besonders die am Erleben des eigenen Körpers, gilt jetzt als „gut";

- □ neuer Familiensinn: Das Familienleben genießt erhöhte Wertschätzung bei einer gleichzeitigen Ausweitung des Begriffs über die traditionelle Kleinfamilie hinaus. So gelten jetzt auch die alleinerziehende Mutter mit nur einem Kind und das unverheiratet zusammenlebende Paar als Familie;
- □ veränderter Ehebegriff: Geteilte Verantwortung ersetzt Verpflichtungen auf der Grundlage starrer Rollen;
- □ mehr Gesundheitsbewußtsein: Die Gesundheit wird zunehmend als ein Wert begriffen, den zu erhalten und zu erhöhen jeder Verantwortung trägt;
- □ veränderte Arbeitsmoral: Die protestantische Ethik, nach der jede rechtschaffene Arbeit automatisch einen moralischen Wert hat, ist dem Anspruch gewichen, daß Arbeit als Quelle persönlicher Befriedigung zu dienen habe;
- □ mehr Wahlfreiheit für Frauen: Die Bemühungen von Frauen, auf eigenen Wegen Selbsterfüllung zu finden, genießen höhere Wertschätzung.

So sehr einige, partiell auch widersprüchliche, Ergebnisse der amerikanischen Studie US-spezifisch zu interpretieren sind, zeigt ihre Mehrzahl erfahrungsgemäß doch gesellschaftliche Wertveränderungen auf, die in allen moderneren Gesellschaften im Sinne einer Konkretisierung der „Suche nach dem Glück“ entweder schon vorhanden oder mit einiger Verzögerung zu erwarten sind. Christian Fleck interpretiert andere aktuelle amerikanische Daten: „Verschiedene Studien zum ‚well-being‘ – wie die profanere Version des Glücks genannt wird – zeigen, daß der größere Teil dessen, was Menschen zufrieden und glücklich macht, interaktive und soziale Wurzeln hat: Freundschaft, die generell unterstützend wirkt und Gefühle von Vertrauen fördert; soziale Intimität, sexuelle Zufriedenheit, Ehe und Familie in ihren verschiedensten Ausprägungen; Herausforderungen durch Arbeit und eine Einbindung in größere soziale Einheiten zählen zu jenen glücksfördernden sozialen Faktoren, die zu den mehr individuellen hinzutreten wie Gesundheit, Selbstwertgefühl, Optimismus – von welchen selbst wiederum gezeigt werden kann, daß sie sozial konstituiert sind.“

POLITIK UND GLÜCK

Die Zeit der großen Sozialutopien, die den Menschen ein kollektives Glücksgefühl versprachen, ist vorbei. Andererseits läßt sich auch keine politische Attraktivität durch das Agieren technokratischer Verwaltungsapparate erzielen, die bald zu bürokratischen Machtapparaten degenerieren: „Die Krise des Politischen und der politischen Parteien hat ihren Grund darin, daß das Gesellschaftssystem kaum noch von lebensweltlichen Interessen getragen wird und zu einem System von Apparaten entartet ist, deren Komplexität und Technizität es intuitivem Verstehen unzugänglich und Sinnstiftung nur noch an dessen Rändern möglich macht. Regieren heißt heute fast nur noch, die Apparate der Subsysteme möglichst effizient zu verwalten, wobei die Entscheidungen der öffentlichen Debatte und der politischen Willensbildung entzogen und Experten vorbehalten werden“ (André Gorz). Politik muß Räume garantieren, in denen Menschen ihre individuellen und sozialen Glücksbedürfnisse möglichst herrschaftsfrei, möglichst autonom ausleben können. „Ich würde meine Hoffnungen eher auf die Bürgergesellschaft setzen, also auf die vom Staat ganz unabhängige Vielfalt von Assoziationen, die unserem Leben Sinn geben“ (Ralf Dahrendorf). „Wir müssen nach Möglichkeiten Ausschau halten, die zivile Gesellschaft zu stärken, denn keine demokratische Gesellschaft kann von Dauer sein, wenn ihre Bürger nicht vor Ort in Vereinigungen, Gewerkschaften, Bürgerbewegungen, Kooperativen, Kirchen und Nachbarschaftsvereinen mitarbeiten“ (Michael Walzer).
Diese „zivile Gesellschaft“ beseitigt zwar nicht den Spalt zwischen – möglichst professioneller, das heißt auch sozial sensibler – Politik und Bürgerengagement, wohl aber die Gegnerschaft zwischen diesen beiden Polen. Im amerikanischen „Kommunitarismus“, der sozialen Basis des liberalen Pendelschlags zur politischen Mitte zurück, sind Elemente davon enthalten: etwa die Aufgabe einer bloßen Klassen- und Interessengruppen-Klientel zugunsten einer Politik, „die sich statt dessen im Namen traditioneller Werte und einer Idee von Gemeinwohl an die ganze Nation wendet. Man kann allerdings nicht verlangen, die alte Klientel völlig fallenzulassen (was schon aus moralischen Gründen undenkbar ist), eher sollte es darum gehen, Sonderinteressen zu zügeln“ (Michael Walzer). Das müßte für alle sozialen und politischen Lager gelten: Gewerkschafter müßten Schluß machen mit einem „Widerstand gegen technolo-

gischen Fortschritt", Umweltschützer mit ihrer „Nicht-in-meinem-Garten-Politik", Feministinnen mit dem radikalen Individualismus der „Mein-Körper-und-meine-Rechte-Einstellung", Mittel- und Oberschicht, politische Eliten und Unternehmensleitungen sollten „die notwendigen Steuern für einen gesellschaftlichen Wiederaufbau zahlen, den Staat als Instrument des Gemeinwesens nutzen und alle Sonderprivilegien aufgeben" (Michael Walzer). Eine solche Politik müßte auf dem von Edmund Keck zitierten Trend zum „egoistischen" Altruismus aufbauen können, der in mehreren Punkten von Trendstudien bestätigt wird: „Der evolutionäre Ausweg zu einer humanen Welt besteht darin, daß die Menschen Verantwortung für ihre Taten übernehmen: Verantwortung als Privatperson, als Bürger eines Landes, als Mitarbeiter eines Unternehmens, als Kulturträger und als Mitglied der Völkerfamilie" (Ervin Laszlo).

Dazu bedarf es einer richtigen Einschätzung der großen Bedeutung des „subjektiven Faktors", als deren kollektiver Träger die „neuen sozialen Bewegungen" in den achtziger Jahren in Form der Frauen-, Friedens- und Umweltschutzbewegungen verstärkt auf die gesellschaftliche Bühne getreten sind. Der Rückzug politischer Forderungen und Formen auf traditionelle, staatliche Politikfelder, auf Wahlkämpfe, Parteitage, Resolutionen und Intrigen – gemeinsam mit der Reduzierung der politischen Inhalte auf den Vergleich wirtschaftsstatistischer Daten – schuf und schafft das Klima, in dem einerseits die Entfremdung von der Politik und die dazugehörigen populistischen Sumpfblüten blühen, andererseits aber auch die vielfältigen neuen, anderen Formen der gesellschaftlichen Aktivierung, des sozialen Engagements gedeihen, die mit „Politik" nichts zu tun haben wollen. Sie signalisieren die vernachlässigte Subjektivität der Menschen, ihre Spontanität, Emotionalität, ihr Betroffensein, ihr Streben nach Glück – aber auch das partizipatorische Bedürfnis, selbst in ihre unmittelbare Umgebung einzugreifen. Die Träger der Politik können keinen größeren Fehler machen, als sich über den Punktcharakter dieser Bewegungen, ihre Kurzfristigkeit, ihre Widersprüchlichkeiten lustig zu machen, ist doch allein ihre Existenz neben, vielfach gegen die Politik eine Chance, sich selbst für Defizite öffentlichen Diskurses zu sensibilisieren.

Einen größeren Fehler können sie doch noch begehen: zu versuchen, solche Bewegungen simpel für Parteitaktik zu instrumentalisieren – oder sich ebenso simpel an sie opportunistisch anzuhängen. Politik muß sehr wohl eine gesellschaftliche Moral zu artikulieren versuchen. „Politik für das kommende Jahrhundert muß sich über die selbstverständlichen Agenda der Tagespolitik hinaus mit Bedürfnissen und oft nur rudimentär formulierten Interessenlagen konfrontieren, die als solche der sozialen Integration bezeichnet werden können. Sie sind jedenfalls mehr als die Sicherung der individuellen, politischen und sozialen Bürgerrechte, so wichtig diese gerade angesichts segmentierter Arbeitsmärkte und xenophober Stimmungen sind. Was nötig ist, ist eine Gratwanderung, die es gleicherweise vermeidet, in den forcierten Individualismus oder in die zwangsbeglückende Massengesellschaft abzustürzen. Was Politik braucht, ist daher keine Vision einer von Intellektuellen entworfenen zukünftigen Glückseligkeit aller, sondern ein paar regulative Ideen zur Bewertung konkreter alternativer Politiken. Hier kommen die alten Werte der Linken – soziale Gerechtigkeit in Form von Bürgerrechten, immer auch Vergleich des Glücks der einen mit dem anderer – und die Gesichtspunkte des politischen Liberalismus zu ihrem Recht, der richtigerweise darauf hinwies, daß die vergesellschafteten Individuen auch als einzelne Ansprüche, etwa auf Freiheit, besitzen“ (Christian Fleck).

Politik darf aber weder sich selbst noch die Menschen, für die sie angeblich regelnd eingreift, überfordern. Sie muß ihren Allmachtsanspruch aufgeben, ohne deswegen zu übersehen, daß die immensen gesellschaftlichen Probleme auf andere, „breitere“ Art vieler Eingriffe und Lösungen bedürfen: „Das Gesetzemachen dient nicht dazu, irgend jemanden glücklicher zu machen, sondern nur dazu, Bedingungen vermeiden zu helfen, unter denen Unglück inflationsartig zunimmt . . . Wenn das Weiterwursteln gelenkt ist von ein paar Prinzipien, kann jene Gesellschaft erblühen, die es dem einzelnen sinnvoll erscheinen läßt, sich an ihr zu beteiligen und ihr nicht bloß als Konsument gegenüberzustehen“ (Christian Fleck). Einige dieser „paar Prinzipien“ reichen weit ins „Private“, weit über das traditionelle Politikfeld hinaus, fordern die Politik nur als eines von vielen Subsystemen der Gesellschaft und sind glückspendend, zumindest eine Vorbedingung dafür, nicht unglücklich zu werden: die Schaffung eines gesellschaftlichen Klimas, in dem Kinder gewünscht sind und daher glücklich aufwachsen können, in dem sie lernen, Beziehungen zu anderen, aber auch Identität und Autonomie zu entwickeln, in dem Erwachsene lieben können, in dem Kranke und Alte nicht ausgegrenzt werden und der Tod nicht verdrängt wird. Übrigens: Die richtige Proportion zwischen Über- und Unterschätzung gilt auch als Voraussetzung der existentiellen Suche nach Glück: „Bei allen Versuchen, für möglichst viele Menschen Glück zu schaffen – der Sozialstaat zählt ja auch dazu –, darf man nicht wegschieben, daß das Leben an sich nicht immer, aber doch oft mühsam ist“ (Alfred Pritz). Freilich: Daß das Leben „nicht immer öfter“ mühsam wird – dazu kann Politik einen wesentlichen Beitrag liefern.

LITERATUR

Ulrich Beck/Elisabeth Beck-Gernsheim, Das ganz normale Chaos der Liebe. Suhrkamp 1990

Bruno Bettelheim: Kinder brauchen Märchen. DVA 1977

Mihaly Csikszentmihaly, Flow, das Geheimnis des Glücks. Klett-Cotta 1993

Viktor F. Frankl, Der Mensch vor der Frage nach dem Sinn. Piper 1993

Eduard Gugenberger/Roman Schweidlenka (Hrsg.), Mißbrauchte Sehnsüchte (insbesondere die Beiträge von *Klaus Ottomeyer, Maria Widl und Maria Wölflingseder*). Verlag für Gesellschaftskritik 1992

Ervin Laszlo, Der Laszlo-Report. Bonn aktuell 1992

Horst Eberhard Richter, Umgang mit Angst. Hoffmann und Campe 1992

Hans Strotzka, Macht. Zsolnay 1985

Whats left? Prognosen zur Linken (insbesondere die Beiträge von *Ralf Dahrendorf, André Gorz* und *Michael Walzer*). Rotbuch-Verlag 1993

Daniel Yankelovich, Wertestudie. Veröffentlicht in: Psychologie heute, März 1994

„WIR WECHSELN DAS ZEITALTER"

Interview mit Bundeskanzler Franz Vranitzky über sein „Themen der Zeit"-Projekt, geführt am 23. Februar 1994.

Herr Bundeskanzler, was wollten Sie mit dem Projekt „Themen der Zeit"?

VRANITZKY: Ich wollte eine neue Form von Politikberatung. Nicht für einen Wahlkampf oder für ein Parteiprogramm, sondern weit über den Tag und die Parteigrenzen hinaus. Ich wollte Meinungsäußerungen provozieren, neue Denkfelder in der Gesellschaft öffnen, einen kritischen Raster dafür bekommen, ob die herkömmlichen politischen Annäherungen für bestimmte Themen der Gesellschaft in der Zukunft überhaupt noch geeignet sein werden. Ich habe ganz bewußt versucht, für diesen Frage-und-Nachdenk-Prozeß Menschen zu gewinnen, die keine persönliche Verpflichtung mir oder der SPÖ gegenüber haben, die ihrerseits aber bereit waren, ihren guten Namen und ihre Kompetenz einem solchen Projekt zur Verfügung zu stellen. Ich hoffe, daß es gelungen ist, den Leuten die Befürchtung zu nehmen, dies sei der 77. Arbeitskreis, für den sie ein Papier schreiben, von dem sie vorher schon wissen, daß es dann schubladiert wird.

Wie kamen Sie zum Begriff „Themen der Zeit", was soll der ausdrücken?

VRANITZKY: Ich glaube, wir wechseln das Zeitalter. Vielleicht lassen sich in ferner Zukunft auch gar keine klaren historischen Einteilungen mehr treffen, vielleicht laufen politische, ökonomische, soziale und kulturelle Entwicklungen in den verschiedenen Teilen unserer Welt zu ungleichzeitig ab. Der große Beschreiber dessen, was sozusagen trotz unserer Geschichte geschieht, Heimito von Doderer, hat erkannt, daß „man im Großen unmöglich angeben kann, wann ein sogenannter geschichtlicher Augenblick eigentlich eintrete, ob er jetzt da sei oder nicht, und welches von den Ereignissen, die sich abspielen, das wesentlich entscheidende sei". Das Wesen der Politik besteht darin, es trotzdem zu versuchen! Zu versuchen, die großen Trends, die wichtigen und richtigen Fragen, die passenden Handlungsanleitungen, also die Themen der Zeit zu formulieren.

Nun, derzeit kann man sehr wohl angeben, daß wir in geschicht-

lichen Augenblicken leben. Die Welt hat politisch ihre Bipolarität verloren, ohne dabei ihre gemeinsame Bedrohung und Bedrohlichkeit zu verlieren.

VRANITZKY: Ja, die Gesellschaft verändert sich quantitativ und qualitativ rascher und umfassender als je zuvor. Willy Brandt hat kurz vor seinem Tod angesichts der Veränderungen in Osteuropa gemeint: „Die flache Europakarte bekommt wieder ein Relief." Die Ausformungen dieses Reliefs sollten aber nicht nur aus tiefen Furchen und Gräben bestehen, die der zerfallene Kommunismus hinterlassen hat. Mit dem Zerfall des Kommunismus ging eine Ideologie vor allem durch ihre praktische Anwendung in Brüche. Was die einen als den endgültigen Sieg des Kapitalismus feiern, sehen die anderen wiederum als das Ende der Geschichte. Ein Sozialdemokrat hat das differenzierter zu beurteilen.

Wieder andere, darunter durchaus wohlmeinende wie Ralf Dahrendorf, sehen auch die Sozialdemokratie am Ende, im historischen Sinn: Sie habe ihre Aufgabe erfüllt, sie könne abtreten von der geschichtlichen Bühne.

VRANITZKY: Dahrendorf sieht nur mehr den Liberalismus und die Sozialdemokratie im Wettstreit und sieht als Liberaler die Sozialdemokratie wie alle etatistisch ausgerichteten Parteien am Ende. Als Sozialdemokrat sehe ich die Sache anders: Wir hatten mit dem sogenannten real existierenden Sozialismus nichts zu schaffen, haben ihn als ein die ursprünglichen Werte des Sozialismus pervertierendes System abgelehnt und verstehen daher auch die Krise der Ideen und Theorien nicht ganz, die aus dem Scheitern einer pervertierten Praxis entstanden sein soll.

Das klingt sehr statisch für eine Zeitenwende.

VRANITZKY: Ist aber nicht so gemeint. Wir brauchen nur einen verläßlichen Kompaß in dieser Zeitenwende. Für Sozialdemokraten sind es die gültigen Werte von Freiheit, Gleichheit, Gerechtigkeit und Solidarität, gerade weil ich solche Veränderungen als Herausforderungen verstehe. Einige Beispiele: Die Bedrohung des Friedens resultiert nicht mehr aus dem Konflikt zweier Weltmächte, sondern aus lokalen Konflikten. Westeuropa muß eine intensivere Integration vornehmen. Die großen Disparitäten, etwa zwischen „Nord" und „Süd" – helfen uns diese Begriffe heute überhaupt noch? –, werden noch größer. Unsere Industriegesellschaften erleben einen folgenreichen und beispiellosen Individualisierungsschub, traditionell tief eingewurzelte Lebensmuster lösen sich auf, die Gesellschaft ordnet sich neu und läßt sich nicht mehr einfach in einzelne Klassen unterteilen. Dafür ein einheimisches Beispiel: Der Katalog der Lehrberufe ist umfangreicher als das Interesse der Lehrlinge für einzelne dieser Berufe. Viele Lehren werden einfach nicht praktiziert. Das traditionelle Lebensmuster, wonach man in der Jugend eine Ausbildung macht, in der man alles lernt, was man für einen Beruf braucht, wird immer seltener. Dieses Muster wird von einem Lernen zu Flexibilität und Mobilität abgelöst. Sie sehen also, die Themen sind teilweise ganz neu – oder die Herangehensweise an sie –, die Grundwerte aber müssen bleiben.

Diese Themen sind von keiner spezifischen politischen Kraft allein zu suchen, geschweige denn zu beantworten. Haben insbesondere intellektuell so anspruchsvolle Projekte wie die „Themen der Zeit" überhaupt noch eine Relevanz für einzelne Parteien, muß man sie nicht stets ganzheitlicher anlegen?

VRANITZKY: Die Themen kann man in der Analyse ganzheitlich anlegen, in ihrer Aufarbeitung scheidet sich Spreu von Weizen. Als Sozialdemokrat muß ich die Themen nicht suchen, sie sind gesellschaftlich da. Die Beantwortung der in den Themen enthaltenen Fragen sind nun nicht mit den Instrumenten der Organisation und der Argumentation der Vergangenheit befriedigend zu beantworten, weil wir Sozialdemokraten eben spezielle Werte einbringen wollen. Wieder ein Beispiel: Die Beseitigung der Kinderarbeit ist längst verwirklicht, das freie Schulsystem für alle gibt es schon, das sind keine Zukunftsthemen der Politik, auch nicht sozialdemokratischer. Hingegen sind etwa Fragen der Umwelt oder der seelischen Verarmung sehr wohl Themen der Zeit, denen wir uns mit unserem Gerechtigkeits- und Gleichheitsempfinden nähern sollten. Nicht mit den alten Ansätzen: Karl Marx und der Marxismus als theoretische Grundlage sind – nicht immer zu Recht – diskreditiert, zurück bleibt vielfach Ratlosigkeit. In der Sozialwissenschaft insgesamt scheint die Zeit der großen, aber doch so einfachen Erklärungsmuster vorbei zu sein. Man sollte aber das Kind nicht mit dem Bad ausschütten und jeglicher Theorie den Rücken kehren. Aus den „Themen der Zeit" ergibt sich doch, daß unser Werkzeug nicht die bloße Fortschreibung sein kann, sondern daß wir nach neuen Mitteln und Wegen suchen müssen, theoretisch und praktisch, für unsere Gedanken- und Organisationswelt. Es reicht einfach nicht, den alten Wein in neue Schläuche zu gießen.

Wie soll das Projekt weitergehen?

VRANITZKY: Zunächst ist die Arbeit der einzelnen Berichterstatter bis zum Sommer abzuschließen, dann werden ihre Arbeiten und Erkenntnisse in einer umfangreichen Dokumentation präsentiert. Wo anwendbar, sollen Ergebnisse vielleicht auch schon in das neue Regierungsprogramm einfließen. Damit wäre die Initiative, die ja ursprünglich nur auf ein Jahr angelegt war, zunächst abgeschlossen. Ich sähe es allerdings sehr gerne, daß die bisherige Arbeit ein Startschuß wäre für weitere Arbeit. Eine interessante Buchserie beispielsweise, jedenfalls auch interessante Zusammenkünfte. Ich verknüpfe den Begriff „Themen der Zeit“ sehr stark mit dem Begriff „Wissen der Zeit“, wobei ich Wissen nicht auf technokratisch definiertes Wissen beschränken möchte, sondern damit Erfahrung, Vision, Perspektiven meine, gesellschaftliches Wissen also.

Ein zentraler Befund, den wir von den meisten Berichterstattern gehört haben: Traditionelle Politik ist auf dem Rückzug.

VRANITZKY: Stimmen wir dem so kritiklos zu?

Die Gesellschaft individualisiert sich, die Parteien sind keine sozialen Lager mehr, keine geschlossenen ideologischen Anstalten, die politische Klasse gerät in Verruf. Gleichzeitig soll die Politik viel mehr leisten als früher, in einer immer komplexeren Gesellschaft. Ein guter, moderner Politiker sieht sich nicht mehr oben, an der Spitze eines Parteienstaates, er lenkt nicht, sondern er läßt zu und fördert, er ist nicht Hauptdarsteller auf der politischen Bühne, sondern Regisseur. Oder Moderator, ein Begriff, den man Ihnen gerne vorwirft.

VRANITZKY: Meine diesbezüglichen Eigenschaften mögen andere beurteilen. Ich möchte dazu aber etwas grundsätzlicher anmerken: Die Liberalisierung und die Individualisierung bringen es mit sich, daß auch die gesellschaftlichen Risiken für den einzelnen sehr viel größer werden, daß seine Kritik an der Politik spätestens dann einsetzt, wenn er für sich selber mit diesen Risiken konkret konfrontiert wird. Ein Beispiel: Gerade die Sozialdemokratie ist eine der politischen Richtungen, die immer für die Kritikfähigkeit des einzelnen eingetreten ist, die auch mit der gesellschaftlichen, materiellen und immateriellen Emanzipation der ehemals Unterprivilegierten erfolgreich gewesen ist. Unsere hohen Lebensstandards wurden unter anderem aufgrund einer offenen Einstellung zur Internationalisierung bis hin zur Globalisierung erreicht. Besonders in Zeiten wirtschaftlichen Rückgangs bekommt mancher plötzlich Angst, Verlierer zu werden. Es ist ein bißchen so, wie wenn Kinder das schützende Haus verlassen, um auf Entdeckungsreise zu gehen – bis ein Gewittersturm kommt. Dann eilen sie sehr gerne und sehr rasch wieder ins Haus zurück. Es kann sich aber nun herausstellen, daß dieses Haus schon so weit geöffnet wurde, daß trotzdem ein kalter Wind durchzieht, und sie daher die Schutzfunktion dieses Hauses als verringert wahrnehmen.

Die Sozialdemokratie als schützendes Haus?

VRANITZKY: Ich höre jedenfalls stärker den Ruf nach der Schutzfunktion der politischen Partei. Und ich sehe manchmal die emotionelle Abkehr von dieser Partei, weil diese Schutzfunktion jetzt nicht mehr im selben Umfang wie früher erfüllt werden kann. In ihrer jetzigen Situation besteht für die österreichische Sozialdemokratie – für andere Parteien vermutlich auch – die Herausforderung schlicht darin, einerseits jenen, die ein Leben lang stolz mit dieser Partei gewachsen sind, diesen Stolz nicht zu nehmen. Aber gleichzeitig den Jüngeren zu zeigen, daß die humanitären und emanzipatorischen Werte der Vergangenheit in Zukunft mindestens ebenso zu gelten haben, freilich anders umgesetzt werden müssen.

Aber gerade die Jüngeren wenden sich von den Parteien ab, auch von den sozialdemokratischen.

VRANITZKY: Wir müssen deshalb die Fenster dieser Partei weit aufmachen, so wie die der Politik insgesamt. Ich meine das geistig, aber auch räumlich. In meiner Partei etwa werden Mitglieder noch immer zu wenig inhaltlich wie äußerlich von dem angesprochen, was in unseren Parteiräumen passiert. Wir müssen das stärker präsentieren, was im Zuge der Parteireform ohnehin schon hie und da geschieht: Frauen und Männer, die Kindernachmittage gestalten, die alte Leute einladen, die neue Fragen und Aktivitäten zulassen und fördern, die das Schema der regionalen Sektionen durch Themensektionen und andere projektorientierte Gruppen ergänzen.

In vielen Themengruppen des Projekts wurde die Abgehobenheit der traditionellen Politik konstatiert, eine Art Vergesellschaftung der Politik als ihre einzige Chance für eine Wiederbelebung genannt.

VRANITZKY: In dem Zusammenhang möchte ich eine eminente demokratie- wie zivilisationspolitische Gefahr ansprechen, die Galbraith in seiner „Kultur der Zufriedenheit" beschreibt: Politik verspricht den Zufriedenen die Beibehaltung des Existierenden, sie taktiert bestenfalls kurzfristig. Die Zufriedenen werden zum Mitgefühl mit den Unterprivilegierten nicht gerade animiert. Politik wird dann als Bürde, gar als Versagen empfunden, wenn sie auch diese Zufriedenheit nicht mehr garantieren kann. Eine solche Politik führt unter Umständen zu links-, wahrscheinlich eher rechtsextremen Entwicklungen. Rechts außen sind die, die sich bisher gar nicht gesellschaftlicher Ziele angenommen haben, aber jetzt, wo der Gewittersturm da ist, Regenschirme verlangen oder irgendwelche Feinde für das schlechte Wetter verantwortlich machen.

Ausländische Wettermacher vor allem.

VRANITZKY: Als der Eiserne Vorhang noch zu war, gab es kaum Migration, gab es Vollbeschäftigung für eine Nachkriegsaufbaugeneration, fand auch der ungelernte Arbeiter mit Leichtigkeit Arbeit. In einer historisch kurzen Zeit, einem Jahrzehnt, sind diese gesellschaftlichen und ökonomischen Rahmenbedingungen, sind vor allem die ökologischen Probleme gänzlich andere geworden.

Welche Antworten hat die österreichische Politik der neunziger Jahre?

VRANITZKY: Nicht die einer Wiederaufbauzeit, so sehr manche das als Rückkehr zum Glück empfänden. Aber Erfolge von gestern sind gestrig. Politik muß damit rechnen, durch die kritischen Geister, die sie zur Liberalisierung und Individualisierung ermuntert hat, mit einem viel größeren Kritikpotential konfrontiert zu werden als ehedem. Es gibt jedenfalls keine Patentrezepte, um das Niveau an individueller Sicherheit per Knopfdruck wiederherzustellen, wie das noch im allgemeinen Machbarkeitsglauben vor 25 Jahren der Fall zu sein schien. Ich habe damals selber Vorträge gehalten und Artikel geschrieben, in denen ich die Meinung vertrat, eine Krise wie die der dreißiger Jahre passiert uns nicht mehr, weil wir die Instrumente dagegen haben. Ich wurde teilweise eines Besseren belehrt. Gerade deshalb muß die Verantwortung des Staates angesprochen werden: mit intelligenten Infrastrukturinvestitionen gegen die Krise anzukämpfen, mit Investitionen auch in ökologische und soziale Projekte.

Diese Überlegungen gehen schon in Richtung neues Anforderungsprofil für Politik: Selbstreflexion, Skepsis, Offenheit für neue Themen. Der moderne Politiker muß anerkennen, daß er selbst nur zentraler Regisseur eines Systems ist, das nur eins von mehreren ist.

VRANITZKY: Die heutige Wissenschaft spricht von der Vernetzung der Systeme. Es ist ein ganz wesentlicher Aspekt der Politik, die Vernetztheit der Systeme nicht nur abstrakt anzuerkennen, sondern das politische Denken und Handeln in diese Richtung hin zu orientieren. Das führt etwa dazu, daß die administrativen Eigenwege zwischen Wirtschaft und Kunstschaffen oder Umweltpolitik niemals brauchbare Antworten geben können. Diese Eigenwege führen in Sackgassen. Sie führen dazu, daß es heute noch Leute gibt, die sagen, jetzt vergessen wir ein bißchen die Ökologie, weil jetzt sind die Industrie und die Ökonomie wichtiger. Das Negieren der Vernetztheit ist der Weg in die Sackgasse. Daher ist es so wichtig, es als politische Aufgabe zu verstehen, dieser Vernetztheit noch viel stärker Rechnung tragen zu müssen.

Umgekehrt: Small gilt vielfach als beautiful.

VRANITZKY: Das ist kritisch zu hinterfragen. Small – also eine kleine Einheit – kann unter Umständen nur deshalb beautiful sein, weil es big – also eine große Einheit – auch gibt. Small allein auf sich gestellt wäre wahrscheinlich ebenso unattraktiv wie big allein. Vernetztheit bewältigen heißt in der politischen Aufarbeitung, zum Beispiel internationale Warenströme, internationalen Verkehr in Zusammenhang zu sehen mit sozialen und kulturellen Schwerpunkten in verschiedenen Teilen der Welt.

Was heißt das konkret für Österreich, für seinen Bundeskanzler?

VRANITZKY: Ich bin der Regierungschef eines Industriestaates, mein Kollege in einem südostasiatischen Staat wird sehr bald auch der Vertreter eines Industriestaates sein. Nur ist eines seiner Strategieelemente, einen Lebens- und sozialen Standard wie in Mitteleuropa in seinem Land nicht „einreißen" zu lassen, weil er befürchtet, dann die Konkurrenzfähigkeit seiner Gesamtwirtschaft einzubüßen. Hier liegt ein außerordentliches Problem vor, eine Vernetzung zwischen Arbeitssicherheit, sozialer Sicherheit, Lebensstandard und kulturellem Leben. Das muß man dann noch erweitern um den Zugang zu Menschenrechten, zu Demokratie und Freiheit an sich. Mit den herkömmlichen Einteilungsmustern, etwa nach dem österreichischen Bundesministeriengesetz, wird man nicht weiterkommen.

Auch der Durchschnittsösterreicher kommt mit der internationalen Vernetzung schwer zurecht.

VRANITZKY: Der Durchschnittsösterreicher hat aber in Wirklichkeit ununterbrochen mit dem Ausland zu tun. In der Früh aufzustehen, um Orangensaft, Kaffee oder Tee zu trinken, bedeutet doch die erste Begegnung mit der exotischen Welt. Der Wecker ist japanisch, unser Durchschnittsösterreicher setzt sich in sein englisches Auto, betreibt es mit Treibstoff, der aus Saudi-Arabien oder Nigeria stammt. Er fährt zu seiner Arbeitsstätte und produziert dort eine Kesselanlage für Indonesien, am Abend kommt er nach Hause und erzählt seiner Ehegattin, daß man Prospekte mitgenommen hat für den nächsten Urlaub in Gran Canaria. Selbst wenn man nicht nach Gran Canaria fährt, sondern nach Salzburg, wird man dort sehen, daß die Bettenkapazität der Salzburger Fremdenverkehrswirtschaft nicht annähernd gefüllt werden kann, ohne daß Deutsche, Holländer und Schweden dazukommen. Dann sitzt der Durchschnittsösterreicher vor seinem holländisch produzierten Fernsehgerät und sieht sich einen amerikanischen Film an, am Schluß des Tages atmet er aber kräftig durch und erzählt seiner staunenden Familie, wie wichtig es ist, daß wir österreichisch bleiben.

Das führt zum nächsten Generalbefund: Auf der einen Seite gibt es immer mehr Probleme, die transnationale Lösungen verlangen, auf der anderen Seite wachsen nationalistische Strömungen, nicht nur in Österreich.

VRANITZKY: Dieses Paradoxon muß man eben immer wieder bewußt machen.

Das allein löst noch nicht das Problem tatsächlich oder scheinbar verlorengegangener Identität. Beispiel: die Suche nach dem österreichischen Weg.

VRANITZKY: Der in den siebziger Jahren in unserem Land erfolgreich geprägte österreichische Weg zeichnet sich eben gerade dadurch aus, daß er aus Österreich herausführte. So war dieser österreichische Weg schon vor zwanzig Jahren ein internationaler Weg, in die sehr intensivierte Kooperation mit anderen Ländern. Ökonomisch mit der EFTA und der EG, politisch mit dem Nahen Osten, mit Nordafrika, mit skandinavischen Mustern und Modellen. Wir haben von der Europareife gesprochen, von der Überholspur. Nur auf diese Weise haben wir eigentlich Europaniveau erreicht. Auch heute gilt: Die nötige Integration schwächt die nationalen Grenzen, nicht unbedingt die nationalen Identitäten.

Aber bewußt wurde nicht die Internationalität dieses Prozesses, sondern nötiges nationales Selbstbewußtsein, das leicht in nationale Selbstüberschätzung umschlägt.

VRANITZKY: Vielleicht lag das auch an mangelnder Information; ein Fehler, den wir in der jetzigen Debatte über die europäische Integration nicht machen dürfen. Es bestehen viele Ängste und Vorurteile, die zum Teil auf mangelnder Information beruhen. Wir wollen mit klaren Fakten informieren, nicht überreden. Aber ich mache mir keine Illusionen: Es mangelt in unserer stark medial bestimmten Demokratie überhaupt an Diskussionskultur. Wir haben zu wenig Diskussion in dem Sinn, daß Meinung und Gegenmeinung aufgearbeitet werden, daß Medienkonsumenten dann die Möglichkeit haben, zwischen Alternativmeinungen zu wählen. Bei uns gibt es in erster Linie die Hätschelung der Konflikte. Der intermediale Wettbewerb führt zur übersteigerten Darstellung der in der Demokratie üblichen Auseinandersetzung als Konflikt, als Krise. Und vieles läuft bloß unter dem Gesichtspunkt des angeblichen Unterhaltungswertes ab.

Das ist aber nicht nur ein Problem der Medien. Gerade Politik müßte auch versuchen, einzelne Projekte mit Emotionen positiv zu besetzen, um überhaupt diese staatsbürgerliche Verantwortung wachsen zu lassen.

VRANITZKY: Sicher, aber dafür braucht man zuallererst ein sozialökonomisches Fundament. In Rußland sagte mir vor sechs Jahren ein Diskussionsteilnehmer: „Selbstverständlich ist uns Gorbatschow lieber als Breschnjew, aber es ist uns bei Breschnjew nicht schlechter, sondern sogar um bestimmte Nuancen bessergegangen. Wir haben nichts davon, jahrelang von kühnen Ideen zu hören, wenn die nicht auf sozialer und ökonomischer Basis stehen." Ich glaube, daß Einzelprojekte selbstverständlich ihren Stellenwert haben, daß man auch emotionalisieren kann und muß. Man muß sich nur im klaren darüber sein, daß man in dieser kommunikativ so stark bewegten und beeinflußten Gesellschaft mit einer kleinen Anzahl von Projekten bei weitem nicht alle Gruppierungen oder Schichten in der Gesellschaft abdeckt. Anders gesagt: Es gibt eben in der Informations- oder Kommunikationsgesellschaft ein so großes Feld an potentiellen Partikularinteressen, daß man mit nur wenigen Projekten diesen verschiedenen Partikularinteressen gar nicht entgegenkommen kann.

Daraus ergibt sich auch eine neue Aufgabenstellung in der Politik. Politik ist in den Medien fast nur mehr Kasperltheater. Das, was die Politiker von den Medien wollen, kriegen sie dort ja nicht mehr. Wie reagiert jetzt die Politik? Das Diskussionsspiel allein genügt nicht, sondern sie muß Dinge erfinden, die man verführerisch präsentieren kann. Politik muß die Medien ähnlich benützen, wie sie die Wirtschaft benützt, als Politik der Gefühle, der Symbolismen, der Luftballons.

VRANITZKY: So wie der Anfänger beim Segeln meist sein Segel vor dem Wind hält und mit dem Rückenwind Fahrt gewinnt, segelt der gute Segler in Wirklichkeit gegen den Wind, um mit der Schrägfahrt so gut zu liegen, daß er im Gegenwind eigentlich sehr viel Raum gewinnt, sehr schnell werden kann. So ist es wohl auch in der Politik. Ich bleibe gleich beim Ballonbeispiel. Ich glaube, daß das Steigenlassen von Ballonen sehr wohl ein Requisit der Politik ist, aber es kann nicht das einzige, das alleinige sein. Es gibt ja zwei Arten von Ballon-Steigenlassen: Man kann zehn Ballone kaufen, sie steigen lassen, und alle Leute schauen so lange nach, bis der Ballon entweder platzt oder so hoch steigt, daß er nicht mehr sichtbar ist. Die zweite Art des Ballonspiels ist, an der Schnur des Ballons ein Kuvert zu befestigen, einen Gewinn dem zu versprechen, der das Kuvert dann fängt, wenn der Ballon schon längst zerplatzt ist und das Kuvert von selber runterfällt. Das zweite Beispiel könnte der richtige Vergleich sein: Seht her, wir wollen nicht nur Ballone vor der Nase herumtanzen lassen, um Aufmerksamkeit zu wecken, sondern das Ganze hat einen positiv zählbaren Effekt.

Nächster themenübergreifender Befund: Es gibt überall zuwenig Transparenz, zuwenig politische Transparenz, zuwenig Kostentransparenz.

VRANITZKY: Wir haben tatsächlich ganz wenig Transparenz in der Gesellschaft: Bestimmte öffentliche Leistungen werden ignoriert oder negiert, daraus werden falsche Schlußfolgerungen gezogen. Ein Beispiel: Nur eine geringe Anzahl von Staatsbürgern weiß, was der Individualverkehr gesellschaftlich kostet, was medizinische Betreuung, was eine Operation, was eine Kur kostet. Es werden die sehr differenzierten beruflichen Tätigkeiten im öffentlichen Dienst, von der Krankenschwester bis zum Briefträger, kaum wirklich als solche zur Kenntnis genommen – unser eigener Staat, das unbekannte Wesen für die Staatsbürger. Aber nicht, weil der Staatsbürger es nicht verstehen kann, sondern weil auch von der Politik zu wenig Anstrengungen zur Transparenz unternommen werden. So hat kürzlich jemand behauptet, im Wiener Rathaus seien 70.000 Beamte beschäftigt. In Wirklichkeit sind das nicht alles Beamte im klassischen Sinn, sondern öffentliche Bedienstete, von Sozial- bis zu Kanalarbeitern.

Konkrete, mehrfach als dringlich erachtete Vorschläge: neue Arbeitszeitmodelle . . .

VRANITZKY: Ich bin überzeugt davon, daß wir ganz neue Arbeitszeit- und Arbeitszeitverteilungsmodelle dringlich forcieren müssen.

Gesamtschule ...

VRANITZKY: Es kann nicht das, was in den meisten anderen vergleichbaren Ländern selbstverständlich ist, bei uns aus ideologischen Gründen auf Dauer tabuisiert werden. Das gilt auch für Ganztagskindergärten. Niemand behauptet, daß das die einzige, auch nicht, daß das die beste Form der Kinderbetreuung ist. Aber wir müssen sie überall anbieten, damit Frauen – es handelt sich ja leider noch immer fast ausschließlich um ein sogenanntes Frauenproblem –, wenn sie arbeiten gehen wollen oder müssen, das auch tun können.

Marktnischen, um den Standort Österreich zu erhalten?

VRANITZKY: Es wird bei uns nicht zur Regel werden, Daimler-Benz-Autos oder General-Electric-Haushaltsgeräte in riesiger Zahl vom Band laufen zu lassen. Vielmehr muß es noch interessanter werden, spezialisierte Aggregate oder bestimmte Formen des Zulieferns in den Elektronikbereich zu forcieren. Beispielsweise gibt es Leute in Österreich, die spezialisiert sind auf das computerisierte Erfassen von aus der Luft aufzunehmenden Landkarten. Das blüht im verborgenen, aber es blüht. Wir dürfen uns generell nicht zu einer industriefeindlichen Einstellung verführen lassen. Dann können wir uns leicht ausrechnen, daß wir die gesamtwirtschaftliche Wertschöpfung nicht mehr in ausreichendem Maß erreichen, die Bildung und die ökologischen Aufgaben nicht mehr finanzieren können. Der kenntnisarme Staat würde in überschaubarer Frist zum armen Staat.

Also: kein bloßer Dienstleistungsstaat ...

VRANITZKY: Der Industrie- oder Gewerbebetrieb nimmt immer mehr Dienstleistungselemente an, aber immer mehr noch muß er auch das Produkt anbieten.

Wird Österreich im rauhen Wind der EU so ganz ohne Protektionismus auskommen?

VRANITZKY: Wir werden müssen. Protektionismus ist keine Lösung. In der Zwischenkriegszeit eskalierte die gegenseitige Abschottung zwischen den Industrieländern so schnell, daß der plötzliche Zusammenbruch der Exportmärkte ganze Industriezweige in die Pleite trieb. Wir stehen vor einer widersprüchlichen Entwicklung. Einerseits wird massiv die Liberalisierung des Welthandels betrieben, andererseits kämpfen die einzelnen Nationalökonomien mit einer hartnäckigen Krise, daraus resultierender Arbeitslosigkeit und steigenden Sozialkosten. Als Folge dessen und parallel dazu ist ein Aufflackern des Nationalismus, gar des Faschismus zu verzeichnen.

Neben den ökonomischen Konsequenzen der Grenzöffnungen gibt es natürlich soziale und politische, auch sicherheitspolitische. In der sogenannten Ausländerdebatte findet sich das alles präzis und diffus wieder.

Faktum ist, daß immer weniger Menschen für immer größere Konzerne immer mehr produzieren.

VRANITZKY: Auch hier ein aktuelles Beispiel: Alcatel, das in ganz Europa kleinere Elektro- und Kabelhersteller aufkaufte, hat in nur vier Jahren den Umsatz von 140 Millionen Schilling auf 210 Millionen aus- und gleichzeitig 15.000 Arbeitsplätze abgebaut. Der Wohlstand in Europa ist durch Millionenheere ehrgeiziger und intelligenter Konkurrenten in Indien und Fernost, durch eine unbegrenzte industrielle Reservearmee in Osteuropa und durch Rationalisierungen gefährdet. Es geht somit um einen weltweiten Strukturwandel, der durch ein früher undenkbares Aneinanderrücken der Menschen hervorgerufen und geprägt wird. Sollen daraus nicht unheilbare ökonomische, soziale und ökologische Schäden erwachsen, ist immer wieder zusätzliche Intelligenz gefordert: Forschung, Entwicklung, Bildung, neue Verfahren, neue Märkte, neue Kooperationen.

Welchen Spielraum haben dann eigentlich noch nationale Regierungen, aber auch Integrationsmodelle wie die EU?

VRANITZKY: Hohe südostasiatische Politiker sprechen bereits von der Selbstblockade der Demokratie, die jeden Politiker das Amt verlieren läßt, wenn er unbequeme Wahrheiten ausspricht. Es gibt natürlich diese Beschränkung auch für die EU. Beispielsweise, wenn Arbeiter in Thailand Autos der japanischen Firma Mitsubishi montieren, die in den USA als Modell von Chrysler verkauft werden. Oder: BMW hat seinen Konzerngewinn von zuletzt 1,5 Milliarden Mark zu 95 Prozent im Ausland erwirtschaftet. Dennoch muß es politische Eingriffe geben, auch im kleinen, aber wichtigen Europa: Es müßte etwa gerade von der EU darauf geachtet werden, daß bei der Öffnung der Märkte auch Umwelt- und Sozialstandards durchgesetzt werden. Denn ohne ein verstärktes Augenmaß darauf wird nicht nur der internationale Wettbewerb bei noch so drastischer Kostenreduktion nicht zu gewinnen sein, sondern auch die politische Gefolgschaft zunehmend verlorengehen.

Weltweit gesehen: Werden wir nicht teilen müssen, um den Ärmeren eine gerechte Chance zur Entwicklung zu gewähren?

VRANITZKY: Die Industriewelt wird sich nicht aus der Verantwortung zur Kooperation stehlen dürfen; Kooperationen, die durchaus auf der Basis des Teilens beruhen, die sich nicht auf die Errichtung eines Stahlwerkes beschränken. Da gibt es schon viel bessere und modernere Ansätze, wie etwa Fruchtbarmachungs-, Beregnungs- und Wasseraufbereitungsprojekte in Ländern Afrikas.

Es gibt aber beschränkte Ressourcen, etwa Energieressourcen, da wird man teilen müssen. In den USA wird der Benzinpreis nicht ewig so niedrig bleiben und damit zum Verprassen anregen dürfen.

VRANITZKY: Globalisierung erfordert die schrittweise Herstellung gleicher Wettbewerbsbedingungen, nicht bloß die Errichtung einer Festung Europa, Japan, Asien oder Amerika. Die amerikanischen Benzinpreise funktionieren natürlich nur dann auf die Dauer, wenn Wettbewerbe ungleich sind. Die Amerikaner haben bei den GATT-Verhandlungen sehr genau gewußt, wo sie vis à vis Europa der Schuh drückt. Wenn schon von einer neuen Weltwirtschaftsordnung die Rede ist, dann trifft das auf einen beachtlichen Nachholbedarf bei fairen Wettbewerbsbedingungen zu.

Glauben Sie persönlich nach den Enttäuschungen der letzten Jahre noch an eine neue Weltordnung?

VRANITZKY: Ein bemerkenswertes Buch des deutschen Ökonomen Kurz beginnt mit dem ebenso bemerkenswerten Satz: „So viel Ende war nie!" Gemeint ist damit der Abschied von einer vermeintlich festgefügten Weltstruktur. Nach der Euphorie der Jahre 1989 und 1990 holte auch den Westen endgültig die Krise ein, nicht nur die augenfälligste, die ökonomische, sondern es wurden auch politische Gefahren sichtbar, gewisse Tendenzen der Demokratieinfragestellung. In der Außenpolitik stimmt der alte Weltentwurf nicht mehr, die Massenarbeitslosigkeit scheint fast eine Dauererscheinung zu sein, viele alte Antworten auf die Sinnfragen des Lebens taugen nicht mehr. Und – so sieht das ein scharfsinniger Kritiker wie Theo Sommer in der „Zeit" – viele Politiker begegnen diesen großen Problemen kleinkariert. So wird ein Bild der Schwäche, der Zurückhaltung, der Routine und Ratlosigkeit gezeichnet, das zusätzlich noch auf die Stimmung drückt.

Ist das jetzt Bestandsaufnahme, Eigen- oder Fremdkritik?

VRANITZKY: Ich glaube nicht, daß Politik oder Politiker so ratlos geworden sind, sie werden nur zunehmend eine Art „universeller Verantwortungsnehmer", frei nach Luhmann. Sie sollen auf möglichst alles möglichst rasch, möglichst generell und möglichst konkret Antworten liefern. Das ist ein recht umfassendes Unterfangen: Nämlich gut zu regieren, was als selbstverständlich genommen wird und erst auffällt, wenn es zu Defiziten oder Skandalen kommt. Und zusätzlich noch Zukunft zu formulieren, Hoffnung, Visionen und Perspektiven zu vermitteln. Sehr oft wird nämlich gerade in einer politischen Tätigkeit das eingefahrene Geleise nicht verlassen, auch deshalb, weil man einfach nicht mehr dazu kommt, neue und unkonventionelle Fragen zu stellen. Es ist also nicht ganz uneigennützig, daß ich dieses Projekt „Themen der Zeit" initiiert habe, das an keine Institutionen gebunden ist, nur an das Wissen und das Gewissen der Mitwirkenden.

ZWÖLF PROGNOSEN

UMFRAGE UNTER JOURNALISTEN ÜBER „THEMEN DER ZEIT"

1. Welche fünf dringlichsten Aufgaben sehen Sie für Österreichs Gesellschaft bis zum Jahr 2000?
2. Welche fünf wichtigsten konkreten Ziele müßte die österreichische Politik dementsprechend in diesem Zeitraum durchsetzen?
3. Wie beurteilen Sie die Entwicklung der Balance zwischen den Systemen Politik/Wirtschaft/Kirche/Kultur/Medien?
4. Welche fünf Hauptentwicklungen prognostizieren Sie für Österreichs Parteienlandschaft und das politische System insgesamt?
5. Gibt es nach einer allgemein konstatierten Schwächung von Ideologien und Weltanschauungen und dem Trend zu Pragmatismus und Technokratismus wieder eine Renaissance für „Werte" und „Visionen" – wenn ja, für welche am ehesten?
6. Welche größten globalen Probleme sehen Sie derzeit für die Menschheit?
7. Allen gegenläufigen nationalistischen Eruptionen zum Trotz – welche konkreten Fortschritte würden Sie sich bis zur Jahrtausendwende am Weg zu transnationalen Lösungen für internationale Probleme wünschen, welche davon halten Sie als realistisch durchsetzbar?

Dr. HELMUT BRANDSTÄTTER, ORF, Leiter Abteilung „Dokumentation"

Aufgaben und Ziele:

□ Die Integration in die Europäische Union, die wir vor allem in unseren Köpfen verarbeiten müssen.

□ Die österreichische Gesellschaft und insbesondere der vermögendere Teil wird lernen müssen, daß der Wohlstand nicht mehr beliebig vermehrbar ist.

□ Das Land muß sich gesellschaftspolitisch, juristisch und menschlich darauf einstellen, daß Österreich de facto ein Einwanderungsland ist.

□ Die Medienlandschaft muß so geordnet werden, daß neben einem garantiert starken öffentlich-rechtlichen ORF Kommerzsender entsprechende gesetzliche Auflagen erhalten und die Vielfalt der Zeitungen nach Qualitätskriterien gefördert wird.

- Neuordnung des Schul- und Universitätsbereichs im Sinne größerer Flexibilität und Erziehung zu mehr Selbständigkeit.

Balance der gesellschaftlichen Kräfte:

Die Kirche ist dabei, durch den Rückzug ins Sektierertum wesentlicher Repräsentanten, ihre traditionell bedeutende Rolle zu verspielen. Dieser Trend wird sich auch in den nächsten Jahren nicht ändern. Die Wirtschaft wird durch den Beitritt zur EU neues Selbstbewußtsein erfahren, während sich die Politik mit der Integration weit schwerer tun wird. Auch die Medien werden erst lernen müssen, im größeren Europa zu agieren.

Parteienlandschaft:

Die Entwicklung der SPÖ hängt hautpsächlich von der Lust Franz Vranitzkys ab, ihr Vorsitzender und Bundeskanzler zu bleiben. Sollte er sich in der kommenden Legislaturperiode zurückziehen, ist mit einer parteiinternen Krise und einem weiteren Wählerrückgang zu rechnen. Die ÖVP wird weiter schrumpfen. Sollte die Nationalratswahl 1994 ein Desaster werden, ist mit allem zu rechnen, bis hin zur Spaltung der Partei nach Bünden oder nach Bundesländern. Das Liberale Forum wird von der anhaltenden ÖVP-Krise profitieren, sicherlich in den Nationalrat einziehen, dann freilich genug damit zu tun haben, sich als wirklich liberale Partei zu etablieren. Die FPÖ wird noch zulegen, aber paradoxerweise mit ihrem Erfolgsobmann Haider niemals eine Chance haben, führende Regierungsverantwortung zu übernehmen. Die Grünen werden sich stabilisieren und möglicherweise die Schwäche anderer Parteien zur eigenen Profilierung nutzen können.

„Werte" und „Visionen":

Ich sehe nur einen Trend, der den Rückzug ins Private und in kleine Einheiten noch verstärkt.

Globale Probleme:

- Überbevölkerung.
- Wanderungsbewegungen.
- Regionale Kriege mit atomaren Bedrohungen.
- Folgewirkungen des Zerfalls der Sowjetunion.
- China mit seinen sozialen und nationalen Problemen und seinem rasanten Wirtschaftswachstum ist Gefahr und Chance gleichermaßen.

Transnationale Problemlösungen:
Ich wünsche mir zumindest kleine Fortschritte auf dem Weg zu einer gerechteren Wirtschaftsordnung, die Eingliederung Osteuropas in die Europäische Union, einen Hoffnungsschimmer für Afrika sowie die Einbindung Chinas.

BARBARA COUDENHOVE-KALERGI, ORF Prag

Aufgaben und Ziele:
Österreich braucht, so meine ich, dringend einen größeren Modernisierungsschub, vergleichbar dem zu Beginn der Kreisky-Jahre. Im rasanten Strom der Entwicklungen in der übrigen Welt wirkt unser Land mehr und mehr wie eine Insel – nicht der Seligen, sondern der Zurückgebliebenen. In der Wirtschaft heißt die Aufgabe „Europareife". Das wird vermutlich weniger staatliche Hilfe und weniger staatliche Regulative bedeuten, aber die größtmögliche Entfesselung aller produktiven Kräfte, mehr Forschung und Entwicklung, mehr Auslandskontakte, bessere Nutzung des einheimischen kreativen Potentials inklusive der Frauen und der hier lebenden Ausländer. Ziel: mehr Unternehmergeist, weniger Beamtenmentalität.
Das herkömmliche Parteiensystem hat sich überlebt. Gefragt sind demokratische Reformen, die die Modernisierungstendenzen der Gesellschaft befördern und weitertragen und nicht entweder bremsen oder Demagogen und Splittergruppen überlassen. Ziel: Rückzug der Parteien aus ihrer Rolle als Vormund der Gesellschaft.
Die Verwaltungskosten überborden. Sie müssen drastisch gesenkt werden – im Gesundheitswesen, im öffentlichen Dienst, in der Wirtschaft. Ziel: eine große Verwaltungsreform. Die Kluft zwischen arm und reich wächst, die Arbeitsplätze werden weniger. Neue, phantasievolle Lösungen sind gefragt. Ziel: ein neuer Sozialkontrakt.
Kleingeisterei und Provinzialismus hindern die Öffnung unseres Landes nach Europa. Ziel: eine Durchlüftung der Köpfe.
Balance der gesellschaftlichen Kräfte:
Immer mehr sind Politik, Wirtschaft, Kultur, Kirche Ghetto-Institutionen geworden, die nur mehr innerhalb ihres eigenen Kreises kommunizieren und vorwiegend von Spezialisten beobachtet werden. An die Stelle des „Insider-Dialogs" den breiten, offenen, infor-

mierten Dialog zwischen den Institutionen und der Gesellschaft zu setzen, wäre die Zukunftsaufgabe für die Medien.

Parteienlandschaft:

Die großen Volksparteien nehmen ab, die kleineren Oppositionsparteien legen zu. Je mehr die großen Parteien den Modernisierungsbedarf der Gesellschaft unterschätzen, desto größer wird die Chance der letzteren. Jetzt schon wirkt sich das unter anderem darin aus, daß die Großparteien in Jörg Haider beharrlich nur den Rattenfänger der Ewiggestrigen sehen, während er von einem Teil seiner Anhänger längst als Modernisierer empfunden wird.

Die optimistische Prognose: Die Parteien öffnen sich und ziehen sich gleichzeitig immer mehr auf ihre Rolle als Vordenker und Richtunggeber zurück. Das ermöglicht die Entstehung eines breiten parteifreien Raumes für die aufgeklärte Bürgerdemokratie.

„Werte" und „Visionen":

Die Menschen suchen verläßliche Verankerungen, etwas zum Anhalten, die möglichst nicht beim ersten Windstoß nachgeben. Sicher gehört dazu der liebe Gott (oft jenseits der Institutionen), die Familie, die engere Heimat, die Liebe, die Freundschaft.

Globale Probleme:

□ Überbevölkerung.
□ Umweltzerstörung.
□ Zerfall friedenserhaltender Großstaaten.
□ Bürgerkriege.
□ Fundamentalismus.

Transnationale Problemlösungen:

Je größer die transnationalen Probleme werden, desto wichtiger wäre ein Erstarken, eine Belebung und Vertiefung transnationaler Institutionen, insbesondere der Vereinten Nationen und der Europäischen Union. Für realistisch durchsetzbar halte ich das allerdings kaum.

Dr. FRITZ CZOKLICH, Kleine Zeitung, Chefredakteur

Aufgaben:

Freiheit darf nicht länger bloß als Anhäufung eigener Rechte und Ansprüche mißverstanden werden. Der Begriff des Dienstes an der Gesellschaft sollte statt dessen auf allen Ebenen gefördert werden. Die Orientierung unseres politischen Systems am allgemeinen

Wohl ist vordringlich. Die politische Klasse darf sich nicht länger nur auf sich selbst und ihre privat-individuellen Interessen beschränken. Der Bürgersinn gemeinschaftsbezogener Citoyens soll das Leitbild der künftigen Gesellschaft in Österreich sein, die Innovationsfreude, Unternehmungslust und den Mut zu neuen Wegen braucht.

Ziele:

Beseitigung der aufreizenden Privilegien auf allen Ebenen unserer Gesellschaft samt drastischer Kürzung der hohen staatlichen Subsidien an Fraktionen und Parteiinstitutionen aller Art; umfassende Reform des Wahlrechts mit Einführung von Direktwahlen – z. B. aller Bürgermeister –, damit die Stimme des einzelnen mehr Gewicht erhält und der Eindruck zurückgedrängt werden kann, daß das Volk im Grunde genommen nichts zu sagen hat; entschlossener Kampf gegen die neue Armut und nachdrücklichere Bemühungen, die Arbeitslosenzahlen zu senken; gleichzeitig energisches Vorgehen gegen den Mißbrauch sozialer Einrichtungen; endlich eine Kartellgesetzgebung nach deutschem und amerikanischem Muster, das die mediale Konzernbildung à la Mediaprint bis zu einem bestimmten Zeitpunkt auflöst und die Vereinigung von Zeitungen und Fernsehstationen in einer Hand strikt verbietet.

Balance der gesellschaftlichen Kräfte:

Die Balance zwischen den Systemen Politik/Wirtschaft/Kirche/Kultur/Medien ist gestört, weil sich in allen Lebensbereichen der Vorrang des Ökonomischen vor dem Politischen und der Vorrang des Politischen vor dem Moralischen breitgemacht hat.

Parteienlandschaft:

Im politischen System Österreichs dominieren zunehmend Partikularinteressen vor allgemeinen Interessen. Die Maximierung des eigenen Profits ist weithin alleinige Richtschnur des Verhaltens. Damit schwindet die Solidarität zugunsten der Schwächeren. Auf diese Weise wächst die Parteienverdrossenheit und die Bereitschaft, sich Demagogen anzuvertrauen. Diese Entwicklungen sind deshalb besonders gefährlich, weil sie die ungemein positiven Seiten der „Erfolgsstory" der Zweiten Republik zu überdecken drohen.

„Werte" und „Visionen":

Nach der Pleite der zwei totalitären Weltanschauungen unseres Jahrhunderts, des Kommunismus und des Nationalsozialismus, ist eine zunehmend permissive Kultur entstanden, die den religiösen Faktor verdrängt, ohne ihn jedoch durch irgendeinen säkularen „kategorischen Imperativ“ zu ersetzen. Dieses moralische Vakuum bestimmt die spirituelle Leere, die in der westlichen Zivilisation gegenwärtig zu konstatieren ist. Damit wird die Befriedigung der eigenen Bedürfnisse zum Selbstzweck im Westen, während in vielen Teilen der übrigen Welt der Kampf um das nackte Überleben tobt. Angesichts dieser prekären Lage ist die Wende zu einer Werthaltung notwendig, die Rechte der bürgerlichen Freiheit untrennbar mit den Pflichten sozialer Verantwortung verbindet.

Globale Probleme:

Die gesellschaftlichen und ökologischen Systeme der Welt haben die Grenzen ihrer Belastbarkeit erreicht. Der Grad der Umweltverschmutzung, der Armut und der Bevölkerungsexplosion zeigen an, wie weit diese selbstmörderische Entwicklung bereits vorangeschritten ist. Andererseits gibt es gerade jetzt, nach dem Zusammenbruch des kommunistischen Systems und nach dem Ende der bipolaren Teilung der Welt eine ganze Reihe von Möglichkeiten, die besseren Bedingungen zur Schaffung des Friedens, des Fortschrittes und der Prosperität zu nützen. Die Lichtblicke in Südafrika, im Nahen Osten und in Nordirland sind Zeichen dafür. Beharrlichkeit und Festigkeit sind allerdings zu ihrer Umsetzung erforderlich.

Transnationale Problemlösungen:

Bei allen Schwächen bietet die Europäische Union die einzige realistische Chance, auf einer transnationalen Ebene den neuen nationalistischen Versuchungen eine wirksame Alternative entgegenzusetzen. Der Traum der Überlebenden beider Weltkriege, es würde einmal die Zeit kommen, in der Schwerter zu Pflugscharen umgeschmiedet würden, hat sich in Westeuropa nun schon mehrere Jahrzehnte hindurch in einem Annäherungswert bewahrheitet. Dieser Erfolg wiegt mehr als jede Prozentrechnung von Export- oder Importspezialisten. Eines muß aber klar sein: Westeuropa kann keine Insel der Seligen sein. Eine Zweiteilung der Erde in eine Zone des Friedens und eine Zone der Turbulenz ist alles andere als eine Zukunftsvision.

Dr. HUBERT FEICHTLBAUER, Vorsitzender des Presserates

Aufgaben:

- □ Sicherung einer sinnvollen Einbindung Österreichs in die Europäische Union und Vorbereitung auf alle Konsequenzen.

□ Beseitigung der Arbeitslosigkeit durch gezielte Maßnahmen zur Ankurbelung der Wirtschaft.
□ Sicherung des Sozialstaates Österreich.
□ Sicherung des bereits gefährdeten Bildungs- und Ausbildungsniveaus österreichischer Bürger/innen.
□ Schaffung und Festigung eines Klimas, das ein unzweideutiges Ja zum eigenen Staat, zur Weltgemeinschaft und zur Verpflichtung, sich für das Gemeinwesen zu engagieren, fördert.

Ziele:

□ Beitritt zur EU als Vollmitglied; Maßnahmen der Wirtschafts-, Sozial-, Steuer- und Finanzpolitik zur Schaffung von Arbeitsplätzen und verstärkten Förderung von Exporten.
□ Neuorientierung der österreichischen Sicherheitspolitik (Mix von Berufsheer und Miliz).
□ Sicherung der Pensionen durch raschere Angleichung der Bestimmungen für Frauen und Männer und Schaffung von mehr Anreizen für schrittweisen Übergang in die Pension.
□ Grundlegende Erneuerung des Gesundheitswesens, dauerhafte Sanierung der Krankenhäuser, Neuordnung des Verhältnisses zwischen sozialer und privater Krankenversicherung, Kosten- und vor allem Risikobeteiligung der Versicherten.
□ Stärkere Differenzierung der Schulangebote (Begabungen müssen stärker gefördert, Diskriminierungen gezielter beseitigt, Leistungsbereitschaft muß insgesamt erhöht werden).

Balance der gesellschaftlichen Kräfte:

□ In den vergangenen Jahren waren Politik und Politiker immer noch zu dominant, die Wirtschaft immer noch in ihrer Bedeutung verkannt und von vielen gewissermaßen als per se übel und daher ablehnungswürdig betrachtet, die Kirchen noch zu wenig um wirkliche Grundsatzpositionen bemüht, Kultur und Kulturträger zu stark cliquenbeherrscht und die Medien zu arrogant, zu wenig selbstkritisch, zu wenig lernbereit. In den kommenden Jahren soll die Politik noch manche Positionen räumen, die Wirtschaft noch transparenter, die Kirchen sollen im Auftreten präziser und mutiger, die Medien bescheidener und mehr auf Vermittlung wirklich relevanter Fakten konzentriert sein.

Parteienlandschaft:

□ Weitere Aufsplitterung der Parteienlandschaft zu Lasten von SPÖ und ÖVP.
□ Rückgang der Wahlbeteiligung.

□ Stärkere Professionalisierung der Politik (Berufspolitiker werden von Quereinsteigern nicht verdrängt werden, Entlohnung wird Marktfrage sein, keine offenen und verdeckten Privilegien mehr).

□ Zunahme von Polarisierung und Verpöbelung der politischen Debatte.

□ Keine, weil Trends nicht einer Zahlenmagie folgen müssen . . .

„Werte" und „Visionen":

□ Ja: Familie (Unverbindlichkeit des Zusammenlebens wird genau so als Fehlentwicklung erkannt werden wie antiautoritäre Erziehung). Geborgenheit im überschaubaren Raum (Einigeln auf Vereine, Gemeinden, staatliche Kleingebilde – bis der trügerische Schein eines „small is beautiful" durchschaut sein wird), dann Erwachen neuer Gemeinschaftsbezogenheit, „Friedensbewegung neu" in Richtung „Gemeinschaftsdienst" in Österreich, in Europa, dritte Welt.

Globale Probleme:

□ Wettbewerbsungerechtigkeit im Welthandel.

□ Verbreitung von Nuklearwaffen unter unberechenbaren Staaten.

□ Immer noch Dominanz autoritärer und totalitärer Herrscher(cliquen).

□ Bevölkerungswachstum.

□ Gefährdung ökologischer Gleichgewichte.

Transnationale Problemlösungen:

□ Zunahme der Diversifizierung von Dritte-Welt-Wirtschaften anstelle von Monokulturen, Schaffung arbeitsintensiver Wirtschaftsstrukturen, mehr Präferenzklauseln in internationalen Wirtschaftsverträgen für die ärmsten Staaten.

□ Statuieren eines oder mehrerer Exempel bei der Bestrafung von Verstößen gegen das Atomsperrgesetz (Geber und Nehmer . . .).

□ Förderung behutsamer Demokratisierung in Afrika, Lateinamerika und Asien (zuerst Einhaltung der Menschenrechte, dann der Reihe nach demokratische Institutionen, Einbeziehung traditioneller Kulturerrungenschaften der betreffenden Völker).

□ Schaffung sozialer Voraussetzungen, daß Kinder nicht mehr als „Lebensversicherer" angesehen werden müssen; endlich geistige Führung auch der Kirche(n) in der Erziehung zu verantworteter Elternschaft.

□ Mehr international abgestimmte Umweltpolitik.

JOHANNES KUNZ, ORF, Informationsintendant

Aufgaben:
Österreich wird sich durch die europäische Integration an die demokratischen Standards im Westen anzupassen haben. Die kulturellen und wirtschaftlichen Beziehungen zu Österreichs Nachbarn im Osten werden zu intensivieren sein. Zu den dringlichsten nationalen Problemen zähle ich an erster Stelle die Schaffung von Arbeitsplätzen. Weiters wird das österreichische Bildungssystem zu modernisieren sein. Sehr wesentlich erscheint mir auch die Schaffung einer gewissen neuen Balance zwischen den Generationen, da Österreich derzeit der Gefahr einer Überalterung der Bevölkerung ausgesetzt ist.
Ziele:
Die österreichische Politik hätte die Reform von Schulen und Hochschulen in Richtung qualitativer Verbesserung und differenzierter Angebote voranzutreiben. Eine aktive Forschungspolitik halte ich in diesem Zusammenhang für sehr wichtig. Selbstverständlich wird man nie umhin kommen, sich darüber Gedanken zu machen, wie man in Österreich neue Arbeitsplätze, insbesondere in der Industrie und auf dem Dienstleistungssektor, schaffen kann. Angesichts der drohenden Überalterung in Österreich wird eine Reform des Pensionssystems früher oder später unumgänglich sein. Als altgedienter Medienmann wäre eine Dekonzentration der Medienszene für mich sehr wünschenswert. Die österreichischen Medien werden in Zukunft an den neuen Entwicklungen der Telekommunikation teilnehmen müssen, um nicht im internationalen Wettbewerb ausgestochen zu werden. Ein großes Anliegen werden der österreichischen Politik auch in den nächsten Jahren die Migration und diesbezügliche mögliche Verbesserungen sein.
Balance der gesellschaftlichen Kräfte:
Der angekündigte Rückzug der Parteien aus bestimmten gesellschaftspolitisch relevanten Gebieten hat bisher noch nicht wirklich stattgefunden. Er ist daher nach wie vor zu fordern. Der wünschenswerte und oft angesprochene Modernisierungsschub in der österreichischen Wirtschaft ist weiter auszubauen und voranzutreiben. Die restaurativ-konservativen Tendenzen in der katholischen Kirche haben sich in den letzten Jahren teilweise bis zu einem bestimmten Fundamentalismus hin verstärkt. Ein großer Teil der engagierten Katholiken ist ob der verschiedenen Grundsatzrichtungen innerhalb

ihrer Glaubensgemeinschaft desorientiert. Mit der Identifikation mit irgendeiner politischen Partei haben Österreichs Katholiken auch Schwierigkeiten. Sie fordern für die Zukunft mehr „Christlich-Soziales“ von der Partei, die traditionell die Interessen der Katholiken im politischen Leben wahrgenommen und vertreten hat. Die großen ideologischen Kontroversen finden nicht mehr allein in der Politik, sondern vermehrt auch in den Bereichen der Kultur statt. Es wird dort der Tradition zunehmend mehr Wert zugemessen als der Innovation. Doch der bloße Rückzug auf das kulturelle Erbe wird für die Zukunft nicht genügen. Österreich braucht eine kulturelle Aufbruchstimmung, eine „neue Jahrhundertwende“ in der heimischen Kulturzeitgeschichte. Die Medienkonzentration der letzten Jahre hat demokratiegefährdende Ausmaße erreicht. Die Politik hat der drohenden Verstärkung dieser Konzentration auf dem elektronischen Sektor intensiv entgegenzuwirken.

Parteienlandschaft:

Die Großparteien werden weiterhin schrumpfen. Durch einige personelle Vorteile dürfte die SPÖ derzeit etwas weniger Wähler verlieren als die ÖVP. Die Zeit der absoluten Mehrheiten dürfte endgültig vorbei sein. Das frühere „bürgerliche Lager“ wird auf Dauer in zwei, vielleicht sogar drei große Teile (ÖVP, FPÖ) und eine kleinere Partei (LF) zerfallen. Die relativ neue „Grüne Partei“ stagniert, da die großen ökologischen Themen und Anliegen von den traditionellen „Großparteien“ übernommen werden. Der Bezug zur Basis, zu den früheren „Bürgerinitiativen“, wurde von den „Grünen“ aber aufgegeben. Im Gegensatz zu anderen westlichen Demokratien fehlt in Österreich nach wie vor das Element der „civil society“. Das traditionelle österreichische Vereinswesen ist ja eigentlich unpolitisch und eher hobbymäßig betrieben. Falls der Rückzug der Bürger aus den vorhandenen Parteien und politischen Prozessen nicht zur Aushöhlung der Demokratie führen soll, wäre eine Art „Bürgerinitiative“ für „mehr Demokratie“ zu wünschen.

„Werte“ und „Visionen“:

Die Renaissance von Werten ist in der Gesellschaft weiter fortgeschritten, als es die Politik wahrnimmt. Während die offizielle Politik Österreichs noch dem Zeitgeist der achtziger Jahre huldigt, zeichnet sich in der Gesellschaft eine Rückbesinnung auf vernachlässigte Werte ab. Dazu zählen meiner Ansicht nach Werte wie Familie, soziales Engagement, Kampf gegen Armut und Hunger in der Welt, Solidarität zwischen den Generationen, schonender Umgang mit den natürlichen Ressourcen und neue Bescheidenheit statt Luxuskonsum.

Globale Probleme:

Ein großes Problem ist sicherlich die demographische Explosion. Gleich darauf folgt für mich die Umweltzerstörung inklusive aller Folgen, insbesondere in der dritten Welt. Problematisch erscheint mir auch die Massenwanderung von Süd nach Nord. Gewiß ist auch die Modernisierung der Arbeitswelt mit ihrer industriellen Revolution und der rasanten Automatisierung, die massive Arbeitsplatzverluste zur Folge haben, sehr problematisch für die hochindustrialisierten Staaten der ersten Welt. Außerdem erscheint mir die Gefahr eines Rückfalls der ehemaligen zweiten Welt in Stammeskämpfe, Bürgerkriege und politisches Chaos beträchtlich.

Transnationale Problemlösungen:

Eine Änderung der kirchlichen Position in der Frage der Geburtenkontrolle beziehungsweise eine sachlichere Diskussion über die Standpunkte der Kirche zu diesem Thema wäre für mich ein gewisser Fortschritt. Die Durchsetzung umweltverträglicher Technologie und Ökonomie auf internationaler Ebene, eventuell mit einer UNO-Konvention, hielte ich für eine Lösung einer Vielzahl globaler Problemkreise. Um Hunger und Armut in der dritten Welt zu eliminieren, sollte man vielleicht ein umweltverträgliches Industrialisierungsmodell für die dritte Welt entwickeln. Das integrierte Europa wird für die ehemalige zweite Welt eine Art „neuen Marshallplan" entwickeln müssen, der den Ausbruch nationaler Eruptionen durch massive Wirtschaftshilfe unterbindet. Schließlich wird man sich auch über eine neue Verteilung der Arbeit Gedanken machen müssen. Hat nicht jeder Mensch ein Recht auf Arbeit?

Dr. HERBERT LACKNER, Profil, Chefredakteur

Aufgaben:

- □ Entwicklung zu mehr Toleranz und Weltoffenheit: Auf der Welt gibt es 187 Staaten, 4.000 Sprachen und 20.000 Dialekte. Manche Österreicher werden nicht einmal mit der Tatsache fertig, daß einige Mitbürger (auch) Slowenisch sprechen.
- □ Attraktivitätszuwachs der Politik: Politikfeindlichkeit ist Demokratiefeindlichkeit.

- □ Wiederbelebung der Solidarität: Teilen (von gesellschaftlichem Reichtum, Arbeit etc.) ist christlich, sozialistisch, liberal, grün.
- □ Verbesserung der öffentlichen Moral: Steuerhinterziehung ist ebenso Betrug an der Allgemeinheit wie die ungerechtfertigte Ausnutzung des Sozialsystems.
- □ Abbau von Partikularismus: Österreich ist zu klein für Landes-, Bezirks-, Gemeinde und Wohnblock-Chauvinismus.

Ziele:

- □ Stabilisierung des Arbeitsmarktes.
- □ Sicherung der Finanzierung des Sozialsystems.
- □ Vertretbare, also andere Ausländergesetze.
- □ Radikale Schritte zur Lösung des Umweltproblems Straßenverkehr.
- □ Sehr behutsame Öffnung der elektronischen Medien bei gleichzeitiger Verhinderung des Entstehens von Machtkartellen.

Balance der gesellschaftlichen Kräfte:

Praktisch alle fünf Felder (vielleicht mit Ausnahme der Kultur) leiden unter stetigem Legitimations- und daher Ansehensverlust. Diese Tendenz wird sich – so nicht entgegengesteuert wird – fortsetzen.

Parteienlandschaft:

- □ Weiterer Einflußverlust der Parteien in Wirtschaft und Gesellschaft.
- □ Weitere Aufsplitterung der Parteienlandschaft – vor allem rechts der Mitte.
- □ Dadurch Verkürzung der politischen Zyklen: Voll auslaufende Legislaturperioden werden die Ausnahme sein.
- □ Zunehmende Bedeutung von Regional- und Lokalinteressen in der politischen Willensbildung, hervorgerufen durch das neue Wahlrecht.
- □ Probleme bei der Rekrutierung „politischen Personals" wegen des Ansehensverlusts der Parteien und der Politik.

„Werte" und „Visionen":

Diese Renaissance gibt es noch nicht, aber sie wird innerhalb der nächsten fünf Jahre eintreten. Der österreichischen Tradition entsprechend werden es christlich/sozialdemokratische sein.

Globale Probleme:

- □ Die Ungleichzeitigkeit ökonomischer und sozialer Entwicklung.
- □ Die Zunahme des Nationalismus.
- □ Die Ablösung einschätzbarer (wenngleich oft unsympathischer) Ideologien durch uneinschätzbare Fundamentalismen.

- Die Dominanz ökonomischer Logik über ökosoziale Vernunft.
- Das nur sehr zögerliche Wahrnehmen der Chancen nach dem Fall des Eisernen Vorhangs.

Transnationale Problemlösungen:
Wünschen würde ich mir alle Fortschritte, wirklich durchsetzbar halte ich bis zur Jahrtausendwende keine einzige der möglichen Lösungen.

Prof. PAUL LENDVAI, ORF, Intendant Radio International

Aufgaben:
- Wohlstand,
- Toleranz,
- Freiheit,
- Bildung und
- Europareife im Zeichen der Eigenständigkeit.

Ziele:
Die obigen Aufgaben können nur durch eine Politik des Konsenses und durch die Mobilisierung aller Talente sowie durch die Sicherung der Medienvielfalt und der demokratischen Meinungsbildung bewältigt werden.

Balance der gesellschaftlichen Kräfte:
In den vergangenen fünf Jahren hat man eine Verschiebung der Balance zugunsten der Wirtschaft und der Medien und zuungunsten der Kirche und der Kultur erlebt, wobei in der Politik die Verwaltung des Bestehenden dominierte. In den nächsten fünf Jahren wird diese Entwicklung höchstwahrscheinlich fortgesetzt werden, wobei eine akute Wirtschaftskrise und die damit verbundene Polarisierung auch in dieser Hinsicht eine neue Situation herbeiführen könnten.

Parteienlandschaft:
- Eine weitere Stärkung der durch die Kommunikationsrevolution erzwungenen Personalisierung der Politik.
- Eine horizontale und vertikale Zersplitterung der Österreichischen Volkspartei durch die Schwächung des Zentrums und den relativen Machtzuwachs für die Bundesländer.
- Den weiteren Aufstieg der im Zeichen des extremen „Führerkultes“ homogen wirkenden Bewegung, die den Namen Freiheitliche Partei trägt.
- Ein Stagnieren der SPÖ als neue linksliberale und sich sozialde-

mokratisch nennende Volkspartei im Zeichen eines gemäßigten „Führerkults“.

- Schwankungen zwischen mikroskopischer Größe und dem Status einer Minipartei im Parlament für die diversen liberalen und grünen Gruppierungen. Kurz, eine Fortsetzung der sich bisher abzeichnenden Tendenzen.

„Werte“ und „Visionen“:

Es gibt keine überzeugenden Signale einer Renaissance für „Werte“ und „Visionen“, sondern für das Auftauchen – wie immer bei einer Zeitenwende – von Scharlatanen und „Rattenfängern“ verschiedener Couleur, die die Rezepte von gestern für die Lösung der Probleme von morgen anbieten, um bereits heute an die Macht zu kommen.

Globale Probleme:

- Hunger für die überwältigende Mehrheit bei gleichzeitigem Wohlstand, ja zuweilen Prestigekonsum, einer Minderheit der Weltbevölkerung.
- Die Verletzung der Menschenrechte in den meisten Mitgliedsstaaten der Vereinten Nationen.
- Die Unterdrückung der Minderheiten und der kleineren Volksgruppen durch die Staatsnationen oder die jeweilige Mehrheit.
- Die sich abzeichnende Umweltkatastrophe in den verschiedensten Bereichen.
- Die Bewältigung der Sicherheitsprobleme bei der Nuklearenergie.

Transnationale Problemlösungen:

Nur durch die Beispielwirkung und die Zusammenarbeit der höchstentwickelten und stärksten Staaten können die postkommunistischen und die Entwicklungsländer zu kleinen Schritten auf dem Weg zu transnationalen Lösungen bewogen werden. Die Bewältigung der enormen Aufgaben im Inneren der höchstentwickelten Staaten, von den Vereinigten Staaten bis Deutschland und Großbritannien, von Belgien und Italien bis Japan, wird auch bis zur Jahrtausendwende stets den Vorrang vor der Suche nach transnationalen Lösungen haben. Der Preis für die Demokratie, für die Wahl zwischen Parteien und Optionen, ist der Verzicht auf „Visionen“, die nicht mehrheitsfähig sind. Realistisch durchsetzbar sind nur kleine Schritte, wie Kampf gegen die Korruption und die Heuchelei bei den internationalen Organisationen und vor allem eine bessere Koordination der tatsächlichen und nicht nur rhetorischen Maßnahmen gegen die Kriminalisierung der Politik und die Politisierung der Kriminalität.

Dr. DIETER LENHARDT, Die Presse, Chefkommentator

Aufgaben:

- □ Der gefährlichen demokratiemordenden Tendenz zu widerstehen, „Freiheit als Anhäufung von Rechten und Ansprüchen sowie als eine Möglichkeit zu verstehen, sich auf jede erdenkliche Weise auszuleben" (Z. Brzesinski).
- □ Eine kluge Einbremsung der permissiven Gesellschaft, um das allgemeine Sicherheitsgefühl zu erhöhen und den Angstpegel zu senken – und damit allen Demagogen und potentiellen „starken Männern" den Nährboden zu entziehen.
- □ Arbeit gerecht zu verteilen – wobei „Arbeit", „gerecht" und „verteilen" anders, flexibler als in der altgewohnten Weise verstanden werden müßten.
- □ Allen sozial zu Schwachen ein menschenwürdiges Existenzminimum zu garantieren, indem man allen Sozialschmarotzern im wörtlichen Sinn den derzeitigen Selbstbedienungsladen versperrt. (Als Sozialschmarotzer im wörtlichen Sinn fungieren, stellvertretend für viele hunderttausend Österreicher, auch die sozial in jeder Hinsicht Starken, zum Beispiel viele Journalisten.)
- □ Eine vorsichtige Neuordnung des Schul- und Bildungswesens, weil seine an sich notwendige revolutionäre Neuordnung mit Sicherheit eine in fünf Jahren nicht machbare Utopie ist.

Ziele:

Sich selbst über die Aufgaben, zum Beispiel die als Antwort auf Frage eins genannten, klarwerden und den eigenen Opportunismus überwinden: Mit diesem Ziel und seiner Durchsetzung kann sich die Politik alle anderen Ziele, also auch die hier gefragten restlichen vier, sparen.

Balance der gesellschaftlichen Kräfte:

Diese Frage ist mir nun wirklich zu breit für eine knappe Antwort. Nur soviel: „Kirche" scheint in einem solchen Zusammenhang rettungslos überbewertet (sie müßte daher in den nächsten fünf Jahren aus dem angegebenen „Fünferfeld" ausscheiden). Die Medien werden leider, leider die Balance noch mehr sprengen, als sie's schon im letzten Jahrfünft getan haben. Denn wer würde schon ihr maßloses Übergewicht reduzieren können?

Parteienlandschaft:

In den fünf Jahren bis 2000 sehe ich im Grund nur die Fortentwicklung des Trends der letzten Jahre, also

- □ eine weitere Schwächung der beiden heutigen Großparteien,
- □ ein Anwachsen der Protestparteien (derzeit FPÖ und Grüne) auf ein gemeinsames Potential von etwa 35 Prozent der abgegebenen Stimmen.
- □ Ein Fragezeichen könnte im politischen System der Bundespräsident werden, je nach Gewicht und Persönlichkeit. In diesem Amt steckt alles, von der Abschaffung (wegen Unmöglichkeit des Amtsträgers) bis zur wirklichen Ausübung der Rechte (wenn der Amtsinhaber die Autoritätssehnsucht der Mehrheit nutzen kann und will).
- □ Die Wucherung (oder gar die Neuordnung?) der Medienszene wird das politische System stark beeinflussen, vielleicht sogar ändern. In welche Richtung? Das weiß ich nicht.

„Werte“ und „Visionen“:

Nein, gibt es nicht. Es wird darüber nur unendlich viel geredet und geschrieben werden. Ich erhoffe mir eine Schwächung der falsch und bequem verstandenen „Freiheit“ (siehe Antwort 1/1). Die tatsächliche Werterenaissance käme erst bei ökonomisch-politischen Zusammenbrüchen des (oder im) herrschenden Gesellschaftssystem(s). Und damit sollte man doch (bis anno 2000) nicht rechnen und nicht darauf hoffen – oder?

Globale Probleme:

- □ Der ungenau so bezeichnete Nord-Süd-Gegensatz im Wohlstand und die viel zu starke Zunahme der Weltbevölkerung.
- □ Die Umweltvernichtung durch Verschmutzung und brutale Ressourcen-Erschöpfung.
- □ Die Ost-West-Wanderbewegung und der vielleicht schon bald stärker einsetzende Wanderdruck aus dem Süden (siehe 6/1).
- □ Die globale Barbarei, die a) aus der Barbarisierung des einzelnen in der ersten Welt, b) bald als Folge von Punkt 6/1 auch anderswo entstehen könnte und sicherlich c) aus dem „Verkommen“ der Regierungsautorität in wichtigen Staaten (z. B. Rußland) resultiert – mit all seinen Gefahren bis hin zu Atomkatastrophen.

Transnationale Problemlösungen:

Wünschen? Nach und nach den neuen Menschen, den es nie geben wird (damit wären nach und nach transnationale Lösungen von unten möglich). Realistisch durchsetzbar? Ich glaube: Der „bessere" politische Machtinhaber (irgendwann könnte/müßte es doch mit ihm wieder aufwärtsgehen). Er könnte nach und nach manche internationalen Probleme von oben her (zwar nicht lösen, aber) entspannen.

CHRISTIAN S. ORTNER, Wirtschaftswoche, Chefredakteur

Aufgaben:

- □ Der Umbau des Landes von einer Untertanengesellschaft hin zu einer Republik, in der sich der Bürger als das versteht, was er ist – als der Souverän.
- □ Ein besseres Bildungs- und Ausbildungssystem, das dazu führt, daß wir alle ein bißchen schlauer werden.
- □ Der Rückbau des Wohlfahrtsstaates à la Schweden und der Aufbau einer leistungsorientierten Gesinnung, die sich trotzdem ihrer sozialen Verantwortung bewußt ist.
- □ Die Entwicklung eines europäischen (Verfassungs-)Patriotismus.
- □ Viel mehr Offenheit, Neugier und Toleranz dem Fremden und anderen gegenüber.

Ziele:

- □ Den Beitritt zur Europäischen Union verwirklichen.
- □ Eine Verfassungsbestimmung einführen, wonach ein fixer Prozentsatz der Staatsausgaben für Unterricht, Forschung und Lehre verwendet werden muß – und zwar ein wesentlich höherer Prozentsatz als heute.
- □ Dafür sorgen, daß auf lange Sicht jeder Österreicher zumindest *eine* Fremdsprache beherrscht.
- □ Die Verantwortungs- und Interventionsräume des Staates verringern. Der Staat möge uns, wo immer das geht, in Ruhe lassen.

Balance der gesellschaftlichen Kräfte:

Dazu fällt mir, ehrlich gesagt, nichts ein.

Parteienlandschaft:

Österreichs Parteien vertreten immer weniger homogene Interessen – außer jenen der jeweiligen Parteiführung, wieder gewählt zu werden. Langfristig werden sich daher neue Parteien bilden: eine moderne, liberale „Fortschrittspartei", eine „Kleine Landwirtepartei", eine „Konservative Bewährungspartei" usf. Daneben entstehen

zahlreiche Single-issue-Parteien: die Autofahrerpartei, die Antiausländerpartei etc.
„Werte" und „Visionen":
Eine Renaissance von Werten und Visionen vermag ich nicht zu sehen. Leider. Und Gott sei Dank.
Globale Probleme:
- □ Die neuen Nationalismen.
- □ Die ungebremste Zerstörung der Ökosphäre.
- □ Die mangelnde Streitbarkeit der westlichen Demokratien.
- □ Die Vermehrung von Fundamentalismus und Gegenaufklärung.
- □ Die Zunahme der Unübersichtlichkeit.

Transnationale Problemlösungen:
Die Entwicklung Europas hin zu einem Bundesstaat nach dem Vorbild der USA. Das wird nicht ganz einfach, ist aber durchaus nicht so unwahrscheinlich, wie meist angenommen wird.

Dr. GERFRIED SPERL, Der Standard, Chefredakteur

Aufgaben:
- □ Die Reform des Bildungssystems, um die wirtschaftlichen, aber auch die politischen Herausforderungen zu bewältigen. Die Bildung darf nie das Musische vergessen.
- □ Eine Verfassungsreform, welche die verschiedenen Formen der Demokratie gut aufeinander abstimmt und den Föderalismus ausbauen hilft.
- □ Rahmenbedingungen für Kunst und Medien, die nicht nur allmächtige Monopole verhindern, sondern gleichzeitig Experimente wirkungsvoll unterstützen.
- □ Wirtschaftsreformen, die kleingewerbliche Strukturen und innovative Unternehmer unterstützen – zum Beispiel durch Steuerbegünstigungen.
- □ Eine Ausländergesetzgebung, die flexible Zugangschancen erlaubt, gleichzeitig aber Integrationskraft vermittelt.

Ziele:
Den oben genannten Aufgaben entsprechende Gesetzgebungswerke bzw. gründliche Novellierungen.
Balance der gesellschaftlichen Kräfte:
Die angewandten Wissenschaften sind im Verein mit großen Wirtschaftskonzernen zum eigentlich bestimmenden Motor der westli-

chen Welt geworden. In diese Strukturen wurden die Demokratie als Regelspiel und die Kunst als Animator eingebaut. Die Medien sind der große Kommunikator. Die Kirchen sind der eigentliche Verlierer, weil deren Funktionen einerseits von der Psychotherapie und andererseits von den Publikumsspielen im Fernsehen übernommen wurden. Die Parteien sind zu politischen Verwaltungen geschrumpft. Diese Entwicklung wird forciert weitergehen – aber in die Richtung, daß Wirtschaftskonzerne von Medienunternehmen geschluckt werden, daß sogar die katholische Kirche sich letztlich in eine riesige Vermittlungsagentur für Fernsehprediger verwandelt. Die Parteien hätten dann letztlich die Funktion von staatlich finanzierten Modellagenturen. Die Wahlen werden irgendwann einmal ohnehin durch permanente Umfragen ersetzt, die Parlamente unterliegen dann einer Dauerfluktuation.
Letzteres allerdings sind Prognosen nicht für die nächsten fünf, sondern für die nächsten fünfzig Jahre.
Parteienlandschaft:
So wie es im Fernsehen einige Vollprogramme und eine Reihe von Spartenprogrammen gibt, wird sich auch die Parteienlandschaft in zwei bis drei mittlere „Vollparteien" und je nach Wahlebene in zwei bis fünf Spartenparteien aufteilen. Die politische Landschaft selbst wird immer „persönlicher" und dadurch sowohl kurzweiliger als auch enttäuschender. Die Enthüllung der menschlichen Schwächen führt letztlich zum Sieg der Langeweile – in Form eines starken Mannes oder vieler schwacher Männchen und Weiblein.
„Werte" und „Visionen":
Je schlechter die wirtschaftliche und soziale Lage, desto attraktiver sind Nationalismus (politisch) und Dogmatismus (religiös). Genau das aber stärkt oppositionell den Liberalismus oder/und neue, verwandelte Formen des Sozialismus. Bei steigendem Wohlstand gewinnt der Liberalismus.
Globale Probleme:
□ Überbevölkerung.
□ Überbevölkerung.
□ Überbevölkerung und deshalb
□ riesige Katastrophen und
□ Kriege um Wasser und Brot.
Transnationale Problemlösungen:
Die Problematik liegt ähnlich wie im Kleinen: Es ist ungemein schwierig, die Mittel für eine effiziente Vorsorgemedizin aufzubrin-

gen und dafür auch das nötige Bewußtsein zu schaffen. Das heißt für die internationale Politik: Nicht primär von einer Ausweitung der NATO erwarte ich mir Therapien, sondern von neuen Anstrengungen, die Prinzipien der KSZE weiterzuentwickeln und vor allem deren politische Möglichkeiten auszubauen.

Dr. HANNES SCHOPF, Die Furche, Chefredakteur

Aufgaben:

Wie sag' ich's dem Bürger?

- □ Der Traum vom eigenen Häuschen im Grünen führt – ohne fremdes Zutun – in eine ökologische und ökonomische Katastrophe. Das flächenfressende und unkoordinierte Bauen, die parzellierte Vereinzelung, ist umweltunverträglich und, weil zudem mit horrenden Investitionen in die Infrastruktur verbunden, volkswirtschaftlich unvertretbar. Der Lebenstraum zerstört den Lebensraum.
- □ Damit im Zusammenhang: Viele Kommunen stehen vor dem Finanzkollaps, damit verliert die unmittelbare gesellschaftliche und politische Einheit wesentliche soziale und kulturelle Handlungsspielräume.
- □ Das sind – EU hin oder her – genau jene Bereiche, in denen Handlungsbedarf besteht: weil es da unmittelbar um Beheimatung und Identität geht.
- □ Zur Vereinzelung kommen demographische Zutaten: Die Menschen werden, freuen wir uns darüber, älter, sie werden nur auch einsamer.
- □ Das stellt die Gemeinden ebenso wie die übergeordneten politischen Gemeinschaften vor neu zu definierende Aufgaben, vor allem im Sozial- wie im Gesundheitswesen. Das, was bisher als Reform der Alters- und Altenvorsorge bezeichnet wird, hat auf Sicht keinen Bestand.

Ziele:

Notwendig ist, und das vollkommen von EU und Brüssel unabhängig, eine grundsätzlich andere – nämlich Landschaft und Umwelt bewahrende – Raumordnungspolitik. Vordringlich ist ein neuer innerösterreichischer Finanzausgleich, der dem bürger- und lebensnahen Bereich der Kommunen subsidiär Gestaltungsraum zurückgibt. Überfällig ist ein neuer Generationenvertrag, weil – unter Beibehaltung der gegenwärtigen Lebensarbeitszeit – das fortgeschriebene Umlageverfahren in sich zusammenbrechen wird. Ebenso unentbehrlich ist eine Umorientierung des Gesundheitswesens, weil seine weitgehende Fixierung auf die „Gesundung" der Arbeitskraft an den gesellschaftlichen und demographischen Realitäten längst vorbeigeht. Gefordert ist daher, voran gesellschaftlich bewußt, sodann politisch vertreten, eine Rückbesinnung auf den Wert der Solidarität.

Balance der gesellschaftlichen Kräfte:

Kurzatmigkeit und Sprunghaftigkeit haben in den letzten fünf Jahren zugenommen: Medien wie Politik sind (nachweislich) besonders gefährdet. Ein Aufschaukelungsprozeß, der durch das Phänomen der gewollten/gezüchteten „Seitenblickegesellschaft" verstärkt wurde. Bei aller Wertschätzung des Grundsatzes der Personalität und der Personalisierung: Der Eindruck, daß nicht Probleme das Problem sind, sondern vielmehr die Personen, die ein Problem (wenn auch nur zu bewältigen) haben, geht auf das Konto der Medien; verbunden damit ist der Bedeutungsverlust der Institutionen, der Ämter und Amtsträger. Sogar die Kirche/Kirchen hat/haben damit zu kämpfen, auch wenn es an persönlichem Zutun nicht unbedingt gemangelt hat. Wirtschaft und Kultur haben sich dieser Zuspitzung eher noch entzogen; absehbar wird aber kein gesellschaftlicher Bereich dieser Art der Personalisierung widerstehen können. Und dürfen.

Parteienlandschaft:

Integrations- und Weltanschauungsparteien im klassischen Sinn haben ausgedient. Interessenkoalitionen haben aus der Zweieinhalbzuerst eine Zweidreiviertel- und dann eine Mehrparteiendemokratie geformt. Lebendiger für die einen, mühsamer für die anderen. Einerseits wünschenswerte Pluralität, andererseits eine Schneise für Populismus und Engstirnigkeit, sogar Ein-Themen-Parteien können da durchaus erfolgreich sein. Das Splitting der Interessen wird nur nicht ab-, sondern eher weiter zunehmen; was an Interessen nicht via repräsentativer Demokratie durchgesetzt werden kann, auch Forderungen, die plebiszitär in einer Minderheit bleiben, werden im außerparlamentarischen Raum künftig nachhaltig den weiteren politischen Entscheidungsprozeß bestimmen. Auch deshalb muß sich – wie eingangs in anderem Zusammenhang erwähnt – eine weiterführende Form der demokratischen Entscheidungsfindung herausbilden.

„Werte" und „Visionen":
Je weniger absehbar ist, was sein wird, desto größer wird – auch menschlich verständlich – der Wunsch nach Gewißheit(en), nach Sinn und Werten. Festzustellen ist eine gewisse Fundamentalisierung, möglicherweise als Reaktion auf die zunehmende Säkularisierung, also auf eine rationale Organisation der Aktivitäten und Institutionen mit unpersönlichen und utilitaristischen Werten anstelle von traditionellen, kulturellen, religiösen Werten. Zugenommen hat aber fraglos auch die Vorherrschaft der wirtschaftlichen Rationalität bei sozialen Fragen und Entscheidungen, die Unbehaglichkeit schafft. Nach anderer Sichtweise: Individuelle, besonders angstbesetzte Schutzwerte – von Sicherheit bis hin zur Bequemlichkeit – haben an Bedeutung gewonnen, Wachstumswerte – von Solidarität bis Vertrauen – sind geschwunden. Langsam wird jetzt bewußt, daß die Schutzwerte ohne Einbettung in Wachstumswerte keinen Bestand haben.
Globale Probleme:
Bis 2000 wird sich die Weltbevölkerung in nur 41 Jahren auf 6,2 Milliarden Menschen verdoppelt haben. Damit schreiten Verelendung, Verarmung sowie Verslumung in den Ländern der dritten und vierten Welt weiter voran: mit allen ebenso globalen wie katastrophalen sozialen und ökologischen Konsequenzen. Es drohen Massenwanderungsbewegungen von bisher nicht gekanntem Ausmaß. Der durch die innereuropäische Entwicklung nach 1990 in den Hintergrund gedrängte Nord-Süd-Konflikt, eines der grundlegenden Weltprobleme, wird sich zunehmend verschärfen. Und wer sich vor Augen hält, was der Nationalismus in Europa angerichtet hat, denkt mit Schrecken, was etwa den von Kolonialmächten in Afrika hinterlassenen Staaten Afrikas noch bevorstehen könnte, wenn dort die Minderheitenprobleme noch virulenter werden: Auf dem afrikanischen Kontinent leben ja unzählige Nationen, aber nur ganz wenige wurden auch zu Staatsnationen.
Transnationale Problemlösungen:
Bildung, Bildung, nochmals Bildung – das ist die „Pille", die pharmazeutischen Produkten wegen der erwünschten Nebenwirkungen in allen Belangen überlegen ist. Entwicklungspolitik muß deshalb auch bewußt – mit einfühlsamer Rücksichtnahme auf gesellschaftliche und kulturelle Traditionen – zur „Frauenpolitik" werden. Es bedarf zudem einer neuen, gerechten Weltwirtschaftsordnung, die das Wirtschaftsgefälle zwischen Nord und Süd entscheidend verrin-

gert. Und der reiche „Norden" muß sich zur Einsicht durchringen, daß er den Gürtel um kein Loch mehr weiter stellen darf, im Gegenteil: Er muß zu Abstrichen im Lebensstandard bereit sein. Weil es sonst keine globale Überlebensfähigkeit gibt – und auf Sicht keinen Frieden.

Ing. ALFRED WORM, NEWS, Chefredakteur

SOLIDARITÄT – SONST NICHTS

Am 5. Februar 1994 detonierte am Marktplatz von Sarajevo inmitten dichter Menschenmassen eine Granate. 68 Unschuldige starben – 200 wurden verletzt.

Abgerissene Arme, Beine, Köpfe wurden auf einen Lkw geworfen, die größeren Leichenteile auf die offenen Ladeflächen anderer Autos geschlichtet. Die Überlebenden wurden mit UNO-Flugzeugen ausgeflogen.

Dieses Massaker erschütterte die ganze Welt. Und die Kinder, die ein paar Tage zuvor beim Rodelfahren im Granatenhagel ihr Leben ließen? Die Tausenden Frauen, die vergewaltigt wurden? Hunderttausende Opfer, die verhungerten, von Scharfschützen ermordet, von geifernden Nationalisten vertrieben und von der Welt vergessen wurden?

Haben wir, die satten und selbstgefälligen Österreicher, überhaupt das Recht, mit ruhigem Gewissen dem Tagwerk nachzugehen und mit unseren Problemchen zu hadern? Nein – wir haben es nicht! Wir nehmen uns dieses Recht ganz einfach: Wir spenden brav für „Nachbar in Not" und Caritas, halten uns aber nur allzugerne an Kurt Krenns Bischofswort („Nächstenliebe kann nicht grenzenlos sein"). Wir beruhigen Herz und Gewissen mit Brosamen und Flüchtlingsquoten, horten aber den unendlichen Reichtum unserer Republik mit schrecklich logischen Argumenten.

Jugoslawien war einst unser südlicher Nachbar, Exjugoslawien ist die Verpflichtung für morgen. Alle unsere Sorgen – Budgetdefizit, Spitalsmisere, Sozialversicherung, Bundesbahn, Verkehr, Müll etc. – sind letztlich Zeichen unseres ungeheuren Reichtums; unserer Wohlstandsgesellschaft. Wir alle arbeiten viel zu viel, um noch viel mehr Schulden anzuhäufen, die wir mit viel zu viel Arbeit weiter vergrößern können.

Aber wir verschließen unser Herz. Wir lieben die Menschen nicht,

die in Not sind. Weder die, die in Österreich mit sogenannter „neuer Armut“ kämpfen, noch die, die TV-gerecht in Sarajevo sterben. Österreichs Grenzen sind dicht, damit wir uns ganz intensiv den Zweitwohnsitzen, dem Transitverkehr und den Energieferien widmen können.
1945 war Österreich ein rauchender Trümmerhaufen; hungernde und frierende Menschen hockten in den Löchern und warteten verzweifelt auf Care-Pakete. Der Marshallplan gab uns das Leben wieder. Mit diesem Leben bauten wir auf, verdrängten wir unsere Mitschuld und schufen wir Reichtum.
Der internationalen Solidarität verdanken wir alles.
Trotz aller Nöte und Sorgen, trotz politischer Unzufriedenheit und rechtsextremer Bedrohung: Wir leben. Wir leben und sehen zu, wie Unschuldige – Kinder, Frauen, Männer – sterben, wie sie flüchten und wie ihre Seelen zerstört werden.
Gemeinsames Europa – das ist unsere Zukunft. Solidarität – mit unseren Herzen, mit all unseren Gedanken und mit dem gesamten Reichtum unseres Staates – ist unsere einzige, große Verpflichtung für die Zukunft. Alle anderen Probleme sollen verblassen – aufgerufen sind wir, das große Europa zum Marshallplan unserer Tage zu drängen.
Solidarität – nur das, nichts sonst – ist die Zukunft.

DIE BERICHTERSTATTER

Wege zu einer stabilen Weltordnung
Gast.-Prof. Dr. Otmar Höll, Institut für Politikwissenschaft, Universität Wien
Univ.-Prof. Dr. Rainer Münz, Humboldt-Universität, Berlin
Oberst Werner Brandner, SPÖ-Klub, Parlament, Wien

Wohin entwickelt sich das politische System?
Dr. Christian Haerpfer, Paul-Lazarsfeld-Gesellschaft, Wien
Dr. Rainer Nick, Institut für Politikwissenschaft, Universität Innsbruck

Österreichs Identität in Europa
Univ.-Prof. Dr. Anton Pelinka, Institut für Politikwissenschaft, Universität Innsbruck
Univ.-Prof. Dr. Manfred Rotter, Forschungsinstitut für Europarecht, Universität Linz

Auf der Suche nach Gerechtigkeit
RA Dr. Alfred J. Noll, Wien
Mag. Ulrike Moser, Wirtschaftsexpertin, Finanzierungs-Garantie-Gesellschaft, Wien

Geht uns die Arbeit aus?
Dkfm. Dr. Ewald Walterskirchen, Mitglied der Leitung des Wirtschaftsforschungsinstituts, Wien
Univ.-Doz. Dr. Michael Wagner, Synthesis-Forschungsgesellschaft, Wien

Verarmung im Wohlstand
Univ.-Doz. Dr. Andreas Wörgötter, Institut für Höhere Studien, Wien
Pater Dr. Alois Riedlsperger, Katholische Sozialakademie, Wien

Altern – zwischen Angst und Schönfärberei
Univ.-Prof. Dr. Anton Amann, Institut für Soziologie, Universität Wien
Dr. Ilse König, Institut für Konfliktforschung, Wien

Die Plagen der industriellen Lebensweise
Univ.-Prof. Dr. Heinz Steinert, Fachbereich Gesellschaftswissenschaft, Johann-Wolfgang-Goethe-Universität, Frankfurt
Ass. Prof. Univ.-Doz. Dr. Marina Fischer-Kowalski, Institut für interdisziplinäre Forschung und Fortbildung, Wien

Humanisierung der Lebensräume
Dr. Caspar Einem, Leiter des Geschäftsbereiches Gas bei der ÖMV, Wien
Mag. Dietmar Steiner, Publizist und Leiter des Architektur-Zentrums Wien
Univ.-Doz. Dir. Dr. Erhard Glötzl, Technischer Vorstandsdirektor der Linzer Stadtbetriebe, Linz

Die Medienwelt
Univ.-Prof. Dr. Holger Rust, Institut für Publizistik, Universität Wien

Kunst
oHS Prof. Dr. Manfred Wagner, Hochschule für angewandte Kunst, Wien
Dr. Ernst Strouhal, Hochschule für angewandte Kunst, Wien
Dr. Wolfgang Kos, Ausstellungsgestalter, Publizist und Leiter der Radiosendung Diagonal, Wien

Die Suche nach Glück
Univ.-Doz. Dr. Christian Fleck, Karl-Franzens-Universität Graz, dzt. Harvard
Edi Keck, Leiter der Werbeagentur Haslinger & Keck, Wien

VERANSTALTUNGEN IM RAHMEN DES PROJEKTS „THEMEN DER ZEIT"

1993

24. Februar	Erstes Treffen der Berichterstatter
19. April	Zweites Treffen der Berichterstatter Eröffnungsveranstaltung (Plenum) „Themen der Zeit"
1. Juli	Vortrag Prof. DDr. Peter Koller (Univ. Graz) „Zum aktuellen Stand der Gerechtigkeitstheorie" (Thema: Die Suche nach Gerechtigkeit)
7. Juli	Drittes Treffen der Berichterstatter Vortrag Bischof Dr. Erwin Kräutler „Ist unsere Gesellschaft zukunftsfähig?"
6. Oktober	Vortrag José Lutzenberger (Brasilien) „Nachhaltiges Wirtschaften. Der Weg in die gemeinsame Zukunft von Nord und Süd" (Thema: Zu einer stabilen Friedensordnung)
9. September	Viertes Treffen der Berichterstatter
5. November	Vortrag Prof. Dr. Wolf-Dieter Ring (München) „‚Digitale Revolution' und Fernsehzukunft, Veränderungen von Inhalt, Nutzung und Wettbewerb und fundamentale Herausforderungen an die Ordnungspolitik" (Thema: Macht der Phantasie – die Medienwelt)
12. November	Vortrag Prof. Dr. Udo Steinbach (Univ. Hamburg) „Ist der Islam eine Bedrohung für Europa?" (Thema: Zu einer stabilen Friedensordnung)
15. November	Vortrag Dr. Stephan Schmidheiny (Zürich) „Politik und Wirtschaft vor der Herausforderung von Entwicklung und Umwelt. Die Vision einer nachhaltigen Entwicklung"
25. November	Vortrag Prof. Julian Le Grand (London School of Economics) „Equity and Health Care" (Thema: Die Suche nach Gerechtigkeit)
3. Dezember	Vortrag Dr. Boris Groys (Univ. Münster) „Die Herstellung des Anderen. Das Museum als Schnittstelle zwischen politischer und ästhetischer Repräsentation" (Thema: Kunst als Gegenwelt?)
9. Dezember	Vortrag Dr. Adalbert Evers „Wohlfahrtsstaat – Marktorientierung – Bürgerrechte. Konzepte zu Pflege und Hilfe für alte Menschen" (Thema: Alter – Zwischen Angst und Euphorie) Vortrag Prof. Dr. Gerhard Schulze (Univ. Bamberg) „Auf der Suche nach dem schönen Leben. Glücksmodelle, Kunst und Publikum der Gegenwart" (Thema: Die Suche nach Glück / Kunst als Gegenwelt?)

13. Dezember Vortrag Prof. Dr. Wolfgang Sachs (Wuppertal)
„Jenseits der Effizienzrevolution. Perspektiven für ein anderes Wohlstandsmodell"
(Thema: Die Plagen der industriellen Lebensweise)

14. Dezember Vortrag Botschafter Dr. Peter Hohenfellner
„Konturen einer neuen Weltordnung"
(Thema: Zu einer stabilen Friedensordnung)

1994

11. Jänner Vortrag Prof. Dr. Otto Kreye (Starnberg)
„Wirtschaftspolitik in der Krise"
(Thema: Geht uns die Arbeit aus? / Humanisierung der Lebensräume)

21. Jänner Diskussion Prof. Dr. Rudolf Burger, Christine von Kohl, Georg Hoffmann-Ostenhof
„Der Balkan und wir. Eine Zwischenbilanz"
(Thema: Zu einer stabilen Friedensordnung)

25. Jänner Fünftes Treffen der Berichterstatter

14. Februar Vortrag Prof. Dr. Sigurd Höllinger (Wien)
„Bildung und Gerechtigkeit"
(Thema: Die Suche nach Gerechtigkeit)

25. Februar Vorträge Prof. Andrei S. Markovits (University of California, Santa Cruz),
Prof. Dr. Iring Fetscher (Univ. Frankfurt)
„Politik der Lebensweisen?"
(Thema: Die Plagen der industriellen Lebensweise)

1. März Vortrag Dr. Rainer Bauböck (Wien)
„Migration und Gerechtigkeit"
(Thema: Die Suche nach Gerechtigkeit)

3. März Vortrag Prof. Dr. Elisabeth Beck-Gernsheim (Univ. Hamburg)
„Therapie – Prävention – Selektion. Fortschritte und Dilemmata der Pränatal- und Gendiagnostik"

17. März Vorträge Prof. Ernest Gellner (Univ. Cambridge),
Prof. Dr. Niklas Luhmann (Univ. Bielefeld)
„Identität in Europa"
(Thema: Identität in Europa)

24. März Vortrag Dr. Narten (Univ. Hannover)
„Älter werden – wohnen bleiben"
(Thema: Alter – Zwischen Angst und Euphorie)